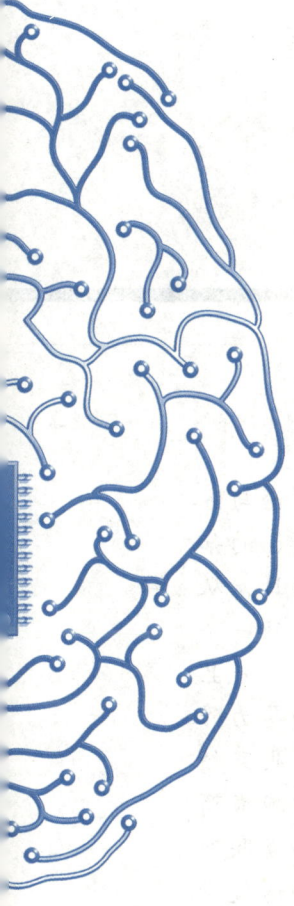

从创意到创业系列丛书

创业思考力

从创意到产品开发

孟奕爽 ◎著

湖南教育出版社

从创意到创业系列丛书

　　本系列丛书旨在基于文化创意、技术创新的理论与方法，教授大学本科生、研究生和社会创业者运用自己的知识与创造力，发现社会需求并设计运营创新创业项目，从而实现自我价值，为社会创造财富。读者可以学习从一个创意点子出发，经过客户需求分析、创意模型打造、产品设计开发、商业模式策划、技术创新研发、团队领导力管理等一系列过程，掌握创新创意的方法，培养企业家精神。本丛书重点培养创新思维能力和把创意点子转换成商业项目的实战技巧，以适应在当前知识经济时代和互联网经济背景下创业的社会需求。为了帮助创业企业快速健康发展，提高创业成功率，对优秀创业者的经验进行总结提炼，将陆续出版"从创意到创业"系列丛书。

丛书将包括但不限于以下主题：

创业思考力：从创意到产品开发
创业执行力：从创新到项目实施
创业领导力：从个体到精英团队
创业畅想录：创业项目案例集
创业风采录：精英创客案例集

丛书编委会

主　　编：孟奕爽
副 主 编：刘颖洁　喻　洁
编　　委：蔡卫民　朱张祥　龚　曦
　　　　　唐　成　朱志伟

大学创新创业教育的使命

著名思想家奥尔特加·加赛特（Ortega Gasset）在《大学的使命》一书中指出："重要的是大学应该重新认识其使命，使大学活动真正发挥出应有的力量。"新时代背景下，创新创业教育是大学的重要使命之一。"大众创业，万众创新"将为国家发展、民族进步、社会繁荣提供新动能，大学在创新创业大潮中扮演着非常重要的角色。

首先，从人才培养的角度看，我国创新驱动发展战略以及VUCA时代的易变性、不确定性、模糊性和复杂性特征对大学生的素质提出了更高的要求。原来以传授知识、培养技能为主要目标的教育模式已经无法适应新的社会需求。按照当今知识更新的速度，大学生已无法仅凭在学校课程中学习的内容来应对未来发展的需要。而创新创业教育的侧重点正是培养学生面对模糊环境的思维能力、应变水平和心理素质。借助创新创业项目，大学生可以从原来被动接受型学习的状态，转为主动搜索学习有价值的信息，分析其可行性，创造性整合资源以实现目标，以更宽阔的视野、更敏捷的迭代更新、更有包容性的胸怀来接受未来的挑战。如此，才能破解著名的"钱学森之问"。

其次，从科学研究的角度看，我国的高校每年会产出大量科研课题、学术论文和专利技术，然而市场转化率并不高。大学实施创新创业项目可以有效激发科学研究的活力和动力，从人民群众的根本利益出发，基于市场需求设计和实施科研项目，充分利用学校的科研资源与条件，创造出更多有价值的产品和技术。美国硅谷的创业企业之所以成功，很大程度是依托斯坦福等大学的智力支持。大学的创新创业项目不同于社会上普通的谋生性创业，而是基于商业模式创新的创业、基于知识深度加工的内容创业和基于高精尖项目的技术创业。

第三，从社会服务的角度看，大学需要为政府、企业和社会组织提供相应的知识服务。习近平总书记曾指出，学者们要立志做大学问、做真学问。

创业思考力：从创意到产品开发

而这些研究的主题与内容就是来自社会的需求。创新创业有助于进一步做好产教融合，将社会和高校紧密联系在一起，发挥高校智库的功能，提供更有效的知识服务。

要实现大学的创新创业教育使命，势必需要大批优质的课程与专著。2018年9月召开的全国教育大会重点提出要打造金课，强化本科教育。我校在此背景下，正着力打造一批高质量的创新创业金课。

孟奕爽副教授是我校优秀的青年教师，一直热爱教学，不断钻研和创新教学方法技术，本书正是配合其在线开放课程"从创意到创业"的教学而撰写的专著，也是他教学改革的阶段性成果。本书具有如下三个特点：

（1）高度结构化。全书分为六章，按照从创意开始到产品设计的逻辑一步步展开，每章每节都配有思维导图，便于学生建立知识脉络，形成对创新创业的系统化认知。

（2）生动立体化。本书内容与在线开放课程相呼应，每节内容之后都有二维码，读者用手机扫描后即可打开学习视频，实现了线上线下立体化混合式教学。同时，还可以登录相应的微信公众号拓展学习，将传统纸媒和网络新媒体很好地结合在一起，各自发挥其优势。

（3）新颖趣味化。从教学案例选择上，本书大量使用了最新的鲜活案例，保持和时代的同步。语言表达轻松活泼，易读易记，符合当代大学生的阅读习惯。

知识的创造与产生其实就是创新思维激荡的过程，有创意从而有创新，有创新故而开始创业。在创新创业教育之路上，孟老师创作了一本新作，希望能够以此为始，不断推出更多佳作，为学生们提供优质的金课，激励更多学生走上创新创业之路。

黎大志

教授、博士生导师
湖南师范大学校党委委员、副校长（正校级）

推荐序

创意创新创业：新时代的呼唤

"人类，一种并不特别的动物"，赫拉利在《人类简史》中写道。

人类真正区别于动物，跃升到食物链的顶端，肇始于七万年前人类认知的革命。这场革命的内核，是以人类的发现与创意能力为表征的。人类相信并执迷于想象与虚拟的世界，并不断把它们创造出来。它们是对国家、民族、权利的认知，也是满足人类对美好生活向往的一系列物质与精神文明的创造，如智能汽车、电商、电影。人类的开挂历史其实就是一部伟大的创意创新创业的历史。或者说，创意创新创业实则是人类的一种本能，它是潜藏在每一个人身上的DNA，只等待合适的时机去开启与绽放。

今天，我们进入人类历史上前所未有的新时代。新一轮科技革命与产业变革，正在为我们开启崭新的"机会窗口"。物联网、大数据、云计算、人工智能，加快了技术轨道的转换，固有的利益格局在被打破，追随者与领先者只有一步之遥。"跨界""颠覆式创新"是新时代的高频词，它代表新的需求在被创造，传统的供给在被重新定义，并以n种新的形式来实现。新技术、新产业、新业态、新模式不断涌现，正在深刻改变着我们的社会生活。

当我们在坦然享受着高铁的快捷、支付宝的便利、淘宝的实惠、微信的连接、小米的"黑科技"的时候，不要忘了是一群马云们、马化腾们、雷军们创意创新创业的结果。尽管他们因创业的成功，正在被贴上不同寻常的标签，乃至被送上神坛，但他们依然是人，只是他们不惧怕普通，敢于去做更棒的事。

当科技革命与消费升级相遇，激荡起"大众创业，万众创新"的大潮。这是一个呼唤创新创业的新时代。然而，双创不能光靠满腔热情，更不能逞

创业思考力：从创意到产品开发

匹夫之勇。创新创业的前提是要有好的创意，并能将之转化为有市场需求和竞争力的产品与服务。以小红书为例，2013年中国出境游数字首次跃居全球首位，中国正在经历一场从"生活"到"生活方式"的升级。毛文超和瞿芳敏锐捕捉到这个机会窗口，于当年创立了小红书，避开传统电商的路径，从构建分享海外购物经验社区起步，发展成为拥有2亿用户、有着"海外购物神器"之称的跨境电商，致力于解决中国消费者不知出境"买什么"的痛点和需求，帮助消费者"找到国外的好东西"。

那么，如何才会有好创意、好产品呢？有人归之为"天赋论"，似乎只有如乔布斯一样神一般存在的人才会有这样的能力。其实只要打开《乔布斯传》看看就知道，乔布斯天才般的创意和新产品的定义能力，仍然是累积性知识学习和运用的结果，他从印度的禅学中学到了极简的美学思想，从日本的电器产品中学到了用户思维。何况今天，"微创新"同样有着巨大的市场空间，并不需要人人都像乔布斯那样"每一段时间都要创造改变世界的产品"。草根出身的章燎原，不也打造出中国规模最大的互联网食品品牌"三只松鼠"吗？大人物可以做改变世界的大事，并不妨碍普通人可以力所能及地做些改变。因为这个世界足够大，容得下不同层次、不同类型、不同影响的创意和创新，世界也因此而改变。

我宁愿相信，一个人的创意与产品创造能力归因于学习。如果有好的方法论，就能激发出人与生俱来的创意创新的本能。遗憾的是，市面上不乏创意鸡汤，也不乏创业英雄传记，而好的创意方法论的书还不够多、不够好、不够新。湖南师大孟奕爽副教授撰写的《创业思考力：从创意到产品开发》，建立了一个多维的分析框架，并将书本与在线视频讲解结合起来，本身就是一个好的创意、好的知识产品开发的尝试。

我所熟悉的孟奕爽，是一位有激情、有想法的青年才俊。他不是那种躲在象牙塔的学者，而是坚守"经世致用"的信条，将研究与社会服务紧密结合起来的专家型人才。他长期为长沙市国家级"小微两创示范基地"建设、湖

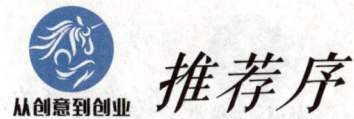

南省大学生返乡创业项目做智囊、做推手。他的这些经历和体会，以及对现实热点现象的观察，使得这本书能呈现出新颖的观点、最新的案例，给人不少启谛。

知识创新未来。

我期望，好的知识产品将激发更多的青年人有更好的创意，去做新时代的弄潮儿。

因为，新时代需要创意创新创业。

是为序。

中南大学商学院教授、博士生导师
于中南大学铁道园
2019 年 4 月 22 日

创业思考力：从创意到产品开发

创意、创新与创业是一个价值转换过程

两个多月前，孟奕爽博士将他的书稿《创业思考力：从创意到产品开发》送给我，希望我为书稿的出版作个序。我陆续看完了全部书稿，感到七彩纷呈，序却迟迟没有动笔。

今天是夏至，一年中最重要的日子。早上还是骄阳似火，中午却低沉阴闷，下午雷电交加，大雨如注。站在窗户边，望着不断线的雨水，我在想，这气象转换也太快了吧！回头看到孟博士的书稿，我脑海里突然跃出了一个灵动的概念——从创意到创新到创业不就是一个价值转换过程吗？

事实上，价值转换就应当是创意、创新、创业的核心追求。而且，只有实现了这个价值转换，创意、创新、创业才最有意义。

现在看来，"大众创业，万众创新"已经成为当今政治、经济、文化、社会等领域的重要话题，而且也成为现代教育教学的一个重要内容。从总体上说，创意是创新、创业的源头。创新是创意的重要飞跃。创业则是在创意、创新基础上的又一次飞跃，让创意开花结果。所以，研究创意、创新、创业之间的关系至关重要。

创意是什么？创意是无中生有，是一种思维升级，是一次思想大跃进，是一种新的价值取向。具体来说，创意是想象开出的花朵，是原创的好点子。创意最大的特征是新颖性、创造性。韩国浦项制铁是世界上最大的钢铁厂之一，是全球最具竞争力的钢铁制造商之一。它的厂门口矗立着一个巨大的标语牌，上面写着："资源有限，创意无限。"似乎总是在警醒全体员工，大自然的资源是有限的，增长也会面临极限，要在日益激烈的市场竞争中获得发展与繁荣，创意才是弥足珍贵，创意的价值才会是无限的。对于一个企业、一项工作来说，资源优势从来不是可持续的优势，焕发创意活力才是最重要的。对于社会发展来说，激发全社会的创意意识始终是十分重要的工作。

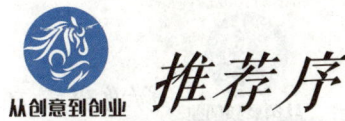

推荐序

那么,创新又是什么呢?创新是创意的发展,是对旧事物的改变、超越与发展。没有创新就缺乏生机、缺乏活力,没有创新的滋润就可能陷入停滞、萎缩、衰落。特别是今天,面对世界百年未有之变局,理论创新、知识创新、制度创新、科技创新、文化创新不仅是推动社会主义现代化建设事业发展的核心力量,而且是在全球化背景下保持竞争优势的战略基点,也是满足人民日益增长的美好生活需要的必然选择。

创业则是创意、创新的积极结果,是人生的一种就业方式,但又不是简单的就业。创业是创意、创新落地生根的具体形态。所以我认为,创业既是一种就业方式,又是一种人生态度、一种生活方式,也是一种人生选择,其本质是一种创意、创新价值取向驱动的过程。否则,再美的想象、再好的创意之花,不能落实到创新上,不能落实到创业上,也就结不出创造的果实。我们一定要把创意转换为创新,再把创新转换升级为创业项目,才能转换为新的生产力,才能创造新的价值,才会对社会发展和人类起步发挥积极的作用。

今天,建设创新型国家,就是要在创意、创新、创业上实现联动发展。而要实现这种联动,关键在人、在人才。创新驱动本质是人才驱动,就是实现人的创意、创新、创业的价值转换。因此,提高全社会特别是青少年创意意识、创新精神和创业能力已经成为教育改革的重大课题。国家应当积极营造一种鼓励创意、创新、创业的思想氛围,鼓励全社会特别是青年学生发挥自己的奇思妙想,培养其发散性思维,焕发其创意、创新、创业热情,这既是国家的责任,也是教育教学的重要使命。

基于上述思考,我认为《创业思考力:从创意到产品开发》从立意到阐述、从理念到案例都有许多新的探索与突破。首先,把创意、创新、创业作为一个有机整体进行思考、分析是本书最大的特点。这也决定于本书作者既是一位拥有执着创意追求的年轻学者,也是一位积极探索创新、创业的实践者。第二,作者以自己的创业体会和对众多案例的深入剖析、研究,详解创意和创业,对从创意到创业的一系列环节、问题、困惑、措施等层层深入,亲切自然,引人入胜,又解人困惑。第三,以知识创业为主题和核心,着力

创业思考力：从创意到产品开发

构建了一个知识创业理论与方法的体系，其本身就是一种探索与创新。全书从传统知识创意、创业到当今最热门的知识创意、创业，都有生动、典型、精当的理论与方法分析，给人的启迪是具体的、多方面的。因此可以说，《创业思考力：从创意到产品开发》是关于知识创意到知识创业的落地、生根和成长的一部有新意、有价值的参考读物。

当然，全书凝聚着作者的智慧、知识、思考与创新，作者有所思、有所悟、有所期待，但也往往是一家之言。如何从中汲取适合自己的养分，也是见仁见智的事。尽管如此，我相信孟博士的书一定能为大家的创意、创新、创业的思考与实践提供有机的营养与积极的帮助。

夏至的雨还在下。我们知道，夏天是耕耘的季节，需要雨水。夏忙之后，就是硕果飘香的秋收。所以我也相信，孟博士的书一定能给大家带来丰收的快乐！

是为序。

教授、博士生导师

湖南师范大学继续教育学院院长

于湖南师范大学新棠村陋室

2019年6月21日夏至

自序

创意是一种生存方式

> 知识就是力量。
>
> ——法兰西斯·培根

站在时光的纵轴上反观我们所处的时代，人们不禁会发出这样的感慨：我们幸福地享受着人类千百年来积累的物质财富和精神财富，面临着比以往任何时候都多的机会和选择；同时，我们也处在焦虑的煎熬中，不仅是眼前的工作与生活压力，还有雷·库兹韦尔关于人工智能将超越人类而成为下一个称霸世界物种的"奇点临近"预言。记得1997年IBM的人工智能"深蓝"在人机大战中战胜国际象棋大师卡斯帕罗夫时，人们都为人工智能的发展感到欢欣鼓舞，认为这是技术的进步。而当2016年由算法驱动的阿尔法狗（AlphaGo）打败韩国围棋九段李世石的时候，大家的情绪就不是乐观而是惶恐了，一篇篇以"未来哪些工作会被人工智能取代"的文章在朋友圈中不断被刷屏和转载，大家开始担心自己哪天"被失业"。科学家对比了人与人工智能的差异，发现最大的不同点就是创意。也许算法和深度学习能够解决一些技术问题，但创意却是人脑所独有的。因此，在未来时代，创意不仅是工作的基础，更是生存的必需品。

"生活不止眼前的苟且，还有诗和远方的田野"。提到创意，人们往往容易想到的是诗人、艺术家、设计师等职业，其实创意渗透在我们身边的每一个细节中，每个人都可以成为工作和生活中的创意者。美国经济学家理查德·佛罗里达在《创意阶层的崛起》[①] 一书中提出，我们现在的经济是一个由人类创意

---

① 理查德·佛罗里达. 创意阶层的崛起 [M]. 北京：中信出版社，2010.

创业思考力：从创意到产品开发

提供动力的经济，他揭示和定义了一个占美国工作人口30%的创意阶层（creative class）。在我国创新创业的时代背景中，越来越多的人凭借自己的创意走上了创业之旅，取得了事业的成功。罗振宇从自媒体专栏"罗辑思维"到得到App成为内容创业的标杆；马东借助"奇葩说"成就了米未传媒；程维用滴滴出行重新塑造了网约车的商业模式；王兴把美团从一个社交类团购网站变成了生态化网络平台；故宫也走上文创之路，让古老的博物馆焕发出青春的活力，现已研发了9170种文创产品，每年的销售额超过10亿元……一个个新的商业创意改变了我们的工作模式、生活方式、出行习惯和居住环境等。创意已经不是艺术设计师、广告策划人、作家编剧们的专利，而是渗透到方方面面。方军在《创意，未来的工作方式》一书中提到，创意就是创造性地分析问题和系统地解决问题。善于运用创意就会拥有未来的无限可能性。

当我们羡慕那些商业精英、策划奇才、设计达人的时候，是不是也会有一种跃跃欲试的冲动？谁说这些奇思妙想只能是他们所独有的呢？难道我们自己不能够将一个个创意变成受大众追捧的产品，从而实现自己的价值与梦想，走向人生巅峰吗？人们常说"失败一定有原因，成功一定有方法"，当代社会人与人最大的差异在于认知。当我们勇敢地跳出固有思维模式、踏上创意之旅时，自然会发现旅途中别有一番风景。在追寻梦想的英雄之旅中，你也许会走点弯路，也许会找不到前进的方向，也许会发现行囊中的物品已消耗一空，不过没关系。我们是您旅途中的向导、补给站和旅伴，我们会倾听您的心声、分担您的焦虑、理解您的担忧；同时也会给您提供可靠的建议、补充知识储备、扩展认知维度，见证您的成长历程、分享您成功的喜悦。

本书是一张地图，绘制着从创意到产品，从产品到项目，从项目到企业的创新创业之路；

本书是一面镜子，帮您检视自己的优劣得失，获得最客观的认知体验；

本书是一个工具箱，收集整理了国内外创新创业领域的有效理论和工具，并提供使用说明书，让您如虎添翼；

本书是一个创意生态圈的入口,借助互联网平台实时更新前沿理论、实践案例,帮您链接创业社群,让您在创业的旅途中不再孤单。

谨以本书献给:
希望未来凭借知识打造创意产品的在校本科生、硕士、博士研究生们;
已经在创业路上前行的社会创业者们;
拥有技术或作品的原创生产者们;
胸怀梦想希望通过创意改变现有生活模式的人们;
所有希望实现创意工作、写意人生的朋友们!

作者于长沙

2019 年 4 月

注:本书引用的公司名称和商标均为各自所有者拥有,本书与引用企业并无任何关系,亦不表示获得有关企业的背书。

本书为方便读者学习相关内容,特别与智慧树在线教育平台合作提供配套学习视频,每节内容后面都有二维码,扫一扫即可在线观看相关教学视频。

创业思考力：从创意到产品开发

本书思维导图

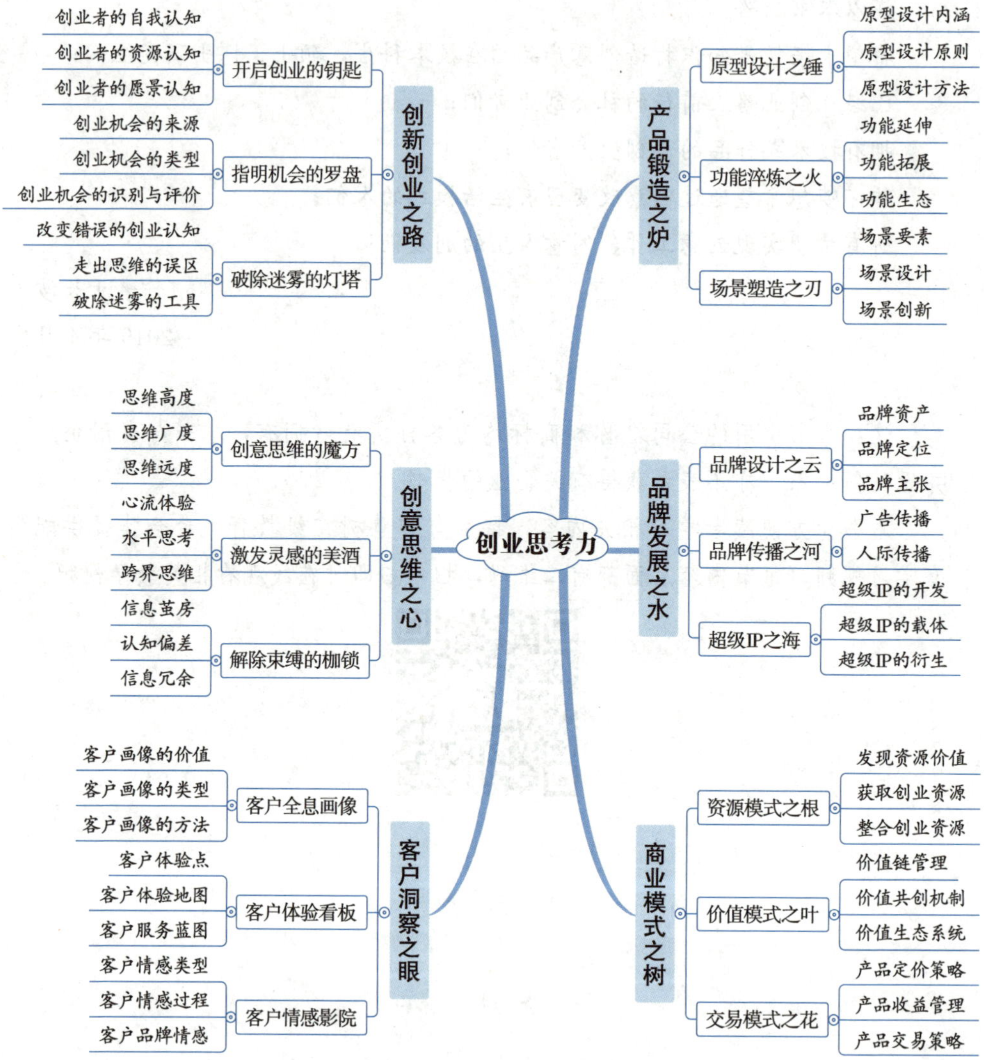

- 创新创业之路
  - 开启创业的钥匙
    - 创业者的自我认知
    - 创业者的资源认知
    - 创业者的愿景认知
  - 指明机会的罗盘
    - 创业机会的来源
    - 创业机会的类型
    - 创业机会的识别与评价
  - 破除迷雾的灯塔
    - 改变错误的创业认知
    - 走出思维的误区
    - 破除迷雾的工具

- 产品锻造之炉
  - 原型设计之锤
    - 原型设计内涵
    - 原型设计原则
    - 原型设计方法
  - 功能淬炼之火
    - 功能延伸
    - 功能拓展
    - 功能生态
  - 场景塑造之刃
    - 场景要素
    - 场景设计
    - 场景创新

- 创意思维之心
  - 创意思维的魔方
    - 思维高度
    - 思维广度
    - 思维远度
  - 激发灵感的美酒
    - 心流体验
    - 水平思考
    - 跨界思维
  - 解除束缚的枷锁
    - 信息茧房
    - 认知偏差
    - 信息冗余

- 品牌发展之水
  - 品牌设计之云
    - 品牌资产
    - 品牌定位
    - 品牌主张
  - 品牌传播之河
    - 广告传播
    - 人际传播
  - 超级IP之海
    - 超级IP的开发
    - 超级IP的载体
    - 超级IP的衍生

- 客户洞察之眼
  - 客户全息画像
    - 客户画像的价值
    - 客户画像的类型
    - 客户画像的方法
  - 客户体验看板
    - 客户体验点
    - 客户体验地图
    - 客户服务蓝图
  - 客户情感影院
    - 客户情感类型
    - 客户情感过程
    - 客户品牌情感

- 商业模式之树
  - 资源模式之根
    - 发现资源价值
    - 获取创业资源
    - 整合创业资源
  - 价值模式之叶
    - 价值链管理
    - 价值共创机制
    - 价值生态系统
  - 交易模式之花
    - 产品定价策略
    - 产品收益管理
    - 产品交易策略

创业思考力

目录

第一章 创新创业之路 / 1

第一节 开启创业的钥匙 / 3
案例：从"罗辑思维"到得到 APP / 3
一、创业者的自我认知 / 8
二、创业者的资源认知 / 12
三、创业者的愿景认知 / 16

第二节 指明机会的罗盘 / 18
案例：切糕王子的创业机会 / 18
一、创业机会的来源 / 19
二、创业机会的类型 / 21
三、创业机会的识别与评价 / 25

第三节 破除迷雾的灯塔 / 30
案例：町町共享单车败局 / 30
一、改变错误的创业认知 / 31
二、走出思维的误区 / 35
三、破除迷雾的工具 / 38

第二章 创意思维之心 / 43

第一节 创意思维的魔方 / 45
案例：迪士尼的造梦工程师 / 45
一、思维高度 / 46
二、思维广度 / 48
三、思维远度 / 50

第二节 激发灵感的美酒 / 52
案例：Airbnb 的商业创意 / 52
一、心流体验 / 54
二、水平思考 / 56
三、跨界思维 / 58

创业思考力：从创意到产品开发

第三节　解除束缚的枷锁 / 61
　　案例：柯达公司的覆灭 / 61
　　一、信息茧房 / 62
　　二、认知偏差 / 65
　　三、信息冗余 / 68

第三章　客户洞察之眼 / 71

第一节　客户全息画像 / 73
　　案例：乐高公司的客户洞察 / 73
　　一、客户画像的价值 / 74
　　二、客户画像的类型 / 78
　　三、客户画像的方法 / 80

第二节　客户体验看板 / 85
　　案例：宜家家居的体验营销 / 85
　　一、客户体验点 / 86
　　二、客户体验地图 / 89
　　三、客户服务蓝图 / 93

第三节　客户情感影院 / 100
　　案例：可口可乐改配方遭遇危机 / 100
　　一、客户情感类型 / 101
　　二、客户情感过程 / 103
　　三、客户品牌情感 / 105

第四章　产品锻造之炉 / 109

第一节　原型设计之锤 / 111
　　案例："得到"的"每天听本书" / 111
　　一、原型设计内涵 / 113
　　二、原型设计原则 / 115
　　三、原型设计方法 / 117

第二节　功能淬炼之火 / 119

案例：QQ 的升级迭代 / 119

一、功能延伸 / 121

二、功能拓展 / 122

三、功能生态 / 123

第三节　场景塑造之刃 / 125

案例：云迹科技的服务机器人 / 125

一、场景要素 / 126

二、场景设计 / 129

三、场景创新 / 132

第五章　品牌发展之水 / 137

第一节　品牌设计之云 / 139

案例：苹果公司的品牌设计 / 139

一、品牌资产 / 141

二、品牌定位 / 144

三、品牌主张 / 148

第二节　品牌传播之河 / 152

案例：小红书的品牌传播 / 152

一、广告传播 / 153

二、人际传播 / 158

第三节　超级 IP 之海 / 161

案例：漫威电影的超级 IP / 161

一、超级 IP 的开发 / 163

二、超级 IP 的载体 / 168

三、超级 IP 的衍生 / 172

第六章 商业模式之树 / 177

第一节 资源模式之根 / 179

案例：《奇葩说》的商业模式 / 179

一、发现资源价值 / 181

二、获取创业资源 / 183

三、整合创业资源 / 187

第二节 价值模式之叶 / 190

案例：携程旅行网的新价值模式 / 190

一、价值链管理 / 191

二、价值共创机制 / 195

三、价值生态系统 / 200

第三节 交易模式之花 / 204

案例：滴滴出行 / 204

一、产品定价策略 / 206

二、产品收益管理 / 210

三、产品交易策略 / 213

后记 | 用青春点燃希望 / 217

第一章　创新创业之路

创业是在资源有限的情况下，面对一系列不确定性因素做出选择和努力，与守业者相比，创业者面临着更大的挑战和困难，承担着更多的压力与责任，因其艰难而被人们关注，因其开创性而被大家铭记。无论踏破铁鞋还是绝处逢生，不管独上高楼还是蓦然回首，创业者们的感人事迹总是被人们一代代传颂。创业是千百年来人们不断探寻未知的足迹，是一次次经历失败后的经验总结。

2014年9月李克强总理在夏季达沃斯论坛上提出"大众创业，万众创新"后，2015年政府工作报告中将其定位为国家战略，2018年国务院印发了《关于推动创新创业高质量发展　打造"双创"升级版的意见》，再次强调创新创业的价值和意义。近些年，神州大地上兴起了创业热潮，创新创业越来越受到人们的关注与实践。

本章思维导图

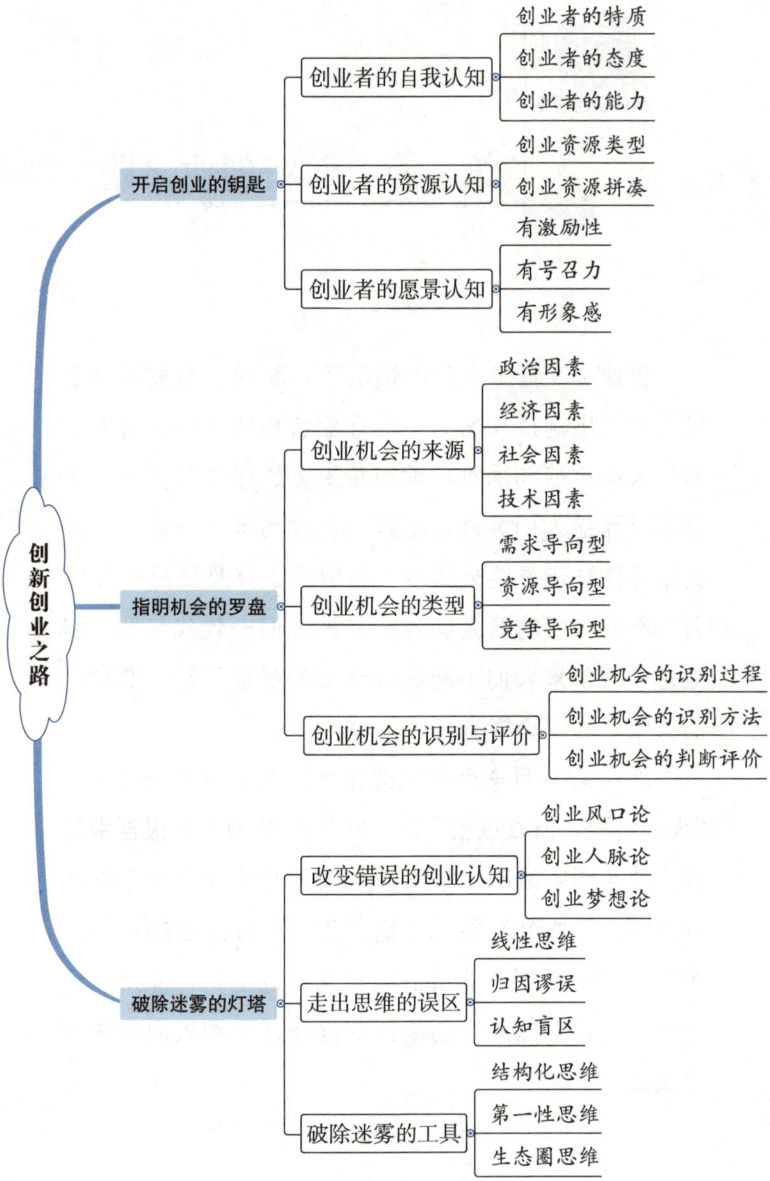

```
创新创业之路
├── 开启创业的钥匙
│   ├── 创业者的自我认知
│   │   ├── 创业者的特质
│   │   ├── 创业者的态度
│   │   └── 创业者的能力
│   ├── 创业者的资源认知
│   │   ├── 创业资源类型
│   │   └── 创业资源拼凑
│   └── 创业者的愿景认知
│       ├── 有激励性
│       ├── 有号召力
│       └── 有形象感
├── 指明机会的罗盘
│   ├── 创业机会的来源
│   │   ├── 政治因素
│   │   ├── 经济因素
│   │   ├── 社会因素
│   │   └── 技术因素
│   ├── 创业机会的类型
│   │   ├── 需求导向型
│   │   ├── 资源导向型
│   │   └── 竞争导向型
│   └── 创业机会的识别与评价
│       ├── 创业机会的识别过程
│       ├── 创业机会的识别方法
│       └── 创业机会的判断评价
└── 破除迷雾的灯塔
    ├── 改变错误的创业认知
    │   ├── 创业风口论
    │   ├── 创业人脉论
    │   └── 创业梦想论
    ├── 走出思维的误区
    │   ├── 线性思维
    │   ├── 归因谬误
    │   └── 认知盲区
    └── 破除迷雾的工具
        ├── 结构化思维
        ├── 第一性思维
        └── 生态圈思维
```

第一节　开启创业的钥匙

案例：从"罗辑思维"到得到 App

"Life is like a box of chocolates, you never know what you're going to get."（生命就像一盒巧克力，你永远不知道下一块是什么味道。）电影《阿甘正传》里的这句台词成为一代经典，人生的奇妙在于你永远不知道下一步会发生什么事情，没有创业者能够知道自己最终会走到哪一步。不论是意气风发要做独角兽企业的华丽登场，还是默默无闻只是想填饱肚子的苟且度日，我们只能盘算着自己现在的资源，以当下最优的方式做出决策。2012 年的罗振宇一定想不到 2016 年 5 月上线的得到 App 会成为中国知识付费领域的佼佼者。下文是罗振宇于 2012 年写的个人博客，其中我们可以看出他对自己创业行为的认知。从央视出来创业做自媒体是一件充满风险的事，但他通过对自身特质的分析和解读，发现了一条可行的路径，"U 盘化生存"是他的生存哲学，通过给客户创造价值来实现自身价值是他创立"罗辑思维"的内在逻辑。

2012 年 10 月 18 日，我和老申两人，在一个多事之秋，相约"夜观天象"。

跟十个月前的冬雾蒙蒙相比，清冷月光下的道路清晰可见。

我曾是一个媒体民工，他也是。

不同之处在于，以前我是搞电视的，靠口活吃饭。他是做杂志的，靠写字刨食。

相同之处在于，大爷都是干腻味了憋屈坏了跑出来的。不做制片人，也不再当主编。

他开了一个微传播公司，我跑江湖当顾问培训主持。

那天晚上，我们一块喝茶。是自己掏钱，没有人请哦！

举杯感慨，世道变了。

十年前，地铁里人人端着一份报纸；今天，你我手里都不止一个屏幕，不光有智能手机还有平板。

十年前，十亿观众坐在电视机前，看同一个新闻联播同一台春晚。今天，微博微信和媒体已经融为一体。你联系的节点越多，你看到的世界越大。

真还有"权威媒体"？"唱红打黑"你信不，"每天一杯奶，健康十亿人"你信不？

信息封闭的时代，权威媒体自上而下，谎言重复一千遍就是真理。

信息民主的时代，没有权威，只有"信任"。谁的可信度更高，谁的影响力更大。

中国300个电视台，2000家报纸，1万种杂志，你觉得还有多少可以靠广告模式生存？试看《创业家》、《商业价值》、优米网、中国好声音，谁还是昨日媒体的玩法？

元芳，有人说"传统媒体已死"，你怎么看？

"大人，老兵不死，他们只是凋零。"

在一个信息泛滥的时代，信息零价值，信息渠道也不再值钱。传播的枢纽是魅力人格体。

啥叫魅力人格体？有种，有趣，有料。

去掉虚伪的客观中立，老子就是热血、主观、真实。

以前在传统媒体里，几十几百甚至数千号人吃着大锅饭，人人都是这个组织的马甲。

而今天，一个鲜活的肉身足矣。

试问，韩寒、罗永浩的影响力大，还是《环球时报》、3.15晚会的影响力大？

2008年，我离开央视的时候，举目自愁，不知道哪里还有一个可以每

第一章 创新创业之路

月发我10000元工资的地方。今天，我确信，只要个人有价值，市场永远会给你一个恰当的价格。

几年来，我没有名片。因为我不属于任何一个组织。当别人问起我的身份，我的标准答案是：哥选择了一种"U盘化生存"的方式——"自带信息、不装系统、随时插拔、自由协作"。

每个自媒体都是一头狮子，离开动物园才能成为真正的动物之王。

老申和我，一拍即合。他在摸索社会化媒体的传播之道，亦打造了中国第一个自媒体产品《蛮子文摘》，而我在尝试自媒体形式的视频脱口秀。

我们有脑子有能力有资源，干嘛不做一个新的事情：帮助那些有本事的朋友们逃离传统媒体，转型成为自媒体。

实现自由人的自由联合。

十个月的试水，自己就是自己的实验品。

下面该说说我们到底要怎么干。

第一，我们会捧出自己的视频自媒体新产品。罗胖子的这盘菜叫《罗辑思维》，而申老湿的则是沿用他那个《商业的常识》。我的口号是"死磕自个，愉悦大家"。老申的口号我一直建议是"不洗脑、只洗澡"，不过他含羞不从。

第二，我们将在各种App上发布自己的视频。收费？别谈钱，那个字眼实在不雅。当然，如果各位爷看我们说得有趣、有益、用心，自可打赏。我们笑纳无误。

咱们这事不像薛蛮子、潘石屹、高晓松，他们做自媒体是玩票，也不是缺银子。而我们需要持续稳定的产出和清晰的内容回报机制。

大师K.K有个理论叫做"1000个铁杆粉丝"。不管你是江南style还是旭日阳刚，只要你能创造高质量的内容，借助社会化传播的通路，拥有1000个愿意为你一年付出100美金的粉丝，你就能在美国变成体面的中产。

第三，好东西不藏私。我们正在聚合更多有志于自媒体的朋友，为他们提供服务，帮助他们打造新产品，实现合理的回报。后续还会有更多看头。

第四，郑重宣布：本项目打今儿起，接受各路大佬的合作意向。如果看好我们，欢迎私信联系。名额有限，过时不候。今天你路过前门大街，帮扶过几个惨淡经营的相声摊儿，没准未来我们就还你几个大红大紫的郭德纲。

好吧，这就是那个传说中有"重大利益输送"的新公司要做的事。

靠鼻子的人活在阴谋论的想象之中，靠脑子的人站在新大陆的帆船之上。

妹纸，他们在搞微博营销，我们在做社会化传播。

哥，他们在养草根大号，我们在培育自媒体。

出发点不同，路径不同，你认为结果会是一样吗？

最后对各位有节操、有本事的媒体同仁说几句：

南朝梁时有个号称"山中宰相"的自媒体人陶弘景。有一次，皇帝老儿问他，山里都有啥好事啊？陶弘景牛逼哄哄的回答："山中何所有？岭上多白云。只可自怡悦，不堪持赠君。"

别搭理皇帝。此地甚好。若您不来，万丈红霞也没法和诸君品茶共享。至于大势变迁，总是有从四周一重重掩至的暮色。等你霍然惊起之时，已是黎明。

——本文来自罗振宇个人博客

创业不是走投无路时无奈的选择，不是头脑发热一时兴起的慷慨激昂，更不是跟风随热潮的追逐时尚。创业是审时度势细致分析后的决断，不是每个人都应该创业、都适合创业，也不是任何时候都可以创业。在正式开始创业之前，我们需要对自己做深入细致的分析以获得准确的认知，罗振宇的内心独白可以给我们很好的启发与思考。

第一章 创新创业之路

　　创业者不是指那些拥有一家公司，融了资，准备上市的人，叫创业者。我觉得符合三个条件就都是创业者，只要他试图不断地提高自己的认知，达成更新式的协作，开拓人类文明的新边疆，做一件前所未有的事。所有这样的人，不管他是一个打工者，还是一个自由职业者，也不管他是为了公司在打拼，还是为了他个人在奋斗，这样的人我们都称之为叫创业者。

——罗振宇 2016 年跨年演讲

　　创业在不同人眼中有不同的理解，狭义的创业就是创建一家新的企业，英文中常用"startup"；而广义的创业指的是开创新的事业，对应的英文是"entrepreneurship"，正如罗振宇在跨年演讲中所说，创业不仅仅是注册一家公司、运用某个商业模式赚钱，而是开拓新的疆域、开创新的事业、创造新的价值。被誉为"创业教育之父"的杰弗里·蒂蒙斯（Jeffry Timmons）曾说过，创业"不仅仅意味着创办新企业、筹集资金和提供就业机会，也不只等同于创新、创造和突破，而且还意味着孕育人类的创新精神和改善人类的生活。"① 无论你是注册一家新公司还是建立一个非营利组织，无论你是自己投资还是通过他人融资，无论你是独立运作一个项目还是在已有公司开始一个新项目，无论你是研发了一项新技术还是做了一个新文化创意产品，这些都属于创业。本书采用哈佛大学霍华德·史蒂文森（Howard Stevenson）教授对创业的定义：创业是不拘泥于当前资源条件的限制下对机会的追寻，组合不同的资源以利用和开发机会并创造价值的过程。② 从目的看，创业分为生存性创业和机会型创业；从形式看，分为个体创业和公司创业；从创业初始条件看，分为冒险性创业、与风险投资融合的创业、大公司的内部创业和革命性的创业③；从效果上看，分为复制型创业、模仿型创业、安家型创业和冒险型

---

① TIMMONS J, SPINELLI S. New venture creation: entrepreneurship for the 21st century[M]. New York: McGraw-Hill, 2008.

② STEVENSON H. The heart of entrepreneurship[J]. Harvard Business Rerview, 1985(3-4): 85-94.

③ 阿玛尔·毕海德. 新企业的起源与演进[M]. 魏如山, 译. 北京: 中国人民大学出版社, 2004.

创业①。无论哪种类型，在创业之初都需要思考三个最根本的问题：我是谁，我从哪里来，我到哪里去，即创业者的自我认知、资源认知和愿景认知。

一、创业者的自我认知

从古到今人们经常发出"我是谁？"的疑问，对自己做深入细致的分析，得出准确客观的判断，这是创业者自我认知的关键。

1. 创业者的特质

"王侯将相宁有种乎？"这是古人对创业者特质最早的追问，创业者是不是靠天赋获得成功的？盖茨、乔布斯、扎克伯格等人为什么大学没有读完就能获得创业成功？马云、马化腾、李彦宏有什么过人之处？关于创业者具有的特别之处引发了学者们的兴趣，很多西方学者都聚焦在创业特质方面进行研究，试图识别将创业者和非创业者区分开的一组稳定个体特征。虽然不同学派的研究者各执己见，都有自己的不同观点。但是通过整合可以发现，创业者最主要的特质包括：高成就需要、内部控制点、高冒险倾向和高模糊容忍度。②

成就需要是指争取成功、追求优越感、希望做得最好的需要。高成就需要者往往希望把事情做得更好，他们会花更多的时间去思考做事的规律和方法论，更愿意采用刻意练习来提高做事的效率。事情的最终结果比报酬更能激发他们的积极性。

内部控制点是指个体在周围环境作用的过程中，把责任归于个体的一些内在原因（如能力、努力程度等），而不是归于个体自身以外的因素（如环境因素、运气等），即创业者更愿意相信命运在自己手中掌握，所谓"三分天注定，七分靠打拼"，想尽办法争取机会而非坐等靠天吃饭。

---

① BRUYAT C, JULIEN P-A. Defining the field of research in entrepreneurship[J]. Journal of Business Venturing, 2001, 16(2): 165-180.
② 内克, 格林, 等. 如何教创业：基于实践的百森教学法[M]. 薛红志, 李华晶, 等译. 北京：机械工业出版社, 2015: 4.

第一章 创新创业之路

高冒险倾向是指在决策中，创业者更偏向于相信"富贵险中求"，高风险才能高利润，在关键时候能够孤注一掷，通过驾驭风险来获得超额的利益。

模糊容忍度是指个体对模糊情景或界线划分不清晰的接受程度。在当前的 VUCA 时代①，未来发展的不可知已经成为常态。无法在模糊的环境中做决策，等待一切都明朗化往往就会错过好的创业机会。

创业者们往往不安于现状，不甘于仅仅按照固定的流程方法做事，总试图尝试新的事物，对外界环境充满好奇心。他们精力充沛、活力十足，总希望能够给自己和他们带来一些新的元素，所以创新创业总是紧密联系在一起，人们在创新中发现新的机会，在创业的过程中不断创新。

从心理特质方面看，学者们总结了创业者区别于一般人的六大特征②：

（1）创新；

（2）成就导向；

（3）独立；

（4）掌控命运的意识；

（5）对风险的厌恶程度低；

（6）对不确定性的包容。

与职业经理人相比，创业者主要从事的是开拓性工作，通过他们的努力实现从 0 到 1 的变化；而职业经理人更关注流程性工作，按照制度规范保证组织的有效性，他们做的是从 1 到 10、从 10 到 100。创业者发现机会、创造价值，职业经理人则是执行流程、改良产品、扩大产值。乔布斯和库克是创业者和职业经理人最典型的代表，乔布斯强调"活着就要改变世界"、追求产品创新，创造了 iPhone 等一系列新产品；而库克接手 CEO 之后，虽然只是在原来设计的基础上做了小的改进与完善，但是苹果公司整体的利润率在不

---

① VUCA 指易变性（volatility）、不确定性（uncertainty）、复杂性（complexity）和模糊性（ambiguity）。

② 布鲁克斯. 社会创业：创造社会价值的现代方法[M]. 李华晶，译. 北京：机械工业出版社，2009：13.

断上升。从客户角度来说,感受不到乔布斯时代苹果公司的创新,而从投资者角度来看,库克作为职业经理人是称职的。

2. 创业者的态度

首先,对待创业需要有客观理性的态度。当媒体报道福布斯富豪榜上富豪们的创业经历时,容易让人们误以为创业是让人暴富的重要手段,尤其是一些白手起家的企业家们的成长经历更是让大家感觉到"不过如此",如果我要这样做也能成功。其实这属于"幸存者偏差"①。我们看到的是马云、雷军们的成功,而有千万个类似的创业者都默默地失败了;摆在大家面前的是企业家们获得的鲜花和掌声,而不为人所知的是他们的焦虑、压力、艰辛甚至绝望。且不说创业中很多隐性知识是无法获取和学习的,更何况时代背景已经发生了变化,所谓"时移世易,变法宜移",即使完全复制他们的创业模式也未必能够再成就一个阿里巴巴或者小米。很多创业者并没有理性的分析或者自以为理性的分析了创业条件,他们并非具有高风险偏好,而是对自己有过高的评价、对环境有过于乐观的判断。马克西蒙、苏珊霍顿和卡尔阿基诺通过研究发现,过分自信、控制幻觉和小数法则②三个因素影响了一些创业者的态度,让他们过于草率地选择了创业。在现实中,我们经常可以看到一些"眼高手低"的创业者动不动就和别人说自己的商业计划有多么伟大、个人的能力有多么强,他们过高估计了自己的控制能力,看到一些小概率事件就认为这是必然的,未经深入调查就盲目投资导致失败。

其次,对待创业要有开放的态度。很多人以失败率太高为理由来反对创业,这如同看到马路上车祸频发就反对开车一样。创业之路就是不断试错的过程,只要知道错误的原因并从中学习,失败还是有价值和意义的。人们总喜欢用成败论英雄,说"胜者为王,败者为寇"。实际上,很多名垂青史的人都并非成功者。诸葛亮"出师未捷身先死",岳飞"抬望眼,仰天长啸,壮怀

---

① "幸存者偏差"指的是只能看到经过某种筛选而产生的结果,而没有意识到筛选的过程,因此忽略了被筛选掉的关键信息。
② 小数法则指人们倾向于将从大样本中得到的结论错误地移植到小样本中的倾向。

激烈",孙中山"革命尚未成功,同志仍需努力"……他们虽然没有实现目标,但是不懈努力不断追求,为了信念而奋斗,这个过程本身就是有价值的。衡量创业的结果不能仅凭财务这一单维指标,收获的经验、社会价值等都是需要考虑的。对于大学生而言,创业本身也是一种学习和训练。没有人生来就会游泳,不下水永远也学不会。当然,任何一个教练都不会一下子把学员丢到深水区去呛个半死再捞上来。而是先教基本动作,在浅水区试一试,掌握了技能方法后再逐渐往深处游。大学阶段的创业尝试就是在浅水区学游泳。旁边有教练指导,动作不对的时候马上纠正,这样才能提升创业能力。很多企业家都是连续创业者,他们在一次次跌倒中爬起来,在失败中总结经验教训。人们聊阿里巴巴创业时的十八罗汉,聊马云6分钟搞定孙正义2000万美元、10分钟拿到雅虎10亿美元的投资,却鲜少有人说起他艰难的日子:求职因外貌被拒,翻译社靠卖袜子来补贴,亲自上门推销中国黄页,连续4次创业失败,公司差点因"非典"崩溃,没有之前的失败就没有后面的成功。对创业有客观理性的认知才能有平和的心态对待创业之路上的风风雨雨。

3. 创业者的能力

创业需要具备多种能力,不同的企业类型、不同的创业环境、不同的创业资源条件对创业团队有不同的要求,基于已有的研究,本书总结了创业者需要具备的六项通用核心能力,如图1所示。

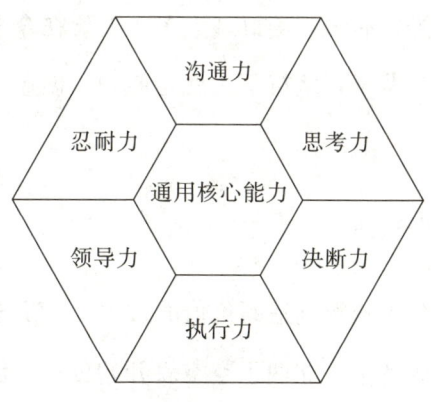

图1 创业者通用核心能力

①沟通力：良好的口头表达、书面报告与人际沟通能力。创业者需要将自己的想法高效传递给团队、投资人、合作伙伴和客户，沟通力是所有工作开始的关键。

②思考力：由表及里、去伪存真、把握事物核心关键的思维能力。良好的思维方法是创业者的重要素养。把握第一性原理、从本质上思考问题；逆向思维发现大众很难看到的创业机会；发散思维从多角度看待事物，这些都是非常关键的能力。

③决断力：全面收集信息、做出正确决策的能力。在信息过载的当今时代，创业者需要能够运用互联网技术、大数据分析等方法和工具面对复杂情景进行决策，能够驾驭变化的环境快速决策。

④执行力：快速行动、关注细节、保证品质的执行能力。创业者需要仰望星空思考方向与愿景，更要脚踩大地扎实肯干一步一个脚印践行。保证品质、高效快速为客户提供产品与服务，遇事果断干练都是创业者的核心品质。

⑤领导力：指引、激励下属为同一个目标奋斗的领导能力。创业是团队协作的事业，以身作则、共启愿景、挑战现状、激励人心、使众人行是创业领导者的重要修养。

⑥忍耐力：克服困难险阻、不达目的誓不罢休的持久耐力。马云说，今天很残酷，明天也很残酷，后天很美好，大多数人死在今天和明天。我们会苦一阵子，但不会苦一辈子，坚持下去就是胜利。创业艰辛，忍耐力是陪伴孤独岁月的良药。

二、创业者的资源认知

创业是通过整合各类资源创造新价值的过程。"巧妇难为无米之炊"，即使所谓白手起家的创业者也并非两手空空就开始创业，创业资源是创业成功的前提和保障，盘点和盘活现有资源是创业者的必备技能。

1. 创业资源类型

结合多方面研究成果，本书基于创业资源的性质将其分为：物质资源、声誉资源、组织资源、财务资源、智力和人力资源、技术资源六种。

①物质资源：既包括原材料、零部件、矿产、动植物资源等，也包括土地、房产、设备等。不同时代物质资源的稀缺性有很大差异，稀缺性决定了物质资源所产生的价值。

②声誉资源：可以属于创业者个人也可以属于企业。很多创业者是凭借自己多年创立的个人信誉赢得客户获得支持。褚时健曾任云南红塔集团董事长，1999年因经济问题被判刑，2002年与妻子在玉溪市新平县哀牢山承包荒山种橙子开始第二次创业。由于多年积累的声誉，2012年11月他种植的"褚橙"通过电商开始售卖，85岁的褚时健成为"中国橙王"。

③组织资源：包括组织结构、作业流程、工作规范、质量系统等。单一的生产要素难以形成核心竞争力，高效协作的单元、紧密联系的流程、严谨的作业规范等无形资源可以更好地发挥作用。

④财务资源：主要指资金、股票等金融资源。在工业经济时代，财务资源是最关键的创业要素；而在知识经济时代，掌握核心技术的创业者可以通过多种方式获得投融资。

⑤智力和人力资源：这是创业资源中最关键的要素，既包括创业者个人也包括创业团队。

⑥技术资源：包括生产产品的核心技术、制作工艺、专用设备等。

以上资源分类方式不是唯一的，还可以分为有形资源和无形资源、离散资源和系统资源、生产资源和工具资源等。布拉什（Brush）在此基础上进一步将资源分为简单资源和复杂资源，简单资源是指有形的、离散的、以产权为基础的资源，而复杂资源是指无形的、系统的、以知识为基础的资源。根据创业资源的复杂性和用途属性，可以将上述资源进行划分，如图2所示。

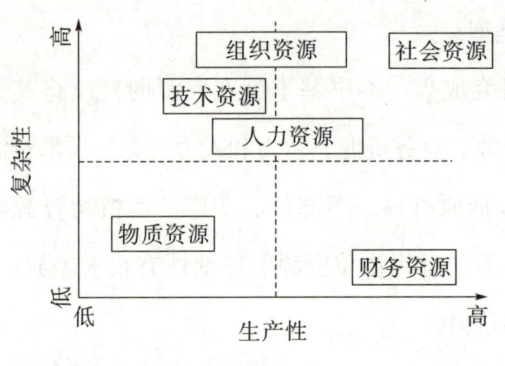

图 2　创业资源分类

2. 创业资源拼凑

几乎没有哪个创业者在起步的时候就能够获得所有需要的资源,哪怕是前首富王健林的儿子王思聪在创业的时候也并非具有所有的资源,他只是比其他创业者在起跑线上往前面站了一些而已。资源稀缺是每个创业者都需要面对和解决的问题,如何不断获取自己所需的资源是创业者们需要重点考虑的问题。因此,创业资源拼凑(bricolage)成为近几年学术界关注的一个热词。bricolage 也有学者翻译为新组拼,来自于人类学家克劳德·列维-斯特劳斯(Claude Levi-Strauss,1908—2009)的研究,他认为早期人类对现实世界的理解是一个递进的过程,在已有的神话元素基础上不断替换其中的一些要素,形成新的认识。创业者往往是通过创造性甚至是随机性的获取资源,在山穷水尽的时候找到柳暗花明,以意想不到的方式完成了资源拼凑。学者特德·贝克(Ted Baker)和里德·纳尔逊(Reed Nelson)通过对新创企业多年扎根研究,在 2005 年正式提出创业资源拼凑这一概念,他们将其定义为"组合手头资源并即刻行动,解决新的问题和发现新的机会",认为创业者通过对"手头资源"创造性重整,并采取积极行动来解决问题和迎接挑战。[①] 拼凑不单是为了增强资源有效利用效率,而是从根本上实现对资源创造性重构的目的。要做好创业资源拼凑,需要考虑以下三方面问题:

---

① BAKER T,NELSON R. Creating something from nothing: resource construction through entrepreneurial bricolage[J]. Administrative Science Quarterly,2005,50(3): 329-366.

(1) 整合手边资源

所谓"靠山吃山，靠海吃海"，很多创业者都是从利用手边资源开始创业的。2018年10月有友食品股份有限公司IPO成功过会，成为中国凤爪第一股。小小鸡爪不起眼，但是能够做到一年卖出23000吨、2.3亿包凤爪，全年收入近10亿就不是一个小生意了。创始人鹿有忠1993年开餐馆用泡椒来做菜，生意兴隆。他发现很多客人吃完饭都喜欢打包一份泡椒凤爪带走，于是研发了真空包装的产品，并关闭饭店只做生产泡椒的工厂，进而将一道餐桌小菜做成了大生意。很多企业都是从创业者手边的小资源一步步发展起来的。

(2) 创造性发现新用途

天底下没有废品只有放错位置的财富，一些大家觉得没有用的物品只是没有发现更好的用途而已。例如现在大家常用的即时贴就来自于3M公司的一项"失败"发明。1974年3M公司研发人员斯宾塞·希尔弗本想研制一款强力胶水，但配方失误做成了黏性很高但总是不干的胶水。他不知道如何应用便丢在一边，而同事化学工程师阿特·弗雷一直想解决自己要把纸片贴在唱诗班歌本中，不用时又能轻松取下的问题。二人一拍即合，经过一年半时间的研究和改良成功推出了即时贴，1980年3M公司正式将这种具有革命性的产品命名为"Post it"投入市场，时至今日，它已风行全球，且被评为20世纪改变人类生活方式的十大发明之一。创业过程中需要具备一双明眸、一颗犀心去发现意想不到的机会。

(3) 积极应用

刚开始拼凑出来的资源也许不完美，但是在创业中最适原则高于最优原则，完成永远胜过完美，没有最好只有更好，很多产品都是在不断发展中通过迭代升级日臻完善的。QQ最初叫OICQ，来源于三个以色列人维斯格、瓦迪和高德芬格的发明。他们在1996年开发了一款能够让人们在互联网上聊天、传递文件的软件，取名ICQ就是"I seek you (我找你)"的意思。马化腾虽然很早就关注了ICQ，觉得里面有商机，但是真正开始是在1998年投标广州电信的一个中文通信工具项目，当时写投标书的时候起名为OICQ，意为"opening I seek you"。虽然投标失败，但是马化腾团队还是继续开发了OICQ并积极开始应用。他们刚开始并不清楚如何通过这个软件赚钱，就是想先做好然后把它卖掉。一直没有人愿意买，于是他们就不断完善功能，最终找到了该软件的盈利模式，经过十余年的升级完善，他们把最初只能发送文字信息的简单软件发展成现在功能强大的社交媒体。如果没有当时积极应用就不可能产生如今庞大的腾讯帝国。当然，创业拼凑不等于廉价、劣质和临时使用，先做起来再不断完善的"敏捷式管理"是资源拼凑背后更重要的行为逻辑。

三、创业者的愿景认知

创业就是在一个个不确定的商业选择中寻求最优解，愿景引领了创业企业发展的目标和方向，代表了创业者的价值观，在决策中影响资源的使用倾向，可以聚焦能力产生动力。创业愿景需要具备有激励性、有号召力、有形象感三方面特征。

1. 有激励性

网络剧《万万没想到》的主角王大锤在剧中有这么一句台词："不用多久，我就会升职加薪，当上总经理，出任CEO，迎娶白富美，走上人生巅峰！想想还有点小激动。"愿景一定要能够让创业者"有点小激动"才能调动积极性，产生激励效果。无论是实现个人价值还是解放全人类，无论是眼前的苟且还是诗和远方，无论是报答父母的养育之恩还是让自己受人尊重，只要让创业者和创业团队能够产生被激励的感觉就是合适的愿景。清代学者陈澹然曾说过："不谋万世者，不足谋一时；不谋全局者，不足谋一域。"当我们立意高远设计创业项目时，可以获得更大的价值和更强的动力。

2. 有号召力

创业愿景并非创业者一个人的内心独白，而需要凝聚人心，可以指引和号召创业团队成员甚至合作伙伴一起朝某个方向努力。淘宝的那句"让天下没有难做的生意"简单好懂，团队和平台商家都知道该做什么。华为公司是做通信设备起家的，所以他们的愿景是丰富人们的沟通和生活。通用电气的前身是爱迪生实验室，他们的愿景是使世界更光明。沃尔玛希望"给普通百姓提供机会，使他们能与富人一样买到同样的东西"，所以努力降低成本给消费者质优价廉的商品。有号召力的创业愿景能够凝聚人心，团结起最初的创始团队一起奋斗。

3. 有形象感

从心理学角度讲，形象化的表达更容易被记住、被实现，所以很多创业者把愿景做成"梦想板"绘制出来，用最直观的方式提醒自己、激励团队。联想公司用罗丹著名雕塑"思想者"来表达"人类失去联想，世界将会怎样"的主题，星巴克的 logo 里有海妖的元素，表示咖啡的香味就像海妖塞壬（Siren）的歌声一样是无法抵挡的诱惑。在企业文化塑造中，形象化的愿景表达是重要的部分。

当然，创业愿景随着初创企业的发展是不断变化的。有的企业在成立之初时就清楚地确定了自己的定位与发展方向，也有企业是在发展过程中通过不断探索最终确定愿景的。著名心理学家米尔顿·罗克奇提出了终极价值观和工具价值观的分类，认为终极价值观是人们最终达到的目标和状态，而工具价值观是实现终极价值观的方法与路径。愿景并非一成不变，可能在环境、形势的影响下从表现工具价值观转化成为表现终极价值观。

总之，创业愿景可以让创业者聚焦目标、汇集资源，在面对多种选择的时候心无旁骛的关注于主业。

扫扫下方二维码，轻松学习在线开放课程——从创意到创业。

第二节　指明机会的罗盘

善于识别与把握时机是极为重要的。在一切大事业上，人在开始做事前要像千眼神那样察视时机，而在进行时要像千手神那样抓住时机。

——培根

案例：　切糕王子的创业机会

2012年湖南岳阳发生的"天价切糕事件"① 让很多人认识了这个新疆的特色食品。当时正在长沙理工大学读大三的新疆学生阿迪力从中受到触动，他觉得作为新疆人应该有义务做好平价的切糕为家乡的食物正名。他的父亲是第三代切糕传人，阿迪力家里兄弟姐妹6人从小就是依靠父亲卖玛仁糖养活长大，对于切糕他有着一份特殊的感情。于是他与同学三人向朋友、家人和老师借了3万元当作启动资金，开始一起制作切糕并通过网店销售。三四十平方米的手工作坊是"切糕王子"的全部"家当"，他们白天上课，晚上做切糕，一忙就是一个通宵。然而，场地、人手不足，订单量少一直限制着网店的发展。随着2014年5月《舌尖上的中国2》的热播，原本只是"小打小闹"的"切糕王子"网店一夜之间火了起来，店铺一天内接到300多个订单。但是，让他们喜忧参半的是，团队资金负担不起所需原材料，人手和场地的局限也使得切糕生产量跟不上订单的增长量。对此，阿迪力只能加班加点生产高品质的切糕，并开始逐个给下单付款的顾客打电话道歉，3天时间就打了两万多个电话，让顾客自己选择是等待还是退款，并且承诺：只要顾客愿意等，团队就一定会努力把切糕做出来。好在90%的顾客选择等待。半年时间

---

① 2012年12月3日，湖南省岳阳市村民凌某在购买新疆人的核桃仁糖果时，因语言沟通不畅造成误会，双方口角导致肢体冲突引发群体殴打事件。事件造成2人轻伤，16台摩托车被损，切糕5520斤被损，共计损失15.2万元。

内,"切糕王子"快速成长,不仅成为五皇冠店铺,三人手工作坊也扩张成小有规模的工厂。

从现成的大块切糕按需取用,到小块包装精美的切糕,"切糕王子"的切糕不断更新,阿迪力还聘请食品专家,在网络销售的过程中,询问顾客的喜好,根据顾客需求来改变切糕的口味、形状、包装等等。"既然你们在做正宗新疆切糕,那能否给我们推荐正宗的新疆特产?"顾客的一个问题,让阿迪力对切糕事业有了新灵感,通过数据分析,他发现新疆特产的网络销量大,同时很多做新疆特产的企业,要么不在新疆本地,要么影响力较小,没有一个地道的新疆人把新疆特产推出来。于是阿迪力团队就想把更多新疆特产融入"切糕王子"的品牌里,立志把"切糕王子"打造成新疆特产第一品牌。"切糕王子"品牌陆续推出了新疆核桃、新疆葡萄干、新疆红枣等干果系列,通过严格把控产品链,从新疆核心产区直供出来。不仅如此,他们还涉足旅游,在粉丝范围内推出"切糕王子美食旅行"。"我们想用产品带动顾客亲身体验,以旅游带动认知,让顾客真正走进新疆这片土地、与新疆人交朋友,更加认可'切糕王子'品牌。"

通过顾客的反馈,"切糕王子"一直在调整与创新。随着直播不断火了起来,阿迪力自己开始尝试,发现这种与粉丝互动的形式,可以转变观念,建立自己与粉丝之间的友谊和信任。这样的尝试,让阿迪力有了新点子,其实做直播也可以跟销售挂钩,直播无法造假,是最新的销售模式,也是最诚信的交易模式,值得进行更多的尝试。通过直播平台直播哈密瓜的采摘、装箱发货,透明化销售,让顾客知道,他们吃到的哈密瓜是在新疆吐鲁番的农田里生长,并直接送到大家手中的。

阿迪力的坚持和创新使他研发与改良的切糕受到市场认可,越来越多的消费者通过阿迪力的网店品尝到了最正宗的新疆特产,而阿迪力也正在用自己的行动为实现"切糕王子"这一新疆特产第一品牌而努力奋斗着。

一、创业机会的来源

创业从想法到行动往往由于一个特殊的契机,这就是创业机会。发现和识别适合自己能力与资源的创业机会是成功的关键。在充满变化的当今社会,创业机会比以往任何时候都多,我们可以用 PEST 分析模型来发现创业机会的四个来源。所谓 PEST 模型，即 Political 政治因素、Economic 经济因素、Social 社会因素和 Technological 技术因素。

1. 政治因素

在中国的企业家中有所谓的 84 派、92 派、99 派、15 派之分，数字代表的是年份，背后的重要影响因素是中国的政策变化与宏观环境。例如 1984 年邓小平同志第一次南方谈话，84 派企业家代表人物有王石、鲁冠球等人。当时中国处于短缺经济时代，刚刚开始改革开放，能够有胆识有魄力出来创业就可以把握机会；1992 年邓小平同志第二次南方谈话，92 派企业家开始下海，代表人物是"万通六君子"①，他们的历史机遇在于地产的崛起；1999 年互联网开始兴起，国际化战略使腾讯的马化腾、网易的丁磊等人迅速崛起；2015 年移动互联网时代，中国大国崛起战略产生了一批如滴滴、今日头条等企业。不同的政治背景下，国际环境和国家政策变化会催生出大量创业机会。无论是老一辈的王石、柳传志还是房地产大亨潘石屹、冯仑；无论是互联网精英马化腾、丁磊、张朝阳还是创业新秀程维、陈欧等，都是抓住了大时代政治背景下的创业机会，国家政策的支持对于其发展起到了关键作用。

2. 经济因素

企业是经济物种，经济形势自然产生和影响创业机会。经济萧条时期，产品满足基本的功能需求即可；经济繁荣时期，人们消费升级更关注品牌品质和体验感。如今人们可支配净收入不断增加，使奢侈品市场发展迅速，中国逐渐成为一个奢侈品消费大国，这不仅给奢侈品厂商创造了很多商业机会，还造就了一批跨境电商。由于国内外定价策略和进口关税导致同一件高档皮包或者化妆品在国内外有较大的差价，其中的利润助推了一批跨境电商的兴起。小红书就是从一个分享购物经验的自媒体平台变成了海外电商平台，背后的动力就是人们对于更高品质消费品的青睐。除此之外，网易旗下的考拉海购、天猫全球购等平台也是在该环境背景下的产物。

3. 社会因素

社会结构的变化能够滋生很多新的创业机会，很多国家步入老龄化社会，

---

① "万通六君子"指当年创立海南万通公司的王功权、冯仑、刘军、王启富、易小迪、潘石屹六人。

第一章 创新创业之路

和养老保健相关的"银发市场"快速增长,各类老年用品、保健品生产企业不断涌现,各地老年公寓开始火爆;越来越多人选择生"二胎",促使母婴用品蓬勃发展,月子会所等产后护理机构蜂拥而至;00后一族追求个性,小众潮牌服装越来越多;青年人不愿意在家务劳动上花太多时间,为餐饮外卖、家政服务等行业提供创业机会。这些社会因素的变化使传统产业受到巨大的影响,同时也促进了很多新兴企业的快速崛起。

4. 技术因素

新技术的应用使很多原有的问题迎刃而解,产生创业机会,往往一项重大技术突破会带动一个产业的发展。工业革命始于蒸汽机的技术,无论是纺织还是交通运输,无论是采矿还是加工生产,高效的生产技术催生了无数新企业;信息革命来自于计算机与互联网,原有的所有信息都能转换成电子符号,人与人之间能够更加便捷的联系,使一大批创业企业涌现出来。早期出现的手机只能打电话,移动互联网3G使QQ、微信等社交媒体快速发展;4G时代让基于视频传输的快手、抖音火爆起来;5G时代网速进一步加快,将使物联网、无人驾驶进入日常生活。近几年人工智能的快速发展将推动新的技术革命,基于人工智能的算法又会让有识之士们获得技术红利。每一次技术革命伴随的都是大量新兴创业公司的诞生与成长。

二、创业机会的类型

基于创业机会的特点可以分为需求导向型、资源导向型和竞争导向型。

1. 需求导向型

创业的价值是为了更好地满足人们一些特定的需求,需求代表了生活中一些有待解决的问题。很多创业项目是来自于对某个问题的解决方案。维诺德·科斯拉(Vinod Khosla)是 Sun Microsystems 公司的创始人之一,也是著名的风险投资人,他认为"每一个问题都是一个创业机会"。例如,以前人们要外出时,往往需要站在路边拦车或者致电出租车公司约车,这样效率很低而且遇到天气不好时很受罪。网约车平台解决了这个问题,你可以快速得知附近有哪些可以提供服务的车辆信息,在联系司机后出门即可。对于购物的人来说,问题是不知道哪些商家可以提供所需物品,无法方便的沟通交流,

21

支付方式不安全。于是淘宝解决了选择商品的问题，阿里旺旺解决了买卖双方的沟通问题，支付宝充当中介平台解决了信任问题。

以猫眼电影为例，该公司最初是美团旗下的电影互联网平台，2012年2月推出时叫"美团电影"，主要做电影票团购业务，2013年1月更名为"猫眼电影"，2015年7月独立为美团网旗下全资子公司猫眼文化传媒有限公司。2015年6月，猫眼电影已经覆盖影院超过4000家，在这些影院的票房贡献占比超过90%，占网络购票70%的市场份额，2015年上半年交易额达60亿。猫眼电影的成功不仅是来自于电影票团购带来的价格优势，更是极大提高了消费者观影购票体验。以前想要看场电影只能在电影院购票，但问题是，我们不知道电影院有哪些电影正在上映，有哪些场次。所以会出现到了电影院发现没有想看的电影，或者距离开始的时间还比较长回家不合适，坐在影院门口等又很无聊的问题。基于这个痛点，猫眼电影App上可以查询电影上映的影院、场次，在线购买之后按照时间赶到影院即可，大大提高了看电影的时间效率。类似的平台在美国也有，例如Fandango和MovieTickets，但是远没有中国这样火爆，甚至在网络平台上购票除了没有价格优势之外还要收取1～4美元的手续费。产生这种现象主要有两方面的原因，一是中国的互联网电影平台背后往往有BAT(百度、阿里巴巴、腾讯的简称)巨头的补贴，这些公司希望用户多在App上购买电影票增加网络流量。另一方面是中美电影院的盈利模式不同，美国的电影院往往在Shopping Mall里面，商家希望观影者不仅来看电影，更希望大家利用等候的时间逛逛商场产生其他的消费，如果采用网络购票的话，就会影响线下商家的营销。所以，同为电影网络购票平台，不同的商业环境下会产生完全不同的市场效果。

2. 资源导向型

一方面我们要考虑消费者需要什么，同时也要思考自己有什么，自己的竞争优势在哪里？故宫博物院藏品众多、文化资源丰富，但是很多年一直没有很好的开发。故宫在2008年成立了文化创意中心，专门研发文化产品。2013年台北"故宫"推出了大受欢迎的"朕知道了"纸胶带，这让北京故宫博物院院长单霁翔认识到了文创产品的庞大市场。故宫在传统文化从简单商品到创意的过程中，搭建起了自己的文创商业版图和一个坚守IP价值与开放互动的产业链。

2013年8月，北京故宫第一次面向公众征集文化产品创意，举办以"把故宫文化带回家"为主题的文创设计大赛。此后，"奉旨旅行"行李牌、"朕就是这样汉子"折扇等各路萌系路线产品使600岁的故宫以一种前所未有的姿态变得年轻。现在的故宫文创，常常因为产品脑洞太大而爆红网络，故宫天猫旗舰店的人气也很旺，最受欢迎的产品之一"迷你故宫小猫猫摆件"月销量超过1.6万笔，买家在留言中表示"很可爱""萌翻了"。故宫还是跨界合作的宠儿，和多家品牌方联合推出合作款，不仅能借势营销，还能让故宫文创传播更广，深入人们生活。时尚芭莎与故宫文化珠宝的合作，让中国风美出新高度。故宫文创中心和稻香村合作，端午推出五毒小饼，中秋推出宋徽宗画作元素的月饼。暑期，故宫文创中心又和农夫山泉联合出品了"故宫瓶"。基于原有藏品元素的创意产品将严肃的紫禁城变成了萌萌哒的故宫淘宝店，如今故宫文创产品数量超过一万种，年销售超过10亿，让故宫成为国内博物馆文创的最大玩家。当今时代，人们对文化的兴趣越来越浓厚，一些人开始将非物质文化遗产进行商业化，传统的手工艺被重新发现并赋予新的时代内涵。以前被大工厂压得难以维系的小作坊开始焕发出青春的活力，原生态、纯手工、纯天然等特质让人们喜欢。与其追求时尚不如问问自己哪样手艺能够做到极致，用心制作的精品自会有人赏识。

图3　故宫与农夫山泉合作版矿泉水

图4　故宫开发的雍正折扇

3. 竞争导向型

我们除了关注消费者需求和自己的资源之外，还可以从同行身上获得灵感。早些年中国的很多商业模式是直接从欧美转化而来的，例如淘宝模式来自ebay；当当的产生是学习亚马逊；团购类网站来自Group；微博模仿的是Twitter；国内很多运动服饰直接模仿耐克、阿迪。在战略管理中有跟随型战略，先学习后超越。2008年开心农场引发了全民偷菜狂潮，腾讯公司于是在2009年推出QQ农场、QQ牧场，无论从画质的精细程度还是玩法都更胜一筹。很多创业公司是在大公司的市场间隙中寻找机会，在某个细分市场做文章。例如得到App有专栏"每天听本书"，喜马拉雅有专栏"天天听好书"。樊登读书会很有影响力，全国各地很多机构都开始组织各类读书会。携程是在线旅行社（Online Travel Agent，OTA）领域的大佬，同类的还有艺龙、去哪儿、去啊、途牛、驴妈妈、同程等多家机构，有人说只看这些公司的logo感觉就像是个动物园。

图 5　OTA 公司的 logo 集锦

当在线旅游机构在布局生态圈战略求大求全时，也有机构开始做细分领域。比如世界邦专注于高端定制化国际旅游，蚂蚁短租关注民宿业务，一块去旅行聚焦于城市周边游。天底下没有新鲜事，一家机构也没有精力布局所有的市场。当一个新的商业模式出现的时候，很多企业都会基于自己的资源跟随进来。在采用竞争导向战略时，需要特别注意的就是自己的生态位。打个比方来说，市场竞争环境就像是一个池塘，里面有大鱼有小鱼，有肉食性的有草食性的。进化论上说"适者生存"而非"强者生存"的法则,意思是每个物种要找到自己生存的核心竞争力,恐龙虽大但是灭亡了,蟑螂虽小却是地球上最古老的物种之一。把握好自己的竞争优势,营造独特的核心能力,在竞争中才能立于不败之地。

三、创业机会的识别与评价

世间不缺少美,只缺少发现美的眼睛。对于创业者而言也是一样,社会上从来不缺少创业机会,只缺少识别机会的慧眼。当机会来临的时候从不打招呼,且往往以困难、问题等形式出现,当我们抱怨时它们就会偷偷溜走。很多时候当创业者成功之后,会有一些人感慨,这个事情我当时也想过只是没有行动而已。创业是知行结合的活动,通过良好的认知发现机会,通过行动来验证评价机会,坐着不动永远不会有结果。识别与评价创业机会是创业成功的第一步。

1. 创业机会的识别过程

根据学者的研究,创业机会的识别分为五个阶段,即:

(1)准备阶段:结合自己的以往经验、能力与资源对外界信息进行收集过滤,吸收关键内容,形成对创业机会的初步认知。当有创业的意向后不一定马上就开始注册机构、招兵买马,最好是先收集充分的信息,对于一个产品或行业有足够了解之后再行动。

(2)孵化阶段:对已经掌握的信息资料进行深度分析与理解,酝酿新的思路,筹划方案。当前火爆的行业究竟能持续多久?当前冷门的行业是不是到了春天?创业不是跟风和盲从。兽医以前是冷门职业,但是现在越来越多的人开始养宠物,开一家宠物医院可以非常赚钱。曾几何时,大街小巷到处都是胶卷冲印店,数码时代来临之后就消失殆尽。好的商业创意一定是经过充分酝酿和孵化,经过细心思考和反复推演产生的。

(3)洞察阶段:可以做多套方案进行比较筛选,运用头脑风暴的方式先不加批判地写下哪怕看似不靠谱的方案,然后仔细推敲其中合理性,自我批驳自我颠覆,洞察到行业的关键因素,才会发现最有价值的内容。

（4）评价阶段：邀请合作伙伴、行业专家等对商业创意进行评价，多多听取他人意见，吸收其中的有效成分。不因为大家都认可而沾沾自喜，因为多数人想到的未必一定有创新；也不必因为别人都不支持而灰心丧气，因为真理往往掌握在少数人手中。SONY 当年推出随身听 Walkman 时很多人都不看好，认为没有什么用处，但是市场反响很好。虚心接受大家的意见，保持自己的独立思考，这是创业者的重要素养。

（5）阐述阶段：用恰当的语言将自己的商业创意描述出来，最好是用商业计划书的形式。人的大脑在思考过程中容易出现跳跃和空档，文字表达可以保证逻辑的连续性和严谨性。阐述出来既可以让自己的思路更加清晰富有条理和结构化，又便于向创业团队、投资人等利益相关者介绍。

2. 创业机会的识别方法

(1) 基于个人经验识别：凭借个人经验识别创业机会比较适合连续创业者，而不适合大学生等初次创业人士。这种比较适合一直身处某个行业、见证其发展历程、深知存在的问题、掌握某种专业技术的创业者。例如，某位工程师或技术工人一直在国企工作，非常了解所处行业，由于企业改制问题出来创业。基于自己多年的行业经验可以很快速地找到客户并帮助其解决问题。或者已经在某个行业创业成功，发现自己的经验可以迁移到另一个新兴的行业，于是开始创立第二家公司。

(2) 基于行业信息识别：每年很多行业都会出分析报告，一些是官方机构发布的，还有一些是第三方机构，例如投资公司、企业研究院等。这些报告中会分析消费者需求与行为、行业容量、发展机会、典型的成功企业等，通过这些行业信息可以识别出哪些项目是可行的。行业信息还可以是标杆企业的案例，看看最优秀的公司是如何成功的，也会对自己有所启发。很多商业畅销杂志和畅销书都会推荐创业项目，可以从中获取有价值的信息。

(3) 基于专家建议识别：多多拜访专家，听取他们的建议可以节约很多时间。行业实践专家在本行业浸淫多年，很清楚哪些是发展的机会，哪些是需要绕开的陷阱，有高人指点可以快速找到方向获取资源；而学术专家的优点是能够更理性更客观的分析形势。长期从事某项工作的人可能出现"灯下黑"

的情况，每天关注的是自己的企业，由于竞争关系往往很难获得竞争对手的信息。而学术专家能够更全面地了解行业真相，从更客观中立的视角评价创业机会。

儿童寓言中有个小马过河的故事，小马不需要听从老牛的建议觉得水很浅，也无须听从小松鼠的建议觉得水很深，虽然二者都是自己的亲身体会。最好的方法就是亲身尝试一下，用自己的感受来判断。

3. 创业机会的判断评价

（1）市场评价：当我们认为某个创业机会可行时，最直接的评价方法就是市场评价。即找到真实的客户，让他/她试用我们的产品或服务，询问其感受，了解究竟是否达到预期。这不同于市场调查，当没有在真实的情景中，很多人的回答未必是可靠的。在测试过程中可以详细了解其使用感受、对于产品或服务的价值判断、支付意愿等，小样本测试能够带来有效的评价数据。

（2）专家评价：在新产品正式推出来之前可以邀请专家来进行评价，不仅包括该领域的技术专家，还可以是风险投资人。由于投资人见识广博，对于行业信息理解深刻，他们的市场敏感度高，能够很好地把握创业机会，所以其意见非常重要。

（3）同行评价：如果可能的话也可以邀请同行进行评价。在一定程度上，同行对于产品性能的把握是高于消费者的。他们很清楚制作过程和商业环节，能够引发同行敬畏的企业才是真正有实力的。对于一些有核心技术和行业壁垒的创业项目可以采用这种方式。

除此之外，创业者也可以使用蒂蒙斯创业机会评价指标系统对自己的创业项目进行评价，该指标体系包括行业和市场、经济因素、收获条件、竞争优势、管理团队、致命缺陷问题、个人标准、理想与现实的战略差异八个方面。具体如表所示。

表 1　蒂蒙斯创业机会评价指标系统[1]

评价方面	评价指标
行业和市场	1. 市场容易识别，可以带来持续收入 2. 顾客可以接受产品或服务，愿意为此付费 3. 产品的附加价值高 4. 产品对市场的影响力高 5. 将要开发的产品生命长久 6. 项目所在的行业是新兴行业，竞争下完善 7. 市场规模大，销售潜力达到 0.1 亿~10 亿美元 8. 市场成长率在 30%~50%，甚至更高 9. 现有厂商的生产能力几乎完全饱和 10. 在 5 年内能占据市场的领导地位，达到 20% 以上 11. 拥有低成本的供货商，具有成本优势
经济因素	12. 达到盈亏平衡点所需要的时间在 1.5~2 年以下 13. 盈亏平衡点不会逐渐提高 14. 投资回报率在 25% 以上 15. 项目对资金的要求不是很大，能够获得融资 16. 销售的年增长率高于 15% 17. 有良好的现金流量，能占到销售额的 20%~30% 18. 能获得持久的毛利，毛利率要达到 40% 以上 19. 能获得持久的税后利润，税后利润率要超过 10% 20. 资产集中程度低 21. 运营资金不多，需求量是逐渐增加的 22. 研究开发工作对资金的要求不高
收获条件	23. 项目带来的附加价值具有较高的战略意义 24. 存在现有的或可预料的退出方式 25. 资本市场环境有利，可以实现资本的流动
竞争优势	26. 固定成本和可变成本低 27. 对成本、价格和销售的控制较高 28. 已经获得或可以获得对专利所有权的保护 29. 竞争对手尚未觉醒，竞争较弱 30. 拥有专利或具有某种独占性 31. 拥有发展良好的网络关系，容易获得合同 32. 拥有杰出的关键人员和管理团队

---

[1] 杰弗里·蒂蒙斯，小斯蒂芬·斯皮内利. 创业学案例：第 6 版[M]. 周伟民，吕长春，译. 北京：人民邮电出版社，2005：84-87.

续表

评价方面	评价指标
管理团队	33. 创业团队是一个优秀管理者的组合 34. 行业和技术经验达到了本行业内的最高水平 35. 管理团队的正直廉洁程度能达到最高水准 36. 管理团队知道自己缺乏哪方面的知识
致命缺陷问题	37. 不存在任何致命缺陷问题
个人标准	38. 个人目标与创业活动相符合 39. 创业家可以做到在有限的风险下实现成功 40. 创业家能接受薪水减少等损失 41. 创业家渴望进行创业这种生活方式，而不只是为了赚大钱 42. 创业家可以承受适当的风险 43. 创业家在压力下状态依然良好
理想与现实的战略差异	44. 理想与现实情况相吻合 45. 管理团队已经是最好的 46. 在客户服务管理方面有很好的服务理念 47. 所创办的事业顺应时代潮流 48. 所采取的技术具有突破性，不存在许多替代品或竞争对手 49. 具备灵活的适应能力，能快速地进行取舍 50. 始终在寻找新的机会 51. 定价与市场领先者几乎持平 52. 能够获得销售渠道，或已经拥有现成的网络 53. 能够允许失败

扫扫下方二维码，轻松学习在线开放课程——从创意到创业。

创业思考力：从创意到产品开发

第三节 破除迷雾的灯塔

昔之善战者，先为不可胜，以待敌之可胜。不可胜在己，可胜在敌。

——孙子兵法·形篇

案例： 町町共享单车败局

町町单车的创始人丁伟是一个人们眼中的"富二代"，父亲丁万青做投资理财发家，是泰州市普发创投的实际控股人。出生于1994年的丁伟家里有别墅，平时自己有两辆保时捷、一辆卡宴看心情开，出国读书没有毕业就回了国，父亲为他在上海投资了一家珠宝店。珠宝店有职业经理人打理不需要花什么时间，丁伟对其也没有兴趣，只想创业做自己的事业。他看到共享单车的风口，于是和父亲商量后投资了2000万启动资金在南京注册了铁拜网络科技有限公司，并于2016年12月18日正式投放了5000辆町町单车。根据摩拜、ofo等共享单车企业给的官方数据，每天每车10次左右骑行次数、每次1块。丁伟测算："预计5毛一次、每天8次左右骑行次数，每天每辆单车有4块收入。这样算下来，仅靠单车的使用费用只要一年半就能全部回本。"这样的计算看似没问题。对于未来他的战略规划是"和南京公共自行车合作开发共享电单车，用他们的围栏保障充电和维护；在共享单车积累基础用户群基础上去做共享汽车；和高德合作，把共享单车、电单车、共享汽车全都合在高德上去，打造出南京一个完整的出行体系。这样的话，不管我有多少单车，我肯定不会被其他公司打败"。如果进行顺利的话，丁伟就能摆脱"富二代"的魔咒成为真正的企业家。他认真踏实的想做好每一件事，町町单车成本1800元/辆，造价仅次于摩拜。每一次组装车、铺车他都亲自上，晚上铺车到凌晨四五点，白天还去参加各种协调会议……这位90后创业者每天都是风里来雨里去，刚开始真的顺风顺水，在媒体报道中丁伟就是一个"创业天才"。

但是，从2017年开始共享单车的市场趋于饱和，资料显示，摩拜、ofo在进驻南京时，每日的投放量都在万辆以上。在两大巨头的夹击之下，町町单车显得势单力薄。在激烈的市场竞争中，本应不断增加投资的时候，丁伟的父亲丁万青由于P2P公司面临挤兑风险借了高利贷被公安部门拘留，一下子资金链断裂，丁伟也因此被抓进看守所协助调查。刚刚开始的町町单车面临危机，3000万的押金被挪用，被迫宣布进入破产程序。从看守所出来的丁伟为了还债在网上直播卖东西，希望能够东山再起。

当面对复杂的环境时，胜利需要多个因素齐备，而失败只要一个错误就足够了，创业者无法保证一定取得成功，但至少可以尽量少犯错误，在不败的前提下等待时机以获得胜利。在VUCA时代，人们面临的是不同于以往的复杂性和变化性，原有的认知和经验必须被更新和重估，之前的成功策略未必适用于新的情景，《奇点临近》的作者雷·库兹韦尔(Ray Kurzweil)曾说过，理智的人总在适应这个世界，不理智的人总是试图让世界适应自己。我们必须小心谨慎地应对世界的发展和变化，本节基于心理学、社会学和人类学的研究总结了经常导致创业失败的认知陷阱。

一、改变错误的创业认知

列夫·托尔斯泰曾说过，幸福的家庭都一样，不幸的家庭则各有各的不幸。在创业领域内也是如此，成功的企业都类似，失败的企业则各有各的死法。在商业案例分析中，很多人关注马云、马化腾们如何获得成功，而忽视了创业是怎么失败的。著名财经作家吴晓波曾经在2001年出版了《大败局》一书，分析了九家著名公司由盛而衰的过程，开启了对企业失败的反思之路。2014年又写了《这些年，马云犯过的错误》展示马云不为人所知的一面。对待创业，不同人有不同的见解，此处从三个方面来分析。

1. 创业风口论

很多人误解了雷军当年那句话，"当风来了猪都能飞"。以为自己的能力不重要，只要赶上好的机会就能成功。其实雷军当时说这句话的情景是在一个企业家论坛上，大家都在夸小米的成功，而他为了表示一下自谦，把自己比喻成风口上的猪，所谓的成功只是运气好而已，正所谓时势造英雄。本来一句客气话结果在网上被谣传成了创业名言，于是很多人都拼命去找所谓的风口，想成为下一只幸运的猪。结果呢，也许找到了风口也顺利起飞了，但一旦风向一转马上就坠地摔死了。以共享单车为例，这两年被看成创业的风口，2017年5月，来自"一带一路"沿线的20国青年评出高铁、扫码支付、共享单车和网购成为中国的新四大发明时，中国人很高兴，外国人很服气。一时间小黄车、小蓝车到处都是，很多人跟风进入，觉得借助这股东风自己就能顺利起飞。做一个App，买一批自行车投放出去，发广告收押金，扩大影响力之后自会有投资人蜂拥而至，然后开始A轮、B轮、C轮融资，IPO上市，从此走向人生巅峰！然而，现实是从2016年共享单车的进场开始，由于其营运模式的可复制性高，门槛低，用户现金流可预见，梦想家们纷纷开始创业，一时间各种颜色的共享单车出现在市面，高峰时期有三十多家共享单车，而风投似乎也照单全收，以共享单车为主的风投项目络绎不绝，大家可以看图6中的共享单车品牌。

图6 共享单车品牌

由于看中共享单车的风口，先后有创新工场、红杉资本、腾讯、滴滴出行等大牌风投进入。2017年中国互联网行业有据可查的融资总额是547亿美元，共享单车拿走了37.7亿美元，其中摩拜和ofo就有20.15亿，在全年融资最多的 Top10 榜单中，ofo 以 12 亿美元排名第 5，摩拜以 8.15 亿美元名列第 9。在巨头加持、资本扎堆、高额押金的强大现金流下，这个行业迅速地打完规模扩张的战役，由腾讯、百度站台的摩拜以及由阿里、滴滴站台的 ofo 已经大幅抛离第二梯队。可是仅仅一年的时间，在高额的运营成本下，共享单车已经到了下半场，整个行业还没能找到盈利模式，资本已经开始撤退。共享单车的投资除了摩拜和 ofo，其他的共享单车企业获得的投资近乎为 0，共享单车从 2018 年年初就开始出现了因资金链断裂而被迫退出市场的企业。大家本认为互联网经济唯快不破，烧钱、亏损很正常，毕竟美团、滴滴都活了下来，很容易让后来者产生错觉，以为竞争就是两个人遇到狮子，我只要比你跑得快就行。大家原以为小蓝、酷骑等倒下是摩拜和 ofo 夹击的结果，最后才发现这本就是一个没有赢家的死局。

表 2　共享单车企业倒闭名单

共享单车死亡名单				
品牌	投放时间	倒闭时间	运营规模	倒闭原因
悟空单车	2017.1.7	2017.6.13	不超过 2000 辆	融资困难
3Vbike 单车	2017.2.26	2017.6.21	1000 辆	丢车严重
町町单车	2016.12.18	2017.8.2	10000 辆	疑似资金链断裂
酷骑单车	2016.11	2017.11	140 万辆	疑似资金链断裂
小蓝单车	2016.11.23	2017.11	83 万辆	疑似融资失利
图表编制：中国电子商务研究中心			数据来源：WWW.100EC.CN	

短短两年时间，风向变了，很多风口上起飞的猪都陆续摔死。好企业绝对不是仅仅由于好运气，雷军的小米苦练内功蓬勃发展，而误信所谓风口论的企业则相继倒下，希望创业者们引以为戒。

2. 创业人脉论

社会关系，俗称人脉，学术上称之为社会资本。在一些成功学的讲座中，经常会提到成功 85% 来自人脉关系，15% 是专业知识。于是很多人信以为真，觉得创业就是要天天出去找关系、吃饭喝酒扩大影响力，见人就发名片、天天在朋友圈里发广告或者鸡汤文。这不是在创业而像是在搞传销。微商从一个挺正常的商业模式沦为被大家调侃的对象，一个非常重要的原因就是过度放大了人脉的重要性。其中一个核心问题是：认识的人就会成为朋友吗？成为朋友就能达成交易吗？每天在一起吃吃喝喝吹牛聊天的是狐朋狗友而不是真正的商业伙伴。很多人在寻求人脉时，经常会抱怨，那些层次高的人好像"不平易近人""有距离感""有些强势"。其实背后的潜台词是双方实力不对等，没有共同语言。国际关系中经常说"弱国无外交"，只有当你自身强大到了具有对等谈判的筹码才有话语权。社会学家科恩-布拉德福特（Cohen-Bradford）认为社会关系是建立在交换和互惠基础上的，双方必须具备彼此需要的内容才能达成合作。能够产生社会交换的关键是彼此都拥有"等价物"，即对方关心而且需要的某些东西。《汉书》上说，"临渊羡鱼不如退而结网"，当我们实力还不够的时候硬拉关系往往效果不好。当创业者具备了某种特殊资源时，即使不擅长语言表达也会获得合作机会。Facebook的扎克伯格，腾讯的马化腾、张小龙都属于内向者，他们营造了独特的产品价值，即使不善于社交也会有大量合作伙伴蜂拥而至。真正的商业合作并非来自人脉而是来自于实力和共同的商业价值。

3. 创业梦想论

娱乐圈里汪峰在《中国好声音》节目中经常问参赛选手"你的梦想是什么"，创业圈里流行"梦想还是要有的，万一实现了呢"，有人说来自于马云，有人说来自于雷军，也有人说最早出自《中国青年报》的刘万永。不管是谁最早说的，创业者们往往用这句话激励自己。那么，梦想该不该有呢？当然要有！《论语》上说"取乎其上，得乎其中；取乎其中，得乎其下；取乎其下，则无所得矣"。俗话说，瞄准月亮的人比瞄准树的人射得高。梦想决定了努力的目标和方向，创业是艰苦的历程，必须有十二万分的耐力和毅力，当大家都想放弃的时候，梦想可以成为照亮前进方向的明灯。但对于创业者来说，如果仅仅有梦想或者天天做梦就比较麻烦了。经常听一些创业者讲自己的梦想，动不动就是要做第二个马云、第二个乔布斯。刚做成几单生意就开始膨胀，梦想着成为估值10亿美元的独角兽。梦想过度放大了成功的可能性，而忽视了实现的可行性。贾跃亭曾在公开演讲中声称"让我们一起为梦想窒息"，之后乐视真的窒息了，他躲在美国至今不敢回来。梦想不是空穴来风，不是空中楼阁，我更愿意用愿景代替梦想的提法。创业者一方面要仰望星空，看到未来的发展方向，更要脚踏实地，扎扎实实做好产品的每一个细节，服务好每一位客户。

二、走出思维的误区

错误的结论来源于错误的思维方式，《世说新语》中形容最危险的事情莫过于盲人骑瞎马、夜半临深池。其实很多创业者的境遇和这差不多。对市场不了解、对产品没概念、对客户没感觉就像是盲人，企业没有核心竞争力、团队没有凝聚力就像是瞎马，身处快速变化的市场环境中而不自知就像是夜半，大量的资金投下去没有回报就像深不见底的悬崖，而更可怕的是事件的主角还对此完全没有察觉，仅凭自己的想象和创业热情一路高歌往前狂奔，最后一旦出现危机事件就全线崩盘一发不可收拾。创业中容易出现的错误思维方式包括以下三种。

1. 线性思维

今晚太阳落山没有人会担心，因为明天早上还会升起，这似乎是一个常识性问题，而产生这一常识的基础是千万年人们总结的规律，昨天如此、今天如此、明天依然如此，这就是线性思维。但真的一定会这样下去吗？我们凭什么说太阳和地球将一直遵循这个规律呢？这么问下去就会发现真相并非如此。如果太阳有一天发生氦闪而消失呢？地球将如何？刘慈欣用这个思维写了《流浪地球》一文，该小说改编的同名电影已经于2019年春节档上映，票房收入颇丰。我们经常用线性思维来分析和判断未来的趋势，今年比去年营业额增长10%，那么明年就会继续增长10%甚至更多；这个产品消费者很喜欢，那么我再推出一款同类产品消费者一定也喜欢……我们按照这个思维逻辑去扩大产量、增加品类、扩展项目，以为会发生像之前一样的事。但现实并非如此！创业小公司是这样，已经取得成就的大公司也难逃厄运。

以苹果公司为例，该公司一直是行业翘楚，每一次新品发布会都会被大众追捧，每一款新机型都会热销，有一批忠实的果粉们在不断贡献利润。然而，这种情况在2016年开始有所改变了。2012年到2016年是苹果销量上涨的高峰。2014年苹果发布了iPhone 6，提高了销量增速，2015年，苹果季度销量增幅维持在 22% 到 40% 之间。但从 2016 年一季度开始，增速开始逐年下滑，巅峰期只维持了四年。销量逐年下滑的核心原因是 iPhone 6 之后，苹果没有继续推出革命性的产品，价格却越来越贵了。2018 年 9 月 21 日苹果手机发布了新的型号之后，所期待的销量大增一直都没有发生。在第一周的时候 iPhone XS Max 的销量仅 48 万台，另一款机型 iPhone XS 的销量只有 8 万台。没有多少创新，价格又贵了不少，精明的消费者都返回去购买已经在苹果商店下架的 iPhone X。当这个富有创新的公司不能再带给消费者惊喜的时候，线性发展就出现拐点。苹果公司为了追求利润在衡量创新力度时，首先考虑的是如何在已有设计体系上实现用户体验的最优化，其次才是探索出新的边界。过去三年，苹果爱好者对这样创新理念保持敬意，并给予理解。但随着时间的推移，其他手机公司都在探索更加不同的创新产品时，消费者的耐心一点点被消耗了。当 oppo 和 vivo 发布了两款无刘海全面屏手机时，苹果只推出了中国多年以前就有的双卡双待。在智能手机的销量上，苹果公司已经被华为赶超，oppo 和小米在身后紧紧尾随。人无千日好、花无百日红，线性思维并不能支持苹果公司的持续增长。

2. 归因谬误

当人们反观自己的成功或失败时，经常要追寻其背后的原因，试图进行推断和解释。所谓归因(attribution)，就是指观察者为了预测和评价人们的行为并对环境和行为加以控制而对他人或自己的行为过程所进行的因果解释和推论。归因方式决定了某人对之前行为的总结并预示下一步的行动计划。心理学家弗里茨·海德(Fritz Heider)将归因分为内归因和外归因，即主要原因在自己身上还是环境因素。当出现不顺利的情况时，有的创业者归因为自己的能力不足、资源不够、投入的时间精力欠缺；而有的创业者则喜欢归因为大环境差、竞争对手太强、团队能力太弱、客户过于挑剔等。当取得成果时，有人归因为自我能力强、头脑聪明、勤奋努力等；也有人归因为整体形势大好、有贵人相助、客户善良友好等。常见的归因谬误包括：主客观归因谬误、自我他人归因谬误、情境归因谬误。

(1)主客观归因谬误：当遭遇失败时，人们为了避免自责，经常喜欢归因为客观条件不具备、困难太大。例如会放大资金的困难，很多创业者总是把融资难挂在嘴边,似乎只要资金充足一切都不是问题。其实相比项目的可行性、产品的价值性等,资金是最容易解决的问题,很多风投机构都在寻找好的创业项目。过于强调客观条件容易忽视对自身资源的充分发挥和利用。

(2) 自我他人归因谬误:人们经常把自己犯的错误归因为不小心、意外等;而把他人出现的问题归因为能力不行、态度不正等。自己取得成绩时,往往归因为个人勤奋、天资聪颖;而他人有成就时,则归因为一时运气、凭借关系等。研究表明,人们对于自己的能力判断一般容易偏高。有老师在课堂上让同学们评价自己在同龄人中的成熟度,很多同学都认为 70% 的同龄人比自己幼稚。自视过高最容易出现轻视所面临的困难和竞争对手的威胁。

(3) 情境归因谬误:情境因素在很大程度上影响最终的结果。有人曾评价被誉为"全球第一 CEO"的前美国通用电气(GE)公司首席执行官杰克·韦尔奇,说他主要是赶上了美国经济发展最快的时候,未必是他的能力有多么过人。在经济形势一片大好的情境下,在公司的快速成长期,即使犯了一些错误也不容易显露出来,这时候创业者会误以为自己能力超强。当年史玉柱第一次创业时,通过广告策略确实产生了非常好的经营业绩,无论是最初的巨人汉卡还是脑黄金都非常成功。于是,他在头脑发热的时候开始建巨人大厦,最初就是想建一栋 18 层的办公大楼,1994 年开工时受人影响不断修改方案,从 38 层逐渐加到 72 层楼,要成为国内第一高楼。结果抽光了脑黄金的流动资金,楼只建到地上三层,巨人集团就破产了。

3. 认知盲区

猎豹 CEO 傅盛认为,当今社会人与人最大的区别在于认知。对于创业者来说,最可怕的不是无知,而是无知而不自知。宇宙之大、知识之多并非我们寥寥此生可以认知的。庄子说:"吾生也有涯,而知也无涯。以有涯随无涯,殆已!"道理人人都懂,但是在实际中我们常常是把无知当已知。很多创业者并非"艺高人胆大"而是"无知者无畏",在没有充分了解市场、产品和技术的时候就开始了行动。有人将认知分为四种状态:

不知道自己不知道——以为自己什么都知道,自以为是的认知状态;

知道自己不知道——发现认知空白,了解自身不足,感知到潜在的风险;

知道自己知道——通过不断学习和体验,扩展了认知,掌握了事物发生发展的规律；

不知道自己知道——不断抛弃旧的认知，追求新思想、新理念。

我们知道，地图不等于疆域，看到不等于看见，看见不等于看清，看清不等于看透，看透不等于看开。人的认知永远是有局限的，我们现在认为对的只是在某一个特定的场景下，基于一些条件的判断。而影响事物发展的因素是纷繁复杂的，不同因素的组合可以产生完全不同的结果，仅仅凭管中窥豹、一叶知秋的推理是远远不够的。

如果把《西游记》中唐僧师徒西天取经作为一个创业项目的话，作为员工的孙悟空、猪八戒和沙僧眼中取经就是唐僧受唐太宗委托的一个任务，他们要到佛祖那里取得真经回来召开"水陆大会"帮忙度化亡灵；而作为项目经理的唐僧，他知道这个任务不仅是唐太宗关注的，更是要实现如来佛和观世音扩大佛法影响力的目标；对于观世音这个总经理而言，她的认知是玉皇大帝希望如来的势力不断增大来制衡太上老君，刚好可以借此机会发展自身力量。不同人的认知层面有差异，看待事情也有很大不同。孙悟空等人关注事情和解决具体问题，所以遇到困难容易闹情绪；而唐僧知道西天取经的更深层次原因，因此即使暂时遭遇困境也能保持平和的心态继续坚持不懈。观世音站在战略的视角，更能够统领全局、整合多方资源去实现目标。

因此，创业者如果落入认知盲区，把无知当已知，把陷阱当馅饼，把假象当真理，就会迷迷糊糊的一次次失败。屡败屡战固然是一种坚持不懈的精神，但更关键的是在失败中思考获取有价值的教训，逐渐看到事物的本质，走出思维盲区，奔向成功的彼岸。

三、破除迷雾的工具

Genius is one percent inspiration and ninety-nine percent perspiration. Accordingly, a 'genius' is often merely a talented person who has done all of his or her homework.

天才是百分之一的灵感加百分之九十九的汗水，天才不过是一个经常能完成自己工作的聪明人而已。

——爱迪生

人们经常用爱迪生的故事来勉励大家要勤奋，其实他更大的贡献是作为创业者和商人发现并改良新技术，将其做商业化推广。爱迪生认为，想要研发新产品不能碰运气式的随机性发现，而是需要带领团队有组织的结构化思考。基于爱迪生实验室发展起来的美国通用电气公司历经一百多年依然是全球最伟大的公司之一，爱迪生贡献的不只是一系列发明专利，更是创业的思维与方法。

1. 结构化思维

面对复杂的市场环境，创业者往往容易被表象所蒙蔽，陷入"忙、盲、茫"的窘境，可以运用结构化思维对信息进行处理，从中去伪存真，理清思路、看清形势做出最合适的决策。麦肯锡国际管理咨询公司的咨询顾问芭芭拉·明托(Barbara Minto)在《金字塔原理》一书中介绍了结构化思维的方法和技巧，很多人都从中受益。结构化思维是一种从框架到细节的思维方式，强调在分析问题的过程中，不先入为主，不马上陷入细节。结构化思维的核心在于对问题进行正确界定的基础上，对问题的构成要素进行合理的分类，并对其中的重点环节进行分析。在分析的过程中可以运用逻辑树、鱼骨图、思维导图等方法工具。在问题分解上可以采用 MECE(Mutually Exclusive Collectively Exhaustive)原则，即各个要素相互独立，完全穷尽。结构化思维分析流程是：(1)结论先行，且上一层观点必须是下一层观点的概括。(2)纵向逻辑是一个疑问→回答的过程。纵向从上往下，是不断回答 Why So? (为啥会是这样呢)，而从下往上，是不断回答 So What? (所以会怎样呢)。(3)横向逻辑中的每组观点必须具有相同的属性，且符合 MECE(完全穷尽，相互独立)原则。

以拍照为例，按照拍摄的对象分人像和景物，按照使用者分为专业和业余，按照使用的场景分公务和私人等。结构化分类便于我们识别创业机会，随着手机摄像头的不断发展，专业人员都使用单反，而业余摄影多使用手机，原来的卡片机市场逐渐萎缩。基于手机摄影的美颜需求，除了美颜软件之外，oppo 和 vivo 都在硬件上有针对性地设计推出了美颜手机。基于对景物拍照的需求，大疆无人机开辟了航空摄影的新领域。基于人们自拍的需求，除了各类自拍杆之外，小绿草科技公司还推出了自拍机器人。

2. 第一性思维

很多创业训练营中都会讲述第一性原理，该原理来自亚里士多德，他说："在任何一个系统中，存在第一性原理，是一个最基本的命题或假设，不能被省略，也不能被违反。"这个不太容易懂的原理被埃隆·马斯克（Elon Musk）很好的运用并广而告之，他表示："我们运用第一性原理，而不是比较思维去思考问题是非常重要的。我们在生活中总是倾向于比较，对别人已经做过或者正在做的事情我们也都去做，这样发展的结果只能产生细小的迭代发展。第一性原理的思想方式是用物理学的角度看待世界，也就是说一层层拨开事物表象，看到里面的本质，再从本质一层层往上走。"埃隆·马斯克的Hyperloop（真空胶囊高铁）就是一个很好的例证。

如果按照惯常思维，我们想要制作速度更快的火车时，首先有一个火车的基本原型，它有车头、车厢、轮子和轨道等，结果就是现在的高铁和磁悬浮。高铁将动力装置配备到每一个车厢上，车头不是传统的牵引作用而只是控制，每一节车厢自己向前运行就比被车头牵引的速度快多了；磁悬浮解决的是车轮与铁轨的摩擦力问题。如果运用第一性思维就要问，火车的本质是什么？从地上把人或货物从一个地方大量快速地运往另一个地方，至于是什么形式不重要。因此，他带人研发了Hyperloop（真空胶囊高铁），原理是把一个运输管道抽成类真空状态，车厢在管道中运行，而管道设置在地下。由于在真空中摩擦力小，该高铁的理论时速可以达到1马赫（1225.08千米/时），现在该项目正在研发之中。

运用同样的思维模式，埃隆·马斯克想到，我们平常用鼠标、键盘或者语音来控制电脑，能不能更便捷直接应用思维进行控制呢？他于2016年成立了Neuralink医疗研究公司做脑机接口（brain-machine interface）的研发工作。希望创建在人类或动物脑与外部设备间的直接连接通路，被脑机接口串联的人脑能够与外部设备之间互相传送信号，交换信息。当前的研究工作正在进行之中，如果将其再进一步甚至可以改变未来人与人之间的沟通方式。运用第一性原理分析，可以发现沟通的最本质属性是人脑之间的信息交换，现在的沟通方式是语言。当一个人想要表达一件事情时首先要把想法编码成语言，之后通过一定传播途径发送给接受者，信息被接收后还要再通过译码才能变成观点，在这个传播过程中存在很多信息的漏损与失真。如果能够通过脑机接口将意识直接传递的话，就可以最大程度上降低损耗，极大提高沟通效率和效果。

3. 生态圈思维

以前的企业往往关注的是产业链，从生产的上中下游协同获得商业价值，随着互联网企业的快速发展，越来越多的企业开始构建自己的商业生态圈。该思想来自于自然界的生态圈，经营者们发现自然界中的生态系统是一个复杂的开放系统，是生命物质与非生命物质的自我调节系统，其中的生产者（植物）、消费者（动物）、分解者（微生物）与其所生活的无机环境一起相互作用相得益彰，达到能量的最优化配置。同理，单一的商业活动不能达到资源的最优效益，各利益相关者通过共同建立一个价值平台而实现生态价值的最大化，可以实现"共同进化"的目标。市场竞争不再是同类型产品之间的零和博弈，而是相关产品之间的协同发展。

当有人评价阿里巴巴是网络商业帝国时，马云说阿里构造的是生态系统，不是商业帝国。从阿里巴巴最核心的三个大的集团来看，信息流、资金流和物流，铁三角的布局形成一套生态链。阿里巴巴电子商务集团包括淘宝和天猫都隶属其中，涵盖网上购物的业务；阿里巴巴小微金融服务集团包括蚂蚁金服和网商银行，负责提供金融服务；菜鸟网络主攻物流方面。对于消费者来说，阿里可以帮你解决与生活相关的所有问题。如果你要买一件东西，可以在淘宝上拍下，用支付宝花呗付钱，由菜鸟网络负责配送。闲钱可以放在余额宝理财，需要吃东西可以上饿了么叫外卖，觉得无聊可以上优酷土豆看视频，想约个朋友出去看电影可以上淘票票，当然电影也许就是阿里影业拍的，出门可以用滴滴出行叫车，自驾可以用高德导航指路，路上可以用虾米音乐听歌……这就是阿里的商业生态圈，渗透到你生活的方方面面，具体的阿里巴巴生态圈如图7所示。

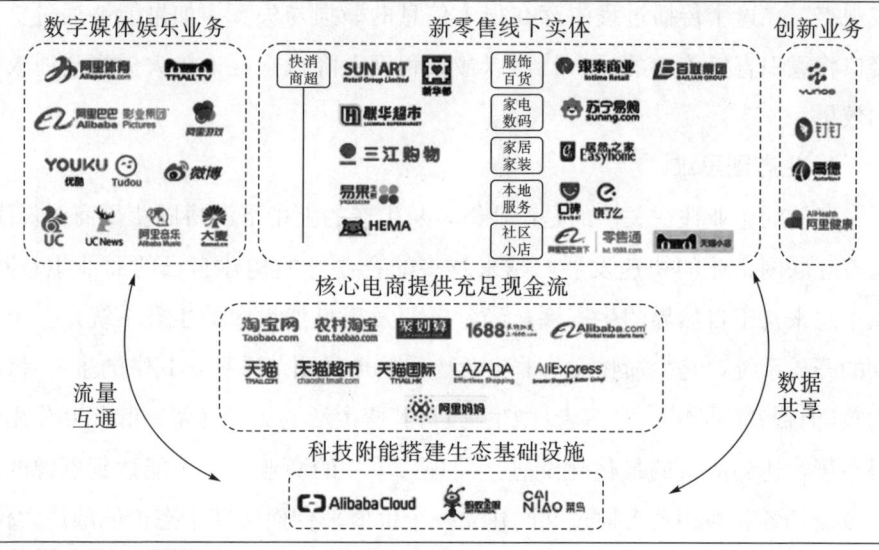

资料来源：公司公告，天风证券研究所

图 7 阿里巴巴生态圈

扫扫下方二维码，轻松学习在线开放课程——从创意到创业。

第二章 创意思维之心

被尊为"现代管理之父"的彼得·德鲁克曾说过:"当前社会不是一场技术革命,也不是软件、速度革命,而是一场观念和思维方式的革命。"创意并非艺术家、文学家的专利,商业创意基于消费者需求而生、与市场经济结合而长、受科学技术的滋养而兴,不断提升人们的生活品质和工作效率,推动人类社会的进步与发展。

本章思维导图

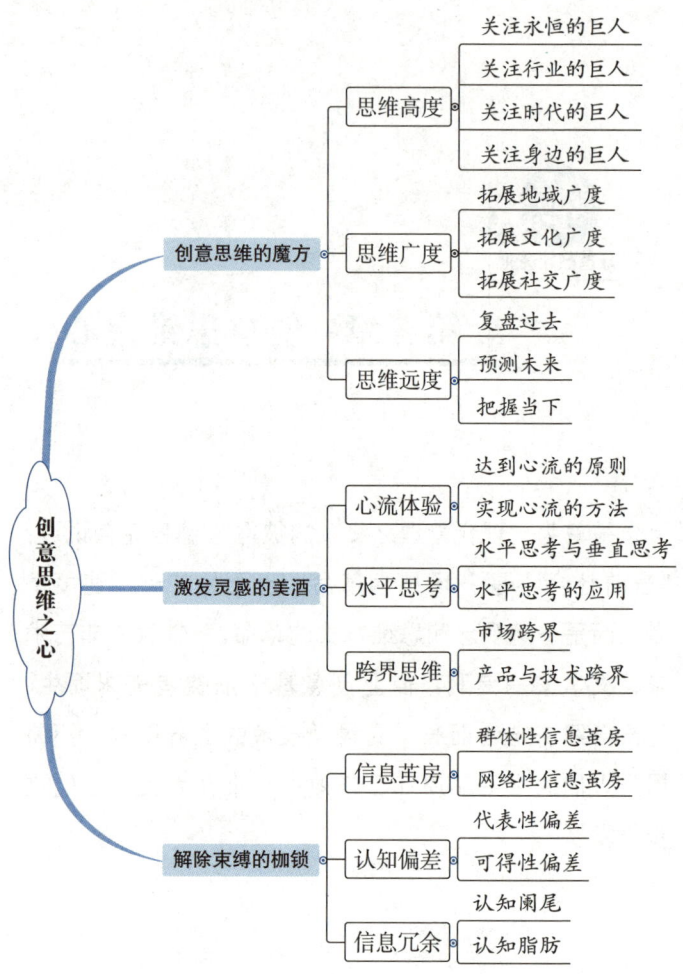

第二章 创意思维之心

第一节 创意思维的魔方

案例： 迪士尼的造梦工程师

"只要世界上还有想象力存在，迪士尼乐园就永远不会关门。"

——华特·迪士尼

华特·迪士尼是全球当之无愧最有创造力的公司，无论迪士尼乐园还是电影或者文创周边产品都让人为之着迷。其中，最关键的就是迪士尼的创意。早在1952年12月16日，迪士尼就设置了一个特殊的部门——幻想工程部（Walt Disney Imagineering，WDI），该部门的员工被称为"幻想工程师"，他认为幻想工程就是富有创意的幻想和专业技术水乳交融的产物。迪士尼主题乐园及度假区主席汤世德说，幻想工程部是独特的创新机构，包揽了所有迪士尼主题乐园、度假区、景点、游轮、房地产开发及世界各地区娱乐场地的从概念至建筑的全部工作。迪士尼幻想工程执行副总裁魏伯乐（Bob Weis）也是全权负责上海迪士尼度假区项目创意的高层，他认为，对于任何一个对设计有梦想有追求的人，迪士尼幻想工程师大家庭都是一个理想之地。它能带给你更多设计创意，并让你享受其中的乐趣。"幻想工程师需要带给人们前所未见的新事物，有创造新事物的强烈意愿。而且创造的步伐永不停歇，当一个新事物创造出来，下一个想法就是创造另一个新的事物。同时，幻想工程师也需要具备一些特质，如善于观察生活、工作当中人们不同的看法和角度，保持好奇心，喜欢旅行，敢于尝试和冒险。"

以上海迪士尼为例，在项目开始之初先由幻想工程师做沉浸式调研。在2010年甚至更早的时候，就组织幻想工程师对中国市场进行了大量调研和前期测试，每个景区项目设计的时间长达6~7年，这恐怕是迪士尼乐园在进入异域前所花时间最长的一次功课。为了充分体现本土文化，幻想工程部首次在中国招募了 150 名幻想工程师，分别出自艺术、工程、建筑等不同背景。另外，还与 50 名中国艺术家一起合作，共同完成上海乐园的娱乐项目、演出剧本等诸多设计工作。虽然园区主打还是以迪士尼为主的人物和故事，但所有的创意和设计呈现过程，都是由中国本地幻想工程师和咨询顾问一起合作完成的。同时，上海迪士尼公园的设计打破了复制美国版主题公园的模式。正如魏伯乐所说，"上海乐园虽沿袭了传统的迪士尼技术，也革新了 61 年前华特·迪士尼建造乐园时首创的一些理念和方法"。用米奇大街和奇想花园取代原"美国小镇大街"设计，没有按套路出牌，上海乐园高达 85％以上的景点都是全新或是重新设计的。

提到创意，很多人会想到天马行空不着边际的想象，实际上很多创意大师的头脑是高度结构化的，基于这个缜密的结构，大脑可以更高效、更稳定地源源不断地产生精彩的创意。思维是一个多面体，如同魔方一样通过结构化中的各种元素的不同组合而产生变化。本节将介绍思维魔方的三个维度：高度、广度和远度。

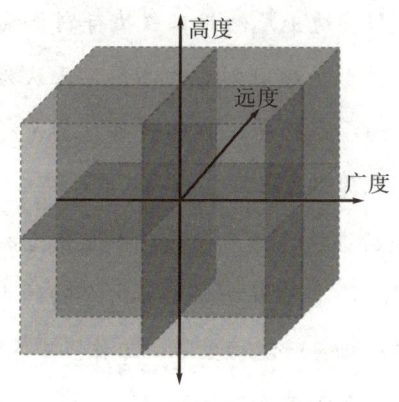

图 8 思维魔方示意图

一、思维高度

刘慈欣创作的系列长篇科幻小说《三体》于 2015 年获得第 73 届雨果奖

最佳长篇小说奖,开始受到读者们的广泛关注,其中的"降维攻击"① 随即成为人们热议的一个商业竞争策略。在企业竞争中,决策者的眼界高低决定了商战策略的成败。杜甫说:"会当凌绝顶,一览众山小。"只有我们将认知不断升维,才可能在商战中给予对手降维攻击。在互联网刚出现的时候,传统商业模式加互联网就可以对其他企业实施降维打击;而人工智能发展起来的时候,运用该高科技工具也可以对同行进行降维打击。其中的关键影响因素不完全是科技的力量,而是理解和应用科技的认知模式。牛顿说:如果说我比别人看得更远些,那是因为我站在了巨人的肩上。那么怎么认知升维、找到巨人的肩膀呢?这里有四个方法可以借鉴。

1. 关注永恒的巨人

当我们走进图书馆会发现,有一些被称为经典的书籍,有的是中国古代的圣贤们撰写的,有的是欧洲文明先驱们留下的;不管是"轴心时代"的精神导师还是文艺复兴的文化巨匠,他们的思想并没有随着时间的流逝而消亡,而是在不同的历史背景下闪烁着智慧的光芒。虽然当今科技水平已发生翻天覆地的变化,但是人们在遇到困惑时依然能够从这些先贤的思想中获得启迪。创业者们要升华自己的精神境界,最好的方法就是跟随这些不朽巨人的脚步。

2. 关注行业的巨人

永恒的巨人们提供的是普适性思想,而解决专业问题则需要寻找本行业或者专业领域的巨人。这些巨人不难找,通常具备以下三方面特征:一是行业的开山鼻祖,二是行业中公认的佼佼者,三是行业中影响力最大的人。要做电商肯定是学亚马逊、淘宝和京东;做手机必然是借鉴苹果或者华为。自从海底捞重新诠释了火锅店的服务之后,很多人蜂拥而至开始学习,同时也出现了一大波关于海底捞的书,诸如《海底捞你学不会》《海底捞你学得会》《海底捞捞什么》《海底捞能捞多久》。对于一个现象级的行业标杆,大家都愿意研究其成功秘诀和内在逻辑。

---

① 书中高维文明三体人对低维的太阳系文明发动攻击,"歌者"随手抛下了一张"二向箔",整个银河系的三维空间奔腾汹涌地流入二向箔,塌缩成一个二维平面,三维结构被碾压在二维平面之上。同时,这一降维过程是全息的,所有的三维信息被保留在碾压后的二维空间里。这种高维对低维的攻击,低维没有任何办法与之对抗,即降维攻击。

3. 关注时代的巨人

有人说英雄造时势，有人说时势造英雄，不管什么时代，总有当代的英雄。他们是冲在前面的"弄潮儿"，他们是吸引眼球的新网红。他们可以是商界常青树李嘉诚，可以是缔造阿里巴巴神话的马云，可以是百折不挠的史玉柱，也可以是个性鲜明的周鸿祎。无论成功或失败，他们都努力过、奋斗过、辉煌过，他们身上都有值得我们学习的优良品质。是非功过自有后人评说，我们无法预料未来会发生什么，但当下我们能够从他们身上获取对自己有价值的精神力量。

4. 关注身边的巨人

除了这些大家公认的"巨人"之外，还有一些会让你受益良多的普通人。他们可能是你的父母、配偶，可能是你的朋友、同学，也可能是你的上司、同事，还可能是你的客户，甚至可能是你的竞争对手、你的敌人。"闻道有先后，术业有专攻""三人行必有我师，择其善者而从之，其不善者而改之"，只要有一颗善于学习的心，到处都是课堂，人人都是老师。哪怕是我们的竞争对手，也在用另一种方式教育我们注意薄弱环节。每天白天仔细观察你的一举一动，晚上想你想得辗转反侧寤寐思服的人，不仅有爱你的人，更可能会是你的敌人。他们身上有我们可以学习的优良品质，是我们的人生陪练员，是我们身边的巨人！

二、思维广度

工业化时代促进了社会分工，为了提高效率，每个人都只熟悉自己所在领域的内容，并在一个专业方面深度延展。因而，产生的弊病也很明显，大家如同"盲人摸象"一样，认知的世界都是片面而残缺的，而以部分来代表整体会产生认知偏差。对于创业者而言，需要了解多方面的知识，掌握多领域的技能，以更宽广的视角发现创业机会，创造性地整合各类资源，不断开拓新的市场。

1. 拓展地域广度

人们常说"一方水土养一方人"，地域环境和资源禀赋在一定程度上影响人们的性格和认知方式。寒冷的地区培养了人们刚毅的性格，炎热的地区养成了人们热情奔放的行为习惯；自然资源丰富之地方的人们往往比较豁达，资源匮乏之地方的人们一般善于精打细算；身处政治文化中心的人们喜欢讨论官场现象，生活在经济发达地区的人们一般愿意关注经商投资……地域环境条件会让所在区域的人产生思维定式，要拓展广度，最好是经常去外地旅行，感受不一样的文化，或者与不同国家、地区的人多接触，理解他们的行为与思维方式。

2. 拓展文化广度

每个人在成长过程中会逐渐形成自己的文化视角和认知习惯，所谓"仁者乐山，智者乐水"。在自己熟悉的圈子里会感到很舒适，一旦面对陌生的领域，就会感到茫然和焦虑。创业者们不妨多关注其他领域的资讯，换一个行业的思维方式，看待自己面临的问题。《清单革命》（*The Checklist Manifesto: How to Get Things Right*）一书的作者阿图·葛文德（Atul Gawande）是哈佛公共健康学院和哈佛医学院的教授，白宫最年轻的健康政策顾问，《时代》周刊2010年全球100位最具影响力人物榜单中唯一的医生。他从医生的视角思考管理问题，为什么一张小小的清单，让约翰·霍普金斯医院中心静脉置管感染比例从11%下降到了0，更避免了43起感染事故和8起死亡事故，为医院节省了200万美元的成本？面对复杂的医学问题，在没有充分掌握患者信息的情况下，急救中心医生如何进行快速决策？清单这一管理工具，帮助医院处理了复杂的问题，同样也可以让其他行业应对复杂情景的决策困境。拓宽思维的广度可以让创业者跳出窠臼进行创新思考，借助其他行业的成功经验与方法解决面前的问题。

3. 拓展社交广度

很多人的社交圈往往局限于同事、同行、同学、同乡中，同质化社交网络中所掌握的信息和资源基本上也是同质的，如果从事一般的工作没有太大问题，但是不利于创业。创业是多个资源要素的创造性组合，因此必须有掌握异质资源的多维社交网络。除了原有的联系人群外，可以通过业余爱好俱乐部、读书会、车友会、社会公益活动等群体拓宽自己的人脉圈。

三、思维远度

Yesterday is history, tomorrow is a mystery, today is God's gift, that's why we call it the present.

昨日已成历史,明日还是谜团,只有当下才是天赐的礼物。

——一行禅师

时间线把我们的过去、现在和未来联系在了一起,站在时光的纵轴上看待世界,会让人产生很多人生感悟。不仅会发出像诗人张若虚"江畔何人初见月?江月何年初照人?"那样的感慨,更能站在更高的层面思考如何将创业进行到底。有人说,"生意生意,生命的意义",经商不是简单的买买卖卖,而是基于对人性的领悟产生的商业行为。

1. 复盘过去

过去是沉睡在大脑中的记忆,对于已经经历的事情我们无法改变,但是我们可以对此进行解释。对过去事件的复盘决定了现在的认知、情绪和行为模式,对成功或失败的归因可以让我们总结经验教训而提升认知。意大利著名历史学家克罗齐告诉我们,"一切历史都是当代史"。当看历史上发生的事情时,我们无法得知当时的人们是怎么想的,现在能够且只能按照现代人的思维去理解他们的思考和决策。现代企业管理中强调复盘思维,也就是在事后重新思考当时决策的优劣得失以获得经验而取得未来的成功。

2. 预测未来

对于未来的不确定性是几乎所有问题的根源,所以中国古人通过《易经》的卦辞占卜预测未来,欧洲人借助占星术推测未来形势走向。现代人则依据科学来分析预测未来可能发生的事情。1995年凯文·凯利所著《失控》一书对20年后的预测正在一步步实现——云计算、人工智能、虚拟现实、算法等逐渐变成了身边的现实。著名历史学家尤瓦尔·赫拉利的名著《人类简史》《未来简史》和《今日简史》开始被人们热捧,尤其是在《未来简史》中他以宏大的视角审视人类未来的终极命运,表达出惊人的预测。随着社会的飞速发展,短短20多年,人类从IT(信息)时代进入了DT(数据)时代,又从DT时代进入了AI(人工智能)时代,很多人都深深地感到"未来已来,将至已至"。

3. 把握当下

相比过去和未来,当下是我们唯一能够把握的。"活在当下"近几年成了流行语,然而"当下"并不像"当归"一样,是一味心灵鸡汤式的补品。"活在当下"也不是"人生苦短及时行乐"的代名词,不是"有花堪折直需折,莫待无花空折枝"式的珍惜现在,不是忘却过去、不顾未来而只求现在快乐的"傻子哲学"……圣严法师说,"活在当下"并非不回忆过去、不预计未来,而是专注于过程,一个过程只干好一件事情。回忆就专心回忆,展望就专心展望,念经就专心念经,劳动就专心劳动,吃饭就专心吃饭。当世人面对纷繁复杂的社会,往往面临太多干扰。人生路上并非如麦当劳广告词所说"更多选择更多欢笑",很多时候反倒是如老子所说"少则得,多则惑",失去了对当下的聚焦和专注,就会缺少人生大智慧。"活在当下"正是强调这种抛弃一切杂念、心无旁骛的"全然临在感"。正如一行禅师所说,昨日已成历史,明日还是谜团,只有当下才是天赐的礼物。我们的烦恼来自于后悔着过去的失误,焦虑着将来的不测。而成功来自于以将来的视角看待现在,有预计有远见;回到最初的时间节点,找到事情的本源;把握当下的力量,聚焦于解决现有的问题。

扫扫下方二维码,轻松学习在线开放课程——从创意到创业。

创业思考力：从创意到产品开发

第二节　激发灵感的美酒

案例：　Airbnb 的商业创意

  Airbnb(Airbed and Breakfast)是当前国际最知名的提供发布、发掘和预定全球独特房源的线上短期租房服务平台。该公司成立于 2008 年 8 月，总部设在美国加州旧金山市。Airbnb 是一个旅行房屋租赁社区，用户可通过网络或手机应用程序发布、搜索度假房屋租赁信息并完成在线预定程序。该社区平台在 191 个国家、65000 个城市为旅行者们提供六百万以上的独特入住选择，不管是公寓、别墅，还是城堡、树屋。它颠覆了人们外出旅行只能住酒店的习惯，Airbnb 被时代周刊称为"住房中的 ebay"。那么，这个为游客提供本地人闲置房屋的商业创意是怎么来的呢？

  2007 年，从世界上最负盛名的艺术和设计学校之一的罗德岛设计学院毕业的布莱恩·切斯基(Brian Chesky)和乔·杰比亚(Joe Gebbia)，离开东海岸去了旧金山，然而他们两个都没有稳定的全职工作。没过多久，他俩所租住房子的租金突然涨了很多，于是手头开始紧张，陷入了财务困境，急需资金。即将召开的北美设计大会，给了他们一个赚钱的灵感——"出租阁楼"。既然有这么多的工业设计师要来这里参加设计大会，这个城市几乎每个酒店的房间都被预订满了，没预定到酒店的设计师来到这里后都住在哪里呢？于是他们就将自己的住所打造成一个提供"床位＋早餐"服务的地方，也就是说可以为参加为期 4 天的设计大会的设计师们解决住宿和饮食问题，为他们提供无线网络、小办公座椅、充气床和早餐！当时他们自己没有任何正规的床位可供出租，只有 3 个充气床勉强能使用。因此他们就把这个项目命名为"充气床＋早餐"(airbed and breakfast)，他们上线的第一个网站域名就是 airbedandbreakfast.com。这就是 Airbnb 名称的来源。在大会期间，他们向第一批 3 位租客提供了"充气床＋早餐"的服务，收取的费用是每晚 80 美元，这比该市大多数中档酒店便宜了大约 100 美元。这就是 Airbnb 诞生的故事。

第二章 创意思维之心

　　Airbnb 并不是一开始就有一个想彻底变革整个酒店行业的宏大计划，它诞生的原因只是当时两个合伙人迫切需要钱，所以才有了这么一个能够快速赚钱的方法。

　　经过多次实践，这种模式为他们带来了丰盈的收益，同时也让租客收获了绝佳的体验，他们洞悉到这是一巨大的商机，便于 2008 年正式成立了 Airbnb 短租平台。尽管当时处于金融危机爆发之际，市场消费力大肆下滑，但 Airbnb 作为共享经济的先驱者，一反市场常态，非但没有被淹没在这场危机中，反而实现了创收。Airbnb 这家著名的共享短租服务公司在美国可以说是家喻户晓，它改变了人们的租住意识，将共享经济的精髓应用到一个新的高度。Airbnb 现已成为全球数以万计旅行者新的住宿消费选择，创始人直到今天都不敢想象自己在硅谷打造了一个独角兽公司。

　　Airbnb 的应运而生，给人们出行住宿提供了新的选择与体验。不同于传统酒店业为人们提供千篇一律的住房，Airbnb 能够为用户在全球范围内提供品类繁多、独具特色的民宿；不仅如此，它还提供帐篷、蒙古包、船屋、树屋、灯塔、城堡等一众超乎你想象的梦幻住所。独特的房源作为 Airbnb 的一大亮点，源源不断地吸引着全球的用户，目前它的用户数量已经高达 3500 万，并且依旧保持迅猛的上涨趋势。Airbnb 除提供多样的特色房源外，还搭建了一座互动的桥梁，连接了房东和租客。从素未谋面的未知期待，到交谈甚欢后的相见恨晚，不管你是沙发客、骑行客、背包客，还是威客、极客和黑客，都有机会在 Airbnb 的住房之旅中与志同道合的人相遇相识，Airbnb 让每一次租住都变得温馨而有爱。然而，与陌生人共同居住这种概念听起来让人不免会有些顾虑，但 Airbnb 通过自身完善的互评体系与保障机制，极大程度地降低了这类风险。房东与房客通过对方的个人历史评价，实现个性化双向选择。与此同时，一系列保障机制的提供，也使用户减少了后顾之忧。Airbnb 建立起用户之间的信任关系，使线上线下的对接更加顺畅，让一个原本陌生的世界不再陌生。

　　当人们听说某个创业者因为一个项目获得成功时，往往会感慨自己怎么就没有想到。虽然商业创意不像文学作品创作那样需要灵感的灌注，但是要创新也并非易事。很多时候限制想象力的并非贫穷，而是创意的方法。为了

53

激发灵感，古今中外很多艺术家都喜欢喝点酒，所谓李白斗酒诗百篇，杜甫"醉里从为客，诗成觉有神"，古希腊更是把酒神狄奥尼索斯敬为艺术之神。本章将带来激发灵感的三杯美酒：心流体验、水平思考和跨界思维。

一、心流体验

美妙的创意是流淌的，所以这第一杯酒叫"心流体验"。心流的英文是"flow"，也有学者翻译为"流畅体验"或直译为"福乐"，它指的是我们在做某些事情时那种全神贯注、忘我投入的状态，在这个状态下，时间就像水一样哗哗地流走了。"心流"的提出者米哈里·契克森米哈赖（Mihaly Csikszentmihalyi）对其的描述是：你感觉自己完完全全在为这件事情本身而努力，就连自身也都因此显得很遥远。时光飞逝，你觉得自己的每一个动作、想法都如行云流水一般发生、发展。你觉得自己全神贯注，所有的能力被发挥到极致。关于心流出现的情景，有人在打球做运动到酣畅淋漓的时候感受过，有人在听音乐看电影的时候体验过，有人在从事艺术创作的时候体会过。心流是那种王羲之即兴写出《兰亭集序》书法名作时的状态，是王勃登滕王阁发出"落霞与孤鹜齐飞，秋水共长天一色"感慨时的体验。在商业创意中，有人在不断思考解决方案时突然茅塞顿开感到非常畅快。心流能够给予我们商业创意一个神来之笔，让我们感到无比兴奋和愉悦。

1. 达到心流的原则

要达到心流状态，米哈里总结了三大原则，即目标清晰、即时反馈、挑战与技能匹配。对于创业者而言，一切刚刚起步，需要在模糊的环境中找准关键点作为自己努力的目标。在条件不够完善的情况下，完成一定胜过完美。目标清晰时我们才能聚焦资源，让自己的心智变得纯粹。当同时面对多个目标时我们容易产生混乱与冲突，这时候的感受是焦虑，而且往往越焦虑越混乱进而更加焦虑，进入恶性循环。即时反馈是马上得到结果回应，为什么人们容易沉迷于游戏呢？因为打一个小妖就能得几分，过一关就能升几级，努力之后马上就有回报，很直截了当。关于挑战与技能匹配，大家可以参考图9，当挑战水平高而技能低的时候，担心自己无法驾驭难以完成，就会焦虑；当挑战水平低而技能高的时候，很容易达成目标，就会觉得无聊或放松。前者让我们感到力不从心非常沮丧，后者让我们觉得很没有意思，只有挑战水平和技能都高的时候,才会让人觉得意兴盎然。

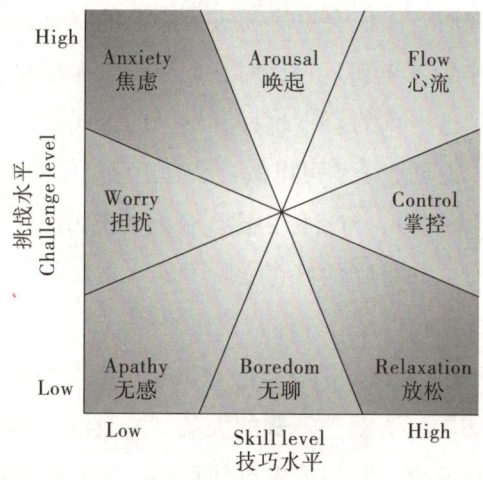

图9　心流产生的条件

2. 实现心流的方法

创业是一项充满挑战的事业,需要不断投入大量的时间、精力,很多人面对困难稍作尝试就退却了;有的人没有很好地提高自己的技能水平,一直处于焦虑状态,最后撑不住了;只有少数精英像走钢丝的特技演员一样,不断保持平衡状态,把压力转化为动力,把潜力变成能力,在该执着的时候坚持不懈,咬定青山不放松,在该放手的时候保持超然的心态,做到物我两忘。不能掌握心流技巧的创业者容易在波涛汹涌的商海中晕船甚至翻船,而能够及时调整状态的创业者则会像冲浪运动员一样在惊险刺激的波涛中尽显英雄本色。可以通过如下方法实现心流状态。

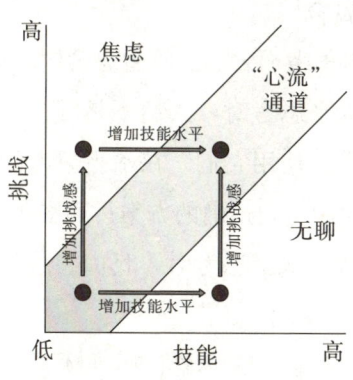

图10　挑战和技能的关系

(1)选择自己真正喜欢的事业。正如米哈里所说:"在为喜欢的事情努力时,当内在动机存在时,人们会更容易进入心流的状态。而只有通过实践去尝试做一件事,你才会真正知道自己对它的感受,靠想象、分析和测试都是并不能真正帮你做到这一点的。"[①] 也许到别人的公司打工,我们无法主动选择自己的日常工作,而创业至少可以做自己真正愿意做的事情。

(2)不断提升个人能力。与目标相比,个人的能力总是不足的。保持终身学习的状态,充满对未知事物的好奇心,不断探索新的领域。在学习的状态中,看到自己每天的成长也是一件非常愉快的事。

(3)与内在自我建立和谐的关系。心理学家认为,每个人都有一个不受控制的内在自我,它如同一头桀骜不驯的大象,能量巨大而任性偏执。正如乔纳森·海特在《象与骑象人》一书中讲的那样,我们要学会驯服心灵这头大象,让它跟随我们的意志行动。

从热爱到投入,从投入到忘我,心流有时候就像是喜欢捉迷藏的小孩,当你刻意去找他的时候怎么都看不到,而当你放弃寻找的时候,他会自然出现。有喜有泪、有痛有乐、有全身心的付出才会有淋漓酣畅的心流体验。

二、水平思考

激发创意的第二杯酒是水平思考,此概念是由著名的思维大师爱德华·德·波诺博士提出来的。《牛津英文大词典》对此的解释是:以非正统的方式或者显然地非逻辑的方式来寻求解决问题的办法。

1. 水平思考与垂直思考

水平思考是针对垂直思考而言的。垂直思考时,我们要按顺序逐步推进,每个步骤都必须合理;水平思考时,人们不是因为信息本身而使用信息,而是因为信息能带来的结果去使用它们。在水平思考的过程中,我们可能需要在某个阶段故意犯错,才能得到正确的方案;而在垂直思考(逻辑或数学)中,这种情况是不可能发生的。水平思考时,我们会故意寻找无关信息;而垂直

---

① 米哈里·契克森米哈赖. 心流:最优体验心理学[M]. 张定绮,译. 北京:中信出版集团,2017.

思考时，我们则只筛选出相关信息。垂直思考是选择性的，而水平思考是创造性的。垂直思考关注的是正确性，而水平思考关注的是丰富性。垂直思考通过排除其他道路的方式选定一条道路；而水平思考的目的不是选择，而是为了开辟其他道路。垂直思考要选出最有希望解决问题的方案或看待问题的最佳方式；水平思考则要最大限度地创造出备选方案。垂直思考是在不同方案中找出一个有希望的方案便停止；而水平思考时，即便已经找出一个有希望的方案，也还要继续生成新方案。垂直思考力求选出最佳方案；而水平思考则以生成不同方案为终极目标。

创意很多时候就是超常规的思维，当我们按照正常逻辑无法解决问题的时候，就需要跳出原有的窠臼换一种全新的角度去思考。在电视连续剧《甄嬛传》中有这么个故事：酒宴上，准噶尔可汗摩格拿出了一个玉连环，希望雍正和大臣们能解开，然而这本来就是个无解的问题，大臣们面面相觑，天朝大国的威严顿时扫地。刚好雍正的小女儿胧月在场，她拿起玉连环往地上一摔，顿时解开。原则上没毛病，谁说解开玉连环要保持其完整呢？摩格无言以对，而雍正龙颜大悦。小孩子的创造力一下子破解了难题。这种方式就是水平思考。

2. 水平思考的应用

获得创意的关键是打破常规，逆向思维、换个角度思考也许会找到新的出路。我们再举一个大家熟悉的例子，微信支付刚推出的时候反应平平，因为支付涉及用户和商家两方。没有用户绑定银行卡，商家不和你合作，没有商家合作，失去应用场景，谁愿意绑定银行卡呢？这本身是一个鸡生蛋蛋生鸡的问题，貌似无解。这个问题在支付宝推出来的时候也遇到过，阿里巴巴费了很大劲，想尽各种办法，最终耗费了很长时间才实现让用户愿意绑定银行卡。但是微信却轻而易举地解决了这个问题。方法很简单，就是微信红包。我相信很多人都感受过发红包和抢红包的乐趣。平常大家在马路上看到一元的硬币都未必会弯腰去捡，但是在群里哪怕只抢到几毛钱的红包都很兴奋。微信红包的灵感来自于腾讯新年发红包的传统。据说腾讯有个传统，每年春节回来第一天上班，大家排队去领老板的红包，从1楼一直排到马化腾的办公室门口，有人就像春运时买火车票一样，凌晨三四点就去排队占位了。当然发红包的不止马化腾一人,凡是总经理级别的都要发。问题是发多少呢?发得多自己吃不消,有人多有人少又显得不公平。于是大家想了个办法,把金额不一的钱放在红包里,多的几百少的几十,一起拿给大家随机抢,场面很热闹,拿到多少全凭手气,大家都觉得很有趣。于是微信技术团队把这个线下活动移到了线上,后面的结果大家就知道了,2014年春节有一千万人一起抢红包,2015年腾讯和春晚合作"摇一摇",除夕"摇一摇"的次数是100多亿次。群主发红包已经成为大家的乐趣所在,微信红包让微信再次火了一把,银行卡绑定率极高,腾讯用这个方法快速而低成本地解决了貌似无解的问题。

三、跨界思维

激发创意的第三杯美酒是跨界思维。所谓跨界,指的是突破原有行业惯例和常规,通过嫁接其他行业的理念和技术,实现创新和突破的行为。创意往往体现为既在意料之外又在情理之中,当我们无法在本领域内实现新的突破,跨界到其他行业或许能够发现更多的机会。马云曾说过:"未来十年,是中国商业领域大规模打劫的时代,所有大企业的粮仓都可能遭遇打劫!"例如,当移动和联通打得不可开交时,微信出现并用互联网思维颠覆了这两者;当各大旅行社纷纷低价竞争到"零团费"时,携程的出现彻底改变了人们的出行习惯,赚得盆满钵满。创业领域的跨界有如下两种方式。

1. 市场跨界

当一家公司在某个领域做得有影响力之后,可以借助品牌优势跨界到其他市场领域。这个可以是小尺度的跨界,例如小米公司以做手机见长,现在拓展到生产智能手环、充电宝、音箱、加湿器等电子产品,甚至跨界做无人机。这些产品都属于消费类电子产品,逐步构建了小米的产品生态链。康师傅本来是做方便面的,现在也开起了自己的连锁牛肉面馆。当然,也有的企业跨界做完全无关的产业,例如著名的化妆品公司资生堂、欧舒丹都有自己品牌的咖啡馆,店内装修和布置都结合品牌特色。奢侈品公司宝格丽建有自己的酒店,苹果公司做电脑、手机、平板和耳机都属于同一领域,当声称要推出汽车iCar时就有点出乎大家意料了。在跨界方面,迪士尼绝对是大佬级的。他们借助米老鼠、唐老鸭、白雪公主等动画人物形象,广泛布局于影视、主题公园以及周边产品等领域。2006年、2009年和2012年迪士尼分别以74亿美元、42亿美元和41亿美元收购了皮克斯动画、漫威工作室和卢卡斯影业,让迪士尼在影视娱乐方面成为世界头号巨头。迪士尼在流媒体方面也业绩不凡,从以前制作影视作品放在Netflix等流媒体平台上播放到自己跨界自营流媒体平台,该公司的媒体网络部分收入已经占到42.58%,高于乐园度假30.51%、影视娱乐16.97%及周边产品销售9.93%。不断跨界让这个成立于1926年的老年公司不断焕发出青春的活力。

2. 产品与技术跨界

成立于1995年的亚马逊公司,以网络书店为主营业务,借助互联网的兴起迅速扩张,成为世界上最大的电商平台之一。以销售纸质书见长的亚马逊于2007年11月19日发布第一代Kindle,这款使用E-ink技术的便携式电子书阅读器,可以让用户通过无线网络在亚马逊官网上购买、下载和阅读电子书、报纸、杂志、博客及其他电子媒体。本来这项技术是索尼公司最早开发使用的,但是索尼作为一家纯消费电子产品生产厂商,生产和销售硬件产品是其核心业务。然而,不同于其他电子产品,没有内容的阅读器基本等于废品。由于缺少内容支持,索尼的电子书阅读器推出后一直销路不好。而电子书刚好是亚马逊所擅长的,普通平板电脑亮度较高,用来长时间看电子书容易视觉疲劳。而黑白墨水屏的Kindle可以产生类似于纸质书的视觉效果,阅读体验感非常好,所以一经上市就受到消费者的追捧。作为一家电商平台,亚马逊还非常有远见地跨界到云计算领域,早在2006年戴尔、惠普这些老牌电脑厂商都还原地不动的时候,亚马逊就出其不意地推出了自己的云计算服务AWS。早期的研发过程是相当痛苦的,但亚马逊深知云计算服务是未来互联网商业时代必需的基础设施,因此坚定地增加研发投入。直到今天,亚马逊已经独占全球云计算40%的市场份额。基于这样一次次成功的跨界,亚马逊飞速发展,在多个领域都取得了骄人的成绩。2018年7月19日,《财富》世界500强排行榜发布,亚马逊列18位;当年12月18日,世界品牌实验室编制的《2018世界品牌500强》揭晓,亚马逊排名第1位。该公司的CEO杰夫·贝佐斯(Jeff Bezos)在2018年《福布斯》全球亿万富豪排行榜上以1120

亿美元首登首富之位，4月，他获《时代》周刊2018年全球最具影响力人物荣誉，5月，他在《福布斯》十大最具影响力CEO中排名第一。他推崇的"逆向工作法"（work backwards）是亚马逊公司实现跨界的关键。贝佐斯在2008年致股东的一封信中写道："最终，现有的技能都将过时。'逆向工作法'要求我们必须探索新技能并加以磨炼，永远不要在意迈出第一步时的那种不适与尴尬。"

"跨界打劫"是创业领域的新趋势，很多并非同行业的企业却产生了比同行业竞争对手更可怕的威胁。新时代的创业者们必须眼观六路耳听八方，不仅盯着同行更要小心突然冒出来的竞争对手。当然，同样我们也可以抽空到其他领域里瞧一瞧，没准会发现大好的商机。

扫扫下方二维码，轻松学习在线开放课程——从创意到创业。

第三节　解除束缚的枷锁

案例：　柯达公司的覆灭

柯达公司由发明家乔治·伊士曼(George Eastman)创立于1880年，从他1883年发明胶卷、五年后第一部柯达照相机上市，开启大众摄影新时代开始，柯达的成功神话延续百余年。当年，乔治·伊士曼将笨重的摄影器材改为"人人都会用"的傻瓜相机，随着广告语"你压下按钮，其余由我负责"传开，柯达相机和胶卷风靡世界。最辉煌的时候柯达曾占据了全球三分之二以上的市场份额，在一定程度上甚至成了摄影的代名词。1981年，柯达公司的销售额一举冲破100亿美元，成为业界无可匹敌的翘楚。然而，就在柯达还流连忘返于其在胶卷领域所取得的巨大成功时，历史的车轮已经滚滚碾压而来。

20世纪90年代，数码相机开始走进千家万户，并在随后的短短数年间迅速侵蚀了传统胶卷相机的绝大部分市场。与此同时，移动存储设备的不断扩容和电子相册等新显示介质的出现也使得照片突破了相纸的限制，而各种社交网络的兴起则让照片分享变得越来越简单便捷。这一切，给传统的摄影产品制造商造成了巨大的冲击，而作为这一行业的领头羊，柯达首当其冲。进入21世纪后，由于胶卷销量的日益萎缩，柯达传统影像部门的销售利润三年之内缩水71%。而随着竞争对手数字摄影技术的不断进步，柯达在全球市场的份额也不断萎缩。从2005年开始，柯达几乎年年亏损，只有2007年一年实现盈利。时至2012年，柯达公司的全球员工人数已经从鼎盛时期的14.5万降至大约1.7万，而市值已从15年前的310亿美元锐减至不足1.5亿美元。有人说，柯达的失败来自其对新技术的漠视。其实早在1975年，柯达就率先发明了数码摄影技术。一直以来，柯达被批评为为保护胶卷产业而不做数字技术的努力。但实际上，从20世纪90年代中期到2003年，柯达一直有单独的数码相机分部。这一分部并不受任何遗留资产或习惯约束，当时已经能够在数码相机市场上占据相当的份额——但是，即便是数码相机市场，也因随之而来的智能手机的兴起而被摧毁了。由于数码产品和传统胶片有巨大的技术鸿沟，要想转型也并非易事。在维持原来模式和开拓新领域的纠结中，在与老对手富士，新对手索尼、爱普生的一次次交锋中，柯达终于支持不住，于2012年1月19日申请破产保护。柯达用自己潜心钻研的技术为人们烹制出一场科技盛宴，最终却发现餐桌上并没有自己的位置。

从柯达公司的案例中我们可以看到，即使是当红一时的大公司，也难以克服思维的障碍。要么像IBM公司一样壮士断腕，毅然放弃计算机硬盘、主机等当年的核心产品而拥抱系统集成的新趋势，在艰难的突围中活下来；要么像柯达公司一样，在既想保留原有优势又要发展新产品的纠结中痛苦死去。真正要实现创新，既要有好创意，更需小心不要被思维的枷锁束缚。

一、信息茧房

创业者在进行决策的时候容易出现的问题是被信息茧房束缚。所谓"信息茧房"（information cocoons），是指人们的信息领域会习惯性地被自己的兴趣和习惯所引导，从而将自己的思维桎梏于像蚕茧一般的"茧房"之中。这种现象在我们身边很常见，信息茧房按线上和线下分为群体性信息茧房和网络性信息茧房。

1. 群体性信息茧房

群体性信息茧房主要来自我们的交往人群。人们在交友的时候往往倾向于认为，三观一致、志同道合的人才能一起愉快的相处。和有共同的爱好、价值观、行为习惯的同道中人在一起聚会畅谈当然是非常愉快的，你说了上句他就秒懂了下句，大家确认过眼神之后相互欣赏、相互认同、惺惺相惜。当然，其结果就是你会沉浸在这个舒适的小圈子里无法自拔。古人说"兼听

第二章 创意思维之心

则明，偏信则暗"，和你观点不一致的人并非一定是对立面。三国时诸葛亮曾在《出师表》中提醒刘禅要"亲贤臣、远小人"，道理自然不错，但是为什么皇帝们还是喜欢"小人"或者"奸臣"呢？因为所谓的"忠臣"经常反映残酷的现实，不顾皇帝们的感受直言苦谏，不管皇帝是否乐意都要其"直面惨淡的人生和淋漓的鲜血"；而"奸臣"则会察言观色，收集皇帝的喜好，呈现给他最喜欢的信息和被扭曲的现实。如此一来，皇帝们误以为正处于太平盛世而自己是千古明君，在愉快的情绪中就亡了国。我们虽然不是皇帝，但面对的情境是一样的。我们不会喜欢那些直言相告说自己缺点的朋友，在人际交往中经常会将其过滤掉，最终留下的经常在一起的人，都是自己看着顺眼听着顺耳的。他们不是古时候所谓的小人，而是我们自己愿意沉浸在舒服的茧房中。这种情况下，任何一个人都可能被包裹在信息茧房中蒙蔽心智。

群体性信息茧房还容易产生"党争"，同类人群在一起很舒服，会形成利益小群体。在创业企业中，特别要注意团队和团伙的差异。前者基于道理和价值观凝聚在一起，后者基于情感和利益聚在一起。在群体性信息茧房的影响下，观点差异会演化成立场问题，面对要决策的问题不是评价是非对错，而是需要判断来自哪个群体。群体性信息茧房会演化成不同群体间的党同伐异，争的不是道理而是群体代表的观点。例如，生活中的一些习惯其实不存在价值观的对错而只是喜好问题，人们在自己熟悉的环境中是最舒服的，置身于观点相同、习惯一致的环境中会产生安全感。每到过节的时候人们总会争论粽子应该是甜的还是咸的，月饼里应该是什么馅，汤圆和元宵有什么差别，又或者鱼香肉丝的正确做法等。2013年，为了争论豆腐脑、粽子、汤圆、月饼、西红柿炒鸡蛋等食物的正统做法，甜、咸党们分别在美国白宫网站上请愿，把一场美食之争发展到"武装冲突"的地步。信息茧房不仅会束缚人们的心智，更会引发观点的冲突甚至人身攻击。

图 11　咸、甜党在白宫官网上的争论

2. 网络性信息茧房

经常上网的朋友应该会发现，有些新闻网或购物网经常会推送一些很符合你"口味"的信息，其内在的逻辑是一种人工智能算法。例如你浏览了一次宠物的视频，网站后台就会形成一个标签，然后再给你推送另一条类似的宠物视频，当你再次点击之后它就会认为你可能是一个宠物粉。随之而来的就是宠物售卖、宠物食品、宠物美容之类的广告。人工智能算法会不断"喂"给你最想要的信息资讯，这在一定程度上顺应了当前媒体去中心化、裂变化、社交化的内容生产模式，体现了媒体主动迎合用户需求的趋势，其出发点是为了给客户提供个性化的服务，但是同时也加剧了网络群体的极化。在网络空间中人们可以超越地域限制，找到自己志趣相投的群体，形成信息茧房。在小群体中，人们容易将自己的偏见当作真理，将他人的合理观点拒之于千里之外，同时人们对信息的选择性输入不断增强。长期沉浸在自我话语体系中，排斥异己的观点和价值观，容易产生脱离社会的倾向，对小群体外的个人和社会漠不关心，导致整个社会黏性降低，形成社会共识、增强社会凝聚力日益困难。对于信息茧房现象，人民日报专门发了四篇文章强调其危害性。

图 12　人民网转载人民日报文章截图

二、认知偏差

从生理结构上讲，大脑是人体的器官中最消耗能量的，据统计，人脑的重量虽然只占人体重量的 2% 左右，却消耗 75% 的心脏血糖和 20% 的身体总血糖。要供养这样一个能耗大户可不容易，于是人体就产生了一种节能的认知方式。这个机制有点像智能手机上的预加载功能，当一个程序打开过一次后再打开时经过预处理就会运行速度快一些。人脑对一些常规的认知分析会形成一种固有模式，遇到此类情景时会形成下意识反应，不经过分析而直接得出答案。从事"启发式与偏见"研究的学者丹尼尔·卡内曼（Daniel Kahneman）是位心理学家，但他却获得了 2002 年的诺贝尔经济学奖，卡内曼等人认为，人们会假借有限数量的启发原则，将概率评估和数值预测等复杂任务简化为更容易的评判操作。复杂任务向简单操作的降解可通过属性替代操作实现，即"启发式"。所谓启发式就是根据以往（相同的或类似的甚至是无关的)经验来对当前情况进行判断。启发式既可以得出正确的推理结果也有可能导致错误的结论,也就是说过去的经验既可能有利于我们快速做出判断,也有可能对我们的判断产生干扰。常见的启发认知偏差有两类,即代表性偏差和可得性偏差。

1. 代表性偏差

代表性启发式(representativeness heuristic)指的是当我们遇到新的认知情景时,往往会在大脑中寻找与之类似的场景,并做类比思维。最典型的代表性偏差就是地域偏见。我们经常会给某个地方的人贴一个标签,例如北京人怎样、上海人如何、广东人常做什么。当我们见到这个地方的某个人时,就习惯性拿这个标签去套,甚至会惊讶于你是湖南人为什么不爱吃辣椒,你是新疆人为什么不能歌善舞,或者过分地认为山东人都会开挖掘机、山西人都是煤老板。其实这种偏见从古就有,有成语为证。庄子用"邯郸学步"嘲笑了燕国人,韩非子的"郑人买履""买椟还珠"说的都是郑国人,而最招黑的是宋国人,孟子的"揠苗助长"、列子的"野人献曝"、韩非子的"守株待兔"都是黑他们,仿佛宋国人是最大的笑话。宋国人和郑国人还联袂贡献了一个成语"郑昭宋聋",当时的宋国和郑国都在现在的河南境内,据说这是河南人被黑的根源所在。地域偏见不是中国人的专利,很多国家都存在明显的"鄙视链"。保加利亚摄影师扬科·萨佛诺夫(Yanko Tsvetkov)专门对世界各地人们的地域偏见进行了总结,还出版了《偏见地图》(*Atlas of Prejudice*)一书。之后,大家纷纷如法炮制,绘制了一系列"偏见地图"。受此启发,2015年由百度搜索、百度大数据部联合提供数据支持,绘制出了中国城市偏见地图,该地图由百度搜索出品的《枇杷来了》汇集《奇葩说》人气选手马薇薇、肖骁、姜思达获得众多网友的关注。娱乐归娱乐,其实在每个人的心里都有这么一个"偏见地图"。这个认知模式的产生来自我们的成长环境、接受的教育、个人的经历以及家庭影响等。无论我们是否表达出来,这些观念经常会影响我们的认知和行为,很多时候会产生决策谬误。

在运用代表性启发式进行判断时还有可能导致赌徒谬误(Gambler's Fallacy),也称为蒙地卡罗谬误(The Monte Carlo Fallacy),后面一个叫法来源于一个赌场的故事。1913年8月18日,在蒙地卡罗的一间赌场的轮盘赌中,黑色不可思议地连续出现了十五次,人们开始近乎疯狂地冲着去押红色。

当黑色连续出现了二十次以后,人们还进一步加大了他们的赌注,因为大家都认为在黑色连续出现了二十次以后再出现黑色的可能性已经不到百万分之一了。结果黑色却创纪录地连续出现了二十六次!这间赌场因此挣得盆丰钵满。大家都有这种感觉:似乎黑色已经连续出现太多次,不可能再出现了。这种判断在概率事件中经常发生,但有时候越是觉得不可能发生的小概率事件却真的发生了。

1973年卡内曼及阿莫斯·特沃斯基(Amos Tversky)进行了一个名为"Tom W."的著名实验,大概如下:给被试者一段关于Tom W.的描述:"Tom W. 智商很高,但是缺乏真正的创造力。他喜欢按部就班,把所有事情都安排得井然有序,写的文章无趣、呆板,但有时也会闪现一些俏皮的双关语和科学幻想。他很喜欢竞争,看起来不怎么关心别人的感情,也不喜欢和其他人交往。虽然以自我为中心,但也有很强的道德感。"请问:Tom W. 最有可能是以下哪个专业的学生:企业管理,工程,教育,法律,图书,医学,社会学?

你的选择是什么?在研究中,绝大多数被试者都认为Tom W. 最有可能是工程专业学生。因为这个描述比较符合大家对理科生的标签化定义。其实以上性格的人可能出现在任何一个专业。如果按照概率算,应该是1/7的可能性是工程专业。要是按照大学各个专业招生的比例算,在很多文科类综合大学中很可能还达不到1/7的概率。我们在这个判断中就容易出现代表性偏差。

2. 可得性偏差

可得性偏差指的是人们倾向于根据客体或事件在知觉或记忆中的可得性程度来评估其相对频率,容易知觉到的或回想起的客体或事件被判定为更常出现。人们往往会根据某种信息容易在心里想起来的程度来进行判断,那些很容易就能回忆起来的信息被认为比那些不太容易回忆起来的信息更平常,这种认知策略就是可得性启发,又称获得性启发。买车险的时候很多人都不会购买"涉水险",觉得在城市里开车为什么要多花这个钱呢?但是在暴雨之后,人们往往会加购这个险种。再比如,当问起飞机和火车哪个安全系数高时,很多人会认为是火车,尤其是当新闻报道哪个航班出现问题之后。其实,航空公司的事故率是远远低于火车的,但是对航空事故的新闻报道多于铁路事故，容易让人们觉得火车会更安全。人们会觉得越容易想起来的事情（即在脑海中的印象更为深刻）越容易发生，这就是所谓的可得性启发式（availability heuristic）。学者们曾经做过一个实验，问被调查者以字母 k 开头的英文单词和第三个字母是 k 的英文单词相比，二者谁更多？大多数人认为以字母 k 开头的英文单词更多。因为人们很容易就想到以字母 k 开头的英文单词，比如 keep，kill，kitchen 等，但要想起第三个字母是 k 的英文单词就有些困难了，于是人们就会认为以字母 k 开头的英文单词会更多。实际上，第三个字母是 k 的单词是以字母 k 开头的单词的 3 倍。

人们在认知的时候习惯通过易得性来判断其可能性，发生在身边的事件永远比书上的调查数据更有说服力。有人曾经为了买车做了很多功课，反复对比各种品牌车型的性能数据，最终打算购买某品牌的一款新车。但是在马上就要交钱的时候接到自己太太的电话，说不能买这款车，因为她的闺蜜前不久买了同款的车没多久就出了问题。在临时调换购买了其他车型之后，才知道太太闺蜜是属于那种"女魔头"（女司机、磨合期、头次上路）式的司机，车子出问题完全不是因为质量而是因为个人驾驶习惯。

以往的研究往往遵循"理性经济人"的假设，认为个体的认知和决策都是在理性思考后做出的。但实际上，人们经常会不由自主地受到认知过程、情绪过程、意志过程等各种心理因素的影响，产生各种认知偏见。如 Fiedler 和 Juslin（2006）的研究所示，人们表现出来的是他们能够精确地统计数据，但是却不能判断出这些数据中存有的偏差。大家在认知的过程中往往依赖的是直觉而非理性。一般来说，依赖过去的经历对我们的判断的确很有用，且能帮助我们快速地得出结论，然而快速的成本却是判断的精确性。

三、信息冗余

以是义故，如来常说，汝等比丘，知我说法，如筏喻者。法尚应舍，何况非法。

——金刚经

《金刚经》中把佛法比喻为船，船在渡河的时候非常有用，但是渡过河之后就没有用了，不需要背在身上前行。佛法中的一个道理解决一个问题，当问题解决之后就要放下，不需要时时挂在嘴边。我们的认知也是如此，某人生经验在特殊的情境下起作用，如果遇到新问题还坚持应用老办法就会失灵。认知方面的信息冗余有两种典型体现，它们可以被形象地比喻为认知阑尾和认知脂肪。

1. 认知阑尾

认知阑尾不是一个学术概念，而是一个比喻，指的是在我们的日常认知和行为习惯中，有一些之前由于一定情景需要而产生的认知和行为，现在环境改变了，这些认知或者行为已经失去当时的意义，但我们由于惯性还在沿袭。就像阑尾，曾经是人体的一部分，现在已经没有什么用处但依然保留着，不出问题还好，一旦阑尾炎发作还是很要命的。认知阑尾有很多种表现形式，比较典型的现象是如武志红在《巨婴国》一书中所表达的"超级巨婴"。他将"巨婴"心理的全能自恋特征概括为：我一动念头，世界就得立即按照我的意愿运行；如果世界不按照我的想法来，我就会愤怒，甚至大哭大闹。这些观念在家长看来往往是"孩子气"的，认为长大懂事就好了。殊不知溺爱和纵容会助长这种观念。到成年之后，原来的哭闹和恶作剧会变为忌妒和伤害。2013 年 1 月 3 日，刚投入使用半年多的云南昆明长水机场因出现大雾天气，导致 440 个航班被取消，约 7500 名旅客滞留。天气原因是不可抗力，无论是航空公司还是地勤人员都在努力协调处理问题。但是机场还是出现了种种骚乱事件：有人大声辱骂地勤人员，有人高呼口号"我要回家"，有人在不停哭喊，甚至有人打砸值机柜台、殴打工作人员……理性和文明已经被抛之脑后，现场只看到一群"超级巨婴"在嗷嗷待哺。童年时期面对问题的认知阑尾让成人瞬间失控，做出完全不理性的行为。精神分析学派认为，童年的很多行为方式会在成人时期继续做强迫性重复。年龄增长只是增加了生理属性，认知阑尾的存在造成了"超级巨婴"现象。

每个人在成长的过程中都会或多或少形成一些心理应激反应。例如，害怕家长责罚会撒谎，遇到困难会焦虑失眠，害怕陌生的环境，不敢和异性说话等。这些认知阑尾在当时的作用是保护我们不受伤害，但是到成年的时候不应该成为发展的障碍。有一个故事说的是一家马戏团着火了，动物们都跑了出来，唯独大象被烧死了。因为小的时候它很努力但无法挣脱系在脖子上的绳子，长大后依然认为那根绳子是坚不可摧的。检视一下，我们是不是还被从前的绳子系住无法前行？大胆的割掉认知阑尾才能获得更多新知。

2. 认知脂肪

从生理角度讲，脂肪的主要作用是存储能量。在古代由于生产力不发达，吃不上饭是常事，人们需要囤积脂肪以备不时之需，那时候以胖为美。从造字法的角度讲，胖的部首是"月"，说明是身体的一部分，和"肝胆肺肠"等器官一样；而瘦是一种病，是不好的，如同"疼痛疲疾"等。现代社会人们以瘦为美，减肥成为大家共同的愿望。可惜人类最初的生理机制并没有随之改变，只要有多余的糖分就转化为脂肪储存起来。认知也是一样，我们在成长的过程中收获了很多知识信息，都不加批判和选择地收进大脑存起来，时间久了就形成了认知脂肪，脂肪堆多了就会影响我们的思维运动。我们经常从家人、邻居处，报纸、杂志上听到看到一些观点，例如怀孕期间要注意饮食，所谓酸儿辣女，想生儿子多吃酸的，其实通过科学常识我们知道，生儿生女和染色体有关，和饮食无关。再比如 2018 年 11 月 2 日，美国圣地亚哥法庭判决"酸碱体质论"创始人罗伯特·欧·扬（Robert O. Young）赔偿一名癌症患者 1.05 亿美元，他也承认自己在 2002 年出版的《酸碱奇迹：平衡饮食，恢复健康》一书中的观点纯属杜撰，没有任何科学根据。得到 App 里的专栏"卓克的科学思维课"中提到"知识这东西就得经常地核实和订正，尤其是那些从别人那里听来的知识"。有人用"断舍离"的方法处理家里的杂物，丢掉长久不用而闲置的物品。那么，我们是不是也要定期清理在脑子里面长期闲置的认知脂肪呢？

在企业管理中，很多人通过实践总结了一些经验教训，这些认知究竟是脂肪还是肌肉呢？我们需要不断地检视思考，考察其有效性，留下能够真正发挥作用的认知肌肉，不断剔除认知脂肪。

扫扫下方二维码，轻松学习在线开放课程——从创意到创业。

第三章　客户洞察之眼

　　创业是客户需求导向下的商业行为，对客户心理的把握是产品创意的基础和关键。在市场经济日益繁荣的今天，产品越来越丰富，消费者的选择也日趋多样化，如何发现和满足客户需求成为创业者考虑的重要问题。在洞察客户需求的过程中，可以运用同理心的方式进行情感分析，可以运用统计学的方法进行定量分析，也可以运用大数据的方法进行整体分析。《红楼梦》上说"世事洞明皆学问，人情练达即文章"，在探究的过程中，我们通过对客户需求的深层次把握，获得真知，产生创意灵感，从而创造出有生命力的产品。

创业思考力：从创意到产品开发

本章思维导图

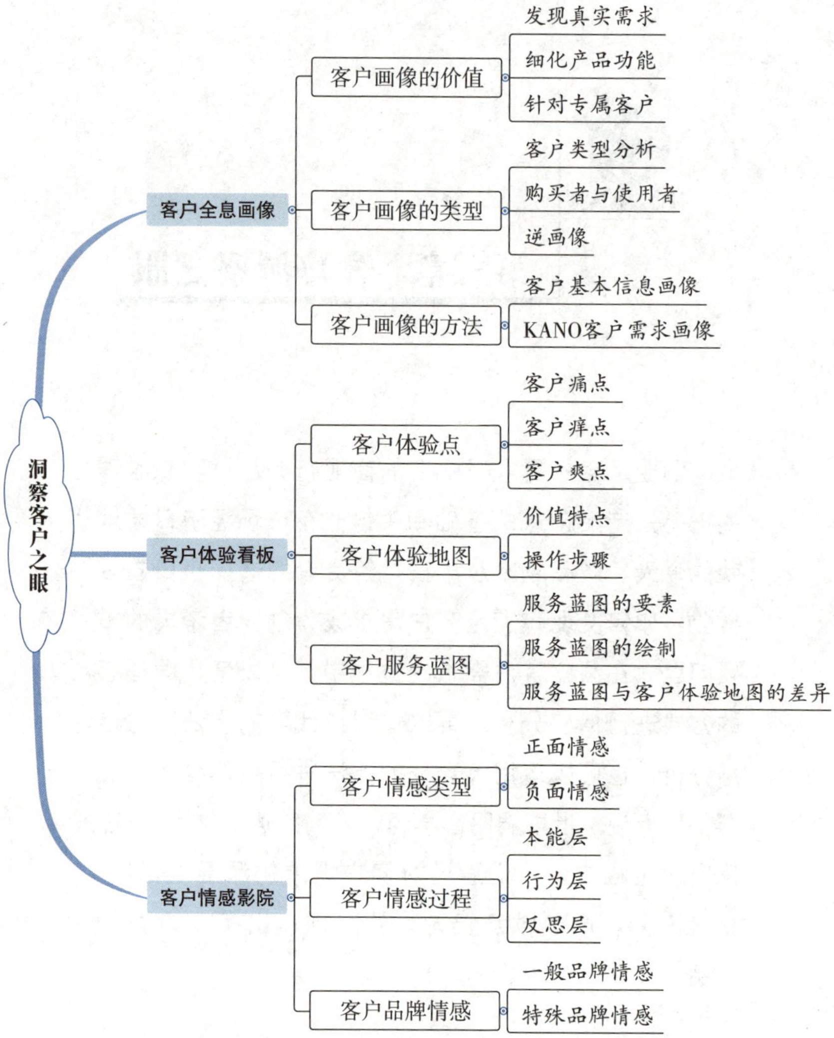

```
洞察客户之眼
├── 客户全息画像
│   ├── 客户画像的价值
│   │   ├── 发现真实需求
│   │   ├── 细化产品功能
│   │   └── 针对专属客户
│   ├── 客户画像的类型
│   │   ├── 客户类型分析
│   │   ├── 购买者与使用者
│   │   └── 逆画像
│   └── 客户画像的方法
│       ├── 客户基本信息画像
│       └── KANO客户需求画像
├── 客户体验看板
│   ├── 客户体验点
│   │   ├── 客户痛点
│   │   ├── 客户痒点
│   │   └── 客户爽点
│   ├── 客户体验地图
│   │   ├── 价值特点
│   │   └── 操作步骤
│   └── 客户服务蓝图
│       ├── 服务蓝图的要素
│       ├── 服务蓝图的绘制
│       └── 服务蓝图与客户体验地图的差异
└── 客户情感影院
    ├── 客户情感类型
    │   ├── 正面情感
    │   └── 负面情感
    ├── 客户情感过程
    │   ├── 本能层
    │   ├── 行为层
    │   └── 反思层
    └── 客户品牌情感
        ├── 一般品牌情感
        └── 特殊品牌情感
```

第一节　客户全息画像

案例：　乐高公司的客户洞察

乐高公司诞生于 1934 年，商标"LEGO"来自丹麦语"LEg GOdt"，意为"play well"，最初以生产木质玩具为主，1949 年开始生产塑料的拼装积木。乐高公司曾经在早期的儿童玩具市场上扮演非常重要的角色，以前孩子们的玩具没有那么多，而一套乐高拼装玩具能够通过充分发挥想象力摆出千奇百怪的造型。据统计，如果你有六块有八颗凸起的长方体乐高积木，这六块积木可以砌出 1 亿多款组合。这个数字还是仅限于垂直、水平的基本组合方式，不考虑斜向等特殊组构法的结果。孩子们喜欢、家长们省钱省事、乐高财源广进，皆大欢喜，乐高公司以为这样的美好生活会一直持续下去。但是自从 20 世纪 90 年代电子游戏兴起，雅达利、任天堂、索尼等开发的游戏机吸引了孩子们的注意力，动感、对抗、情节性强等特征把静态的拼拼拆拆的乐高玩具甩出去几条街。乐高开始怀疑，原有的拼装类产品对于数字原住民的 80 后、90 后们来说，究竟有多少吸引力呢？于是他们开始多方面进行探索，例如开发乐高电子游戏、模仿迪士尼建乐高主题公园、开设乐高教育中心等。但是丢掉核心产品后的乐高越走越迷茫，继 1998 年第一次出现亏损后，2004 年已行走在破产的边缘。2004 年时任 CEO 约恩·维格·克努德斯托普(Jorgen Vig Knudstorp)通过用户全息画像研究让乐高重新找到了自己的着力点。以前他们认为青少年的心态越来越浮躁，没有耐心去一块块拼接小物件，所以开始简化乐高积木，使之变得容易操作。实际上恰恰相反，客户研究团队发现，设计越是复杂越能够凸显拼装完成的成就感。2000 年推出的星战系列千禧战隼由 663 片乐高积木组成，一下子销售量倍增，之后这个系列又推出了 9 款，2017 年版的 75192 款拥有 7541 块积木，号称史上最复杂的乐高模型。很多乐高迷在家里专门设置了陈列柜，把自己精心拼好的乐高模型一件件展示出来，就像陈列战利品一样。在做客户画像研究的时候，乐高团队还发现了一群成人乐高迷,他们没有想到一些成人会比儿童花更多的时间在拼装乐高模型上。前任社区经理杰克麦基说,他们最初并不喜欢成人客户,毕竟乐高的定位是服务青少年。但是成人具有更强的购买力和更大的影响力,如果能够拥有一批成人乐高粉的话,可以进一步拉动销售和产品研发。乐高公司曾出版《玩出伟大企业》一书,书中介绍了乐高公司如何将玩具应用于成人的商业教育培训。"乐高认真玩"系列企业管理培训已经获得了很多成人客户的欢迎。

所谓客户画像是指以真实人类的行为与动机为基础的理想用户或最终原型用户的具体化表现。最早提出客户画像概念的是"交互设计之父"阿兰·库珀,他认为"客户画像是真实用户的虚拟代表,是建立在一系列真实数据之上的目标客户模型"。通过对客户多方面信息的了解,将多种信息集合在一起并形成在一定类型上独有的特征与气质,这就形成了客户独特的"画像"。客户画像通过调查与研究,对目标客户进行精准定位,细致入微地描绘出客户的消费心理与行为特征,为设计产品和服务提供信息支持。

一、客户画像的价值

近几年,有的企业把"市场研究部"改名为"客户洞察部",更关注和强调发现客户行为背后的规律和未被满足的需求。客户画像是产生深刻客户洞察的方法和工具,具体有如下三方面价值。

1. 发现真实需求

人们常说,有一种寒冷叫"妈妈认为的寒冷"。作为母亲自然非常疼爱自己的孩子,但是否真的寒冷应该是孩子自己的判断而非母亲。客户需求也是如此,很多企业领导者常常用自己的臆断来代替真实的客户调研。甚至一些非常成功的企业也会陷入误区,将以往的成功经验推演至新的市场环境。客户画像可以让我们获得精准客户定位,发现其真实的需求。对客户需求的描述必须是来源于真实的世界而不是头脑中的想象。以电影业为例,制作方和发行方往往依据观影人群的客户画像并结合自己的经验来预估某部电影的票房收入。然而,近两年人数达2亿的小镇青年的消费特征颠覆了原有的认知。

讲中产阶级遭遇中年危机的喜剧片《港囧》,小镇青年不买单;"喜剧+屌丝"的《煎饼侠》《夏洛特烦恼》《美人鱼》等影片场场爆满。通过客户画像分析发现,虽然都市青年的工资收入高,但是需要承担高房价的压力,其可支配的净收入并不高;很多小镇青年在家乡并不需要买房,或者在父母亲的支持下很轻松地就有了房产,虽然收入不高却活得潇洒自在,他们不需要思考多么高大上的人生目标,舒舒服服过过小日子就很满足了。基于这样的消费特征,大导演诺兰的《敦刻尔克》不受待见,吴京的《战狼2》赚得盆满钵满;iPhone手机不适合,小米和vivo很受欢迎……掌握了消费群体的特征就能获得市场的良好反馈。2017年7月27日上映的《战狼2》和12月29日上映的《前任3:再见前任》非常典型地体现了这一点。其中《战狼2》以56.8亿元雄创国产电影历史最高票房纪录,并在中国内地取得累计观影人次1.4亿的傲人成绩,荣登"单一市场观影人次"全球榜首;而《前任3:再见前任》虽然在豆瓣上的评分为5.5分,但总票房收入突破19.40亿,这部成本只有3000万左右的小成本电影成为2018年贺岁档最大的黑马。两部电影的观影人群客户画像如图13所示。影评家们认为"小镇青年"成就了中国电影的新票房,并给这样的群体做了画像:小镇青年,通常生活在相对富裕的三线城市,随着高铁线路开通,距离大都市可能只有一两个小时车程;接受过大学以上教育,在父母的安排下在老家有一份得体的工作;比起一线城市的年轻人和白领阶层,小镇青年们拥有更多的可自由支配财产和更高的消费力。如今,在很多电影明星的合同中都会注明:进行新片宣传时,必须要去这些贡献票房主力的三四线城市,因为影迷们和支持者们在那里。不仅电影如此,很多消费品的商家都开始向下布点,希望能够获得小镇青年们的青睐。因为一个典型的小镇青年不仅没有住房贷款的沉重压力,还开着10万左右的轿车,距离大都市可能只有两三个小时车程。而且他们与一线城市的朋友相比,拥有更多的闲暇时间,淘宝、微博、朋友圈成为必不可少的生活方式,海淘、出境游也成为生活中重要的调味剂。于是,几乎所有的商家都惊喜地发现:在一、二线城市开店数量逐步饱和,以及城镇化带来市场红利的情况下,三、四线城市正成为蓝海。巨头们为了争夺这个市场更是相爱相杀。京东、阿里、苏宁很早就开始了在三、四线城市的圈地运动,他们希望把各自的电商服务辐射到更远、更闭塞的地方。而国际奢侈品巨头们在接受采访时都表示，新的一年要继续在三、四线城市开店！因为天猫的相关数据显示，中国最爱买包的前五大省市分别是北京、海南、吉林、上海和重庆。其中线上增速最快的 Top10 城市均为三至六线城市。早在 2015 年，三至六线城市奢侈品单笔消费金额就已经连续三年均高于一、二线城市。相较于一线城市偏爱包袋等传统奢侈品大件，三至六线城市消费者的消费品类更丰富，更偏爱腕表和美妆这些类别里单品昂贵的商品。通过客户画像，我们能够获得最真实的需求信息。

前任 3：再见前任

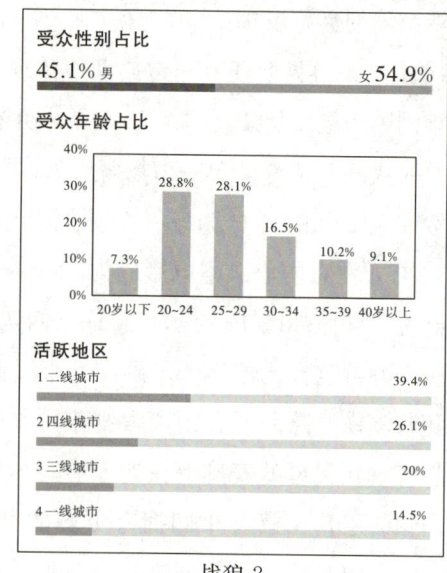

战狼 2

图 13　《前任 3：再见前任》和《战狼 2》的观影人群特征

2. 细化产品功能

在工业化时代，人们对于产品的个性化程度要求不是很高，只要能够满足功能性需求即可。很长一段时间，福特公司认为自己的 T 型车就是最好的，消费者如果不喜欢这种设计也没关系，能够卖得出去就好。而信息化时代的消费者往往更渴望获得针对自己需求设计的产品，产品功能的细化程度显得尤为重要。以前酒店的住客以男性为主，所有家具的尺寸都是按照男性身高来定制的。但是，现在越来越多的职业女性出差住酒店，于是针对这部分宾客的"女性客房"应运而生。房间的家具尺寸会依照女性平均身高定制，卫生间增设化妆区，衣柜里放置挂烫机，床上摆放公仔玩偶等，有的酒店还专门把房间的颜色变成粉色，床单枕套等加上蕾丝边以添加女性气息。那么，是不是这样的功能细化就够了呢？这其实忽视了部分职场女性可能是所谓的"女汉子"，并不一定都喜欢那么"女人味十足"的房间布置。在现实生活中，很多做到外企高管的女性往往性格会非常硬朗，她们并不一定喜欢很柔美的风格，一些简洁明快的装饰会更容易获得职场女性高管的青睐。同时，酒店以前把住店宾客简单按照商务客人、休闲度假客人等方式分类也过于粗糙。工作与生活平衡的理念越来越受到职场人士的推崇：一方面，人们愿意创意工作、写意生活，将二者融为一体；另一方面，有人喜欢国际范有人热爱国学，有人打太极有人练瑜伽，大家的爱好和需求越来越细分，也希望产品的功能能够更加细化。

3. 针对专属客户

　　现在的消费者更倾向于购买针对其需求的专属产品，而非千篇一律的定制化标准产品。芭比娃娃（Barbie）曾经风靡一时，很多小女孩以能够拥有一个芭比娃娃为荣。作为20世纪最畅销的玩偶，诞生于20世纪50年代的芭比无疑取得了巨大的商业成功。芭比的生产商美泰儿（Mattel）公司估计，世界范围内有超过十万的芭比收藏者，平均每年购买芭比超过二十个，而其中有超过四成的收藏者每年用于购买芭比的费用超过1千美元，具有收藏价值的芭比娃娃一个售价就要几千美元。然而在如今的美国，女孩子最喜欢的玩偶已经从芭比娃娃变成了"美国女孩"（American Girl）。芭比娃娃的特征是白人女孩，有着姣好的容貌和身材，穿着华丽的服饰，所出现的场景也多是商场、游艇等富人消费的地方。虽然有少数非洲裔和拉美裔的芭比，但最深入人心的形象还是金发碧眼的白人芭比。与之不同的是，"美国女孩"娃娃可以根据客人的需要指定肤色、发色、眼睛颜色，甚至还可以指定五官的样子和雀斑的位置。有生活在城市的娃娃，也有生活在乡村或是农场的娃娃；有打扮时髦的娃娃，也有穿传统服装的娃娃……无论是何种相貌和文化背景的小女孩，都可以在"美国女孩"这里找到迷你的自己。这个娃娃品牌想告诉孩子们：美不是唯一的，金发碧眼是美，黑皮肤卷头发也是美；娴静优雅是美，运动活泼也是美……该公司甚至还推出了坐在轮椅上的娃娃，意在表示残疾没有什么可怕，依然可以很开心幸福地生活。多元化的价值观赢得了家长和孩子们的共同欢迎，专属感让孩子们觉得这个娃娃就是属于她一个人的。

二、客户画像的类型

客户画像是对个人特征深入细致的刻画，我们可以从客户类型分析、使用者与购买者差异、逆画像三方面着手。

1. 客户类型分析

基于客户消费特征，我们可以从以下六种类型进行客户画像细分。第一种是发烧友，例如喜爱苹果手机的果粉、喜爱小米手机的米粉等。他们对产品极度酷爱，是最忠实的支持者。粉丝们会对某类产品产生痴迷，仔细研究产品细节，深度揣摩其中妙用，不断探索新的使用场景。小米手机就是在消费者的共同研发下不断发展的。第二种是忠诚使用者，相比发烧友他们对产品没有那么深入的研究，但是非常喜爱。例如漫威迷们会反复看某部电影，关注每一个细节，包括影片后的彩蛋都会仔细品味，而忠诚使用者则只会观影而没有发烧友那么狂热。忠诚使用者会数十年如一日地使用某个品牌，形成消费习惯。第三类是重度使用者，俗称常客。这里需要注意的是经常消费的不一定是因为喜欢，假如附近五公里只有这一家餐馆，即使做得不好吃也没得选。家或公司附近的商店由于其便利性往往让人们成为重度使用者。重度使用者是对产品了解最深的，重要的支持者。第四种叫极端使用者，例如小孩、老人、孕妇、残疾人、极度挑剔的人等。他们的应用情景和一般消费者不一样，我们需要给予特殊考虑，尤其是安全性方面，所以很多产品专门推出了母婴系列，在抗菌性、安全性方面提高标准。第五种是喜欢尝鲜者，他们充满好奇心，对于新鲜事物充满热情，但是耐力不持久。一些新品推出的时候，往往刚开始很火爆，主要是这样一批人在消费，一旦热情消失，关注度就会锐减。曾经在大街小巷随处可见的"掉渣烧饼"昙花一现，在大家尝鲜的热情过去之后就无人问津。最后一种是曾投诉者，很多人称之为黑粉。投诉的原因是多方面的，可能是由于客观条件或者完全来自无意。恰当处理投诉依然会产生客户忠诚度，所谓"不打不相识"。虽然投诉者是负面的，但并非都是坏事，投诉说明希望商家做得更好，最可怕的是冷漠和遗忘。另外，时下吐槽行为很多时候只是一种腔调,并非因为不满。网综节目《吐槽大会》邀请的都是当红艺人或文化体育名人,大家只是嘴上说说过过嘴瘾而已,并非真的嫌弃被吐槽对象。正确分析这六类消费者,可以更好地完善我们的产品和服务。

2. 购买者与使用者

在真实的消费环境中,经常会出现购买者和使用者不一致的情况。例如婴幼儿产品和青少年教育产品,使用者并没有支付或决策能力,一方面,你需要满足使用者的需求,例如让婴儿使用的奶瓶更健康安全;另一方面,要让妈妈们感到安心放心。这种情况下,二者的利益是一致的。然而,有时候二者的立场并不一致。一句"不要让你的孩子输在起跑线上"的广告语激起了多少家长的教育焦虑,很多幼教机构满足的不是孩子们的需求而是家长们望子成龙的期望。以中学生穿的运动鞋为例,对于父母来说,运动鞋就是要穿着舒服,同时最好不要太贵,因为孩子正处在长身体的时候,没穿多久鞋就小了,买贵了浪费钱;但是对于中学生来说,由于学校要求穿校服,大家都一样,唯一的差异就是鞋子,在追求个性的青少年看来,鞋子代表了自己的身份地位和价值取向,因此鞋子的品牌款式和颜色更为关键。在礼物市场上更是如此,很多保健品都主打孝心牌,不管是不是有功效,买了爸妈开心就好!而珠宝首饰则主打情感牌。对女孩子来说,"钻石恒久远,一颗永流传",钻戒象征着永恒不变的爱情;而对男孩子来说,钻戒象征着昂贵的价格和不实用。在客户画像中,我们需要发现差异并力图平衡二者之间的关系,才能达成多方满意。

3. 逆画像

逆画像就是产品的非目标用户画像。有的产品具有非常强的排他属性,明确逆画像有助于我们聚焦于服务关键客户。以奢侈品为例,很多品牌都有自己专属的气质和固定消费群体。某种特质只能满足少数人的品位,具有非常强的排他性。产品不必苛求让所有的人满意,当获知其非目标用户时能够更好地塑造品牌形象。例如长沙的5A级景区岳麓山,之前是收每人50元的门票。山上有一家茶馆,生意非常好,很多人都喜欢山上清幽的环境,一边品茶一边赏景聊天,非常惬意,虽然价位颇高但还是有不少人喜欢去。后来,长沙市政府发布惠民政策取消了门票，岳麓山景区一下子人流量猛增。那么，这家茶馆的生意是变得更好了还是变差了呢？有人认为会更好，因为人流量增加了。实际上并非如此，增加的游客多是普通市民，大家就是为健身休闲而登山运动，基本上连矿泉水都是自备的，谁会坐下来喝工夫茶呢？以前在茶馆消费的客人觉得这地方清幽愿意来，现在人满为患声音嘈杂，哪有心情来喝茶？核心的消费人群丧失了，原来的经营策略自然失效。究竟是走高端小众精品路线，还是走普通大众平价路线呢？除了做好我们的主要客户画像之外，还要考虑非目标人群的逆画像。

三、客户画像的方法

客户画像包括基本信息画像和需求信息画像，我们可以通过用不同途径收集到的信息对消费者行为做出准确的刻画。

1. 客户基本信息画像

通过对客户人口学信息的收集可以初步完成基本信息画像，该画像描述了个体的通用类消费特征，主要内容包括以下六个方面：（1）基本属性：性别、年龄、职业、出生地、工作地点等；（2）经济属性：收入情况、可支配净收入、实际消费能力等；（3）行为特征：消费方式、消费领域等；（4）兴趣爱好：文化偏好、生活偏好、旅行偏好、特别偏好等；（5）心理特征：求尊重、求实惠、求便捷、求关注、求私密等；（6）社交网络：常使用社交网络平台、工作社交情况、生活社交情况等。基于观察、测量和数据分析，可以总结出不同消费群体的普遍性行为规律。

例如，有人研究了95后的消费行为，发现其呈现出如下规律：（1）超前消费较为普遍但也理性。部分依赖透支信用卡、使用花呗等金融工具；（2）海淘消费较多，多使用小红书、网易考拉等跨境电商平台；（3）服饰消费品牌忠诚度不高，小众品牌拥有市场；（4）餐饮消费中品牌餐饮受欢迎，口味是选择关键；（5）住房消费考量不多，要求低价和舒适并重，对品牌公寓有所期待；（6）新零售是待开发的市场，方便快捷依然是95后核心需求。基于这些消费特征可以有针对性地设计产品。例如Zara、优衣库等快时尚服饰的飞速发展，具有运动品牌中的"宜家"之称的迪卡侬，受到了更多95后青年的青睐。喜茶、茶颜悦色等饮品连锁店的火爆也是满足了当下年轻人的需求。

2. KANO 客户需求画像

在掌握了客户基本特征之后，我们需要深度分析其需求特征并制作画像。这方面可以应用东京理工大学教授狩野纪昭（Noriaki Kano）的 KANO 需求分析方法。他受行为科学家赫兹伯格的双因素理论的启发，于 1979 年 10 月和同事 Fumio Takahashi 发表了《质量的保健因素和激励因素》(*Motivator and Hygiene Factor in Quality*)一文，第一次将满意与不满意标准引入质量管理领域，并于 1982 年在日本质量管理大会第 12 届年会上宣读了《魅力质量与必备质量》(*Attractive Quality and Must-be Quality*)的研究报告。该文章于 1984 年 1 月 18 日正式发表在日本质量管理学会（JSQC）的杂志《质量》总第 14 期上，标志着狩野模式(Kano Model)的确立和魅力质量理论的成熟。在这篇论文中，狩野纪昭首次提出满意度的二维模式，构建出 KANO 模型。狩野纪昭的 KANO 模型定义了三个层次的顾客需求：基本型需求、期望型需求和兴奋型需求，这三种需求根据绩效指标分类就是基本因素、绩效因素和激励因素。在 KANO 模型中，产品和服务的质量特性分为五种类型：

(1) 魅力属性：让用户意想不到，如果不提供此需求，用户满意度不会降低；当提供此需求时，用户满意度会有很大的提升。

(2) 期望属性：当提供此需求时，用户满意度会提升；当不提供此需求时，用户满意度会降低。

(3) 必备属性：当提供此需求时，用户满意度不会提升；当不提供此需求时，用户满意度会大幅降低。

(4) 无差异属性：无论提不提供此需求，用户满意度都不会发生改变，用户根本不在意。

(5) 反向属性：用户根本没有此需求，提供后用户满意度反而会下降。

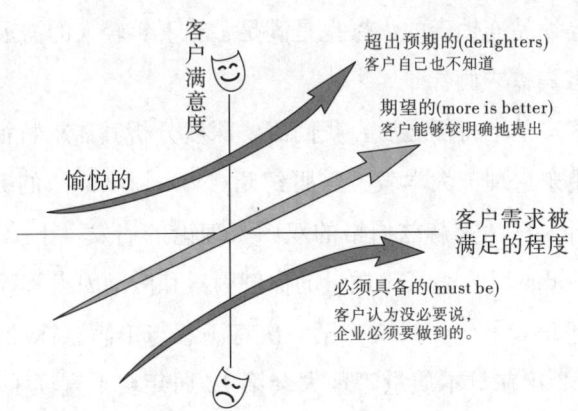

图 14　KANO 客户需求分析

如图 14 所示。在横轴之下是必备的服务，如果达不到，客户会投诉；客户能够提出并被满足的需求是期望达到的，如果达到，客户很愉快；而超出客户预期的需求被满足，他会感到惊喜。

该分析工具的使用方法如下：

步骤一：设计问卷调查表，实施有效的问卷调查。

KANO 模型的问卷中，每个质量特性都由正向和负向两个问题构成，分别测量用户在面对存在或不存在某项质量特性时的反应。针对每一个需求，都向用户进行提问：

如果我们的产品加入这个功能，你觉得怎么样？

如果我们的产品没有这个功能，你觉得怎么样？

问卷中的问题答案采用五级选项，分别是：

- 我很喜欢：让你感到满意、开心、惊喜。
- 理应如此：你觉得是应该且必备的功能。
- 无所谓：你不会特别在意，但还可以接受。
- 勉强接受：你不喜欢，但可以接受。
- 我很不喜欢：让你感到不满意。

表3 KANO 评价结果分类对照表

产品/服务需求		负向（如果本产品不具备该功能，您的评价是）				
	量表	我很喜欢	理应如此	无所谓	勉强接受	我很不喜欢
正向（如果本产品具备该功能，您的评价是）	我很喜欢	Q	A	A	A	O
	它理应如此	R	I	I	I	M
	无所谓	R	I	I	I	M
	勉强接受	R	I	I	I	M
	我很不喜欢	R	R	R	R	Q

A：魅力属性   O：期望属性   M：必备属性   I：无差异属性   R：反向属性

Q：可疑结果（通常不会出现，除非问题本身有问题或用户理解错误）

步骤二：整理问卷结果，进行数据分析。

根据问卷结果进行 KANO 模型二维属性归属分析，可得出魅力属性、期望属性、必备属性、无差异属性、反向属性与可疑结果的功能属性归类百分比。除了对属性的归属探讨外，并通过百分比计算出 Better-Worse 系数，表示某功能可以增加满意或者消除很不喜欢的影响程度。

增加后的满意系数 Better/SI＝(A＋O)/(A＋O＋M＋I)

消除后的不满意系数 Worse/DSI＝－1＊(O＋M)/(A＋O＋M＋I)

Better 的数值通常为正，代表如果提供某种功能属性，用户满意度会提升；正值越大越接近 1，表示对用户满意度提升的影响效果越大，上升越快。Worse 的数值通常为负，代表如果不提供某种功能属性，用户的满意度会降低；值越负向越接近－1，表示对用户满意度降低的影响效果越大，下降越快。因此，根据 Better-Worse 系数，对系数绝对分值较高的功能/服务需求应当优先实施。

根据 Better-Worse 系数值，将散点图划分为四个象限：

第一象限，期望属性：表示 Better 系数值高、Worse 系数绝对值也很高的情况。产品提供此功能时，用户满意度会提升，当不提供此功能时，用户满意度就会降低，应尽力去满足用户的期望型需求。

第二象限，魅力属性：表示 Better 系数值高、Worse 系数绝对值低的情况。不提供此功能时，用户满意度不会降低，但当提供此功能时，用户满意度和忠诚度会有很大提升。

第三象限，无差异属性：表示 Better 系数值低、Worse 系数绝对值也低的情况。无论提不提供这些功能，用户满意度都不会有改变，这些功能点用户并不在意。

第四象限，必备属性：表示 Better 系数值低、Worse 系数绝对值高的情况。当产品提供此功能时，用户满意度不会提升，当不提供此功能时，用户满意度会大幅降低，说明这些功能是最基本的需求，必须要实现。

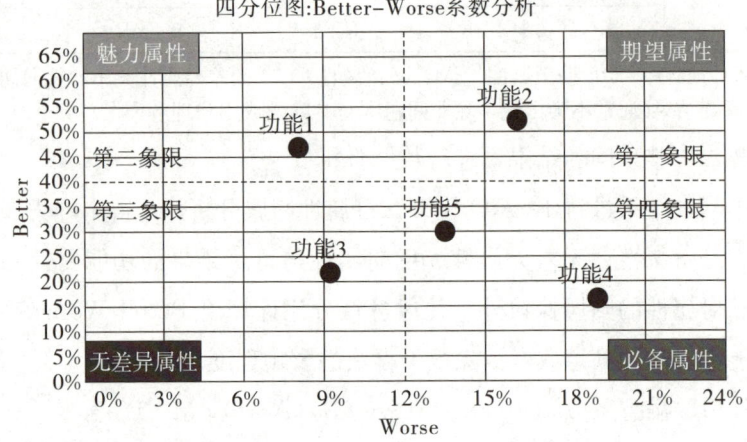

图 15 Better-Worse 系数分析的分位图

步骤三：数据解读，将结果落地实施。

KANO 模型是对功能需求的优先级进行探索，具体情况还需要和业务方进行讨论，结合实际情况后制定可行的产品功能开发优先级顺序，以便将调研结果落地实施。

扫扫下方二维码，轻松学习在线开放课程——从创意到创业。

第二节 客户体验看板

案例: 宜家家居的体验营销

体验经济的创始人B.约瑟夫·派恩二世(B. Joseph Pine Ⅱ)与詹姆斯·H.吉尔摩(James H. Gilmore)在《体验经济》一书中指出:"体验是企业以服务为舞台,以商品为道具,围绕着消费者,创造出值得消费者回忆的活动。"[①]瑞典宜家集团[宜家家居(IKEA)]对消费者的体验感格外关注,通过为客户创造良好的体验感,赢得了大众的一致认可。该公司1943年创建于瑞典,现在是全球最大的家具家居用品企业,在全球29个国家和地区拥有355个商场(截至2017年8月31日),其中有26家在中国大陆,2017年全年营收2300亿。体验营销的创始人伯恩德·H.施密特将顾客的体验分为五个不同类型,分别是感觉体验(视觉、触觉、嗅觉、味觉、听觉)、情感体验、思考体验、行动体验、关联体验。在宜家的卖场中,你可以从这五方面获得良好的体验感。当你踏入店内,你会发现宜家的商品布置不是把同类产品罗列在一起标价,让消费者进行对比和选择。他们是将产品的使用环境模拟出来,通过设计师的布置打造出一个小房间。在那里,你能看到这件商品摆在家里是什么样的效果,你能考虑选择其他什么样的产品来和它一起搭配,它们表达出了产品的使用效果,你所看到的,就是你将来会得到的。从色彩缤纷的客厅到风情万种的卧室,宜家会随着新产品上市和季节不断变化而推出新的样板间产品,让消费者感受到原来家具还可以这样布置。从消费者进入宜家的那一刻,就被产品吸引住了,欲罢而不能。在宜家,所有能坐的商品,消费者都能坐上去亲身感受,所有能够触碰的商品,都可以拿起来好好端详,可以打

[①] 派恩,吉尔摩. 体验经济[M]. 夏业良,鲁炜,等译. 北京:机械工业出版社,2002:16.

开抽屉,可以在地毯上走走。宜家还特别鼓励消费者,"坐上去感受一下吧,看看它有多舒服!"宜家这种让消费者尽管体验、尽情体验的方法,都是增加与消费者之间的互动、体验的一种营销,目的就是让消费者觉得这里的产品不错,而对产品和品牌产生信任感。慢慢地,消费者甚至会感受到宜家贩卖的不是一种产品,而是一种文化,一种生活态度,在潜移默化之下,一旦有了购买需求,很多人都会毫不犹豫的选择宜家。

客户体验是人们在消费产品的过程中产生的主观感受。在体验经济时代,人们也越来越倾向于用感觉和喜好来判断产品的好坏,产品不仅要满足功能需求,更要有良好的消费体验感。体验的心理过程很复杂,为了更好地研究和探讨其中的过程,我们从客户体验点、体验地图和服务蓝图三方面进行分析,应用体验看板的方法工具将其形象化。

一、客户体验点

客户体验有很多方面,为了抓住其中的关键,我们将其浓缩到三个点上,即从痛点、痒点和爽点三方面分析如何创造良好的客户体验。这三个体验点来自人们的基本情绪状态,即摆脱恐惧、缓解焦虑和创造快乐。

1. 客户痛点

没有人喜欢疼痛,但疼痛是不是问题本身呢?从生理上说并非如此,它只是一个信号,告诉你身体的某个部位出问题了。消费的痛点也类似,它代表了人们对于一种危机的恐惧或者不愿意面对的某种情景。很多营销分析资料中列举的痛点其实是需求点,还不够痛。痛点是能够产生"刚需"的、需要马上解决的问题,是无论花多少钱都要消费的产品,是没有就无法正常生活的必需品。例如,买房原本不是刚需,有钱就买没有钱就租,很多国家的年轻人并不是把买房作为结婚的必备条件之一。但是,如果把房产作为衡量男士能力的一个重要标志,没有房就说明个人实力不足的话,住房就成为一个"痛点"。有人开玩笑说,房地产是"岳母经济",因为如果男人没有房,准岳母就不嫁女儿。在一定程度上说,房价的不断飙升一方面是经济原因,另一方面是观念原因。

戴尔·卡耐基是20世纪美国著名的心灵导师之一,他的成功最初来源于做演讲培训。因为他发现了当时很多美国人的一个痛点,就是对当众演讲感到非常恐惧,其中不乏企业家、政府官员等。这些人经常面临当众演讲的场景,如果发挥得好就能获得大家的支持,反之会极大影响事业的发展。由于当时并没有什么有效的方法进行训练,公众演讲成为人们面对的一大痛点。卡耐基分析了人们在公众演讲时的状态,发现这种紧张感是来源于潜意识的。在远古时期,如果一个人被很多双眼睛盯着看,多半是会被敌人或野兽猎杀的,这种恐惧感深深地埋藏在集体潜意识中,一代代传下来,所以很多人站在台上会紧张、出汗甚至发抖。于是他研究出了一套公众演讲的方法,培养人们的自信心,有效缓解紧张情绪。由于能够解决这个痛点,他的课程场场爆满,出版的书也长盛不衰。痛点往往会形成刚需,如果能够发现并很好地解决痛点,产品的市场销路一定不成问题。恐惧是让人产生行动的最大助力。我们害怕考试失利,于是拼命复习;我们害怕过着贫穷饿肚子的生活,于是努力赚钱;我们害怕被人瞧不起,于是想尽办法显示自己过着优越的生活。俗话说,要想人前显圣就要背后拼命,必须竭尽全力才能显得毫不费力。很多暴利行业都擅长激发甚至夸大人们对于某种事物的恐惧,这方面最典型的莫过于保健品和护肤品。"有病治病,无病强身"是很多保健品推销的口头禅,抗癌也好抗衰老也罢都是基于人们对于未来不测的担忧。痛点不是未满足的需求,那不够痛,而是埋藏在集体潜意识中深深的恐惧感。

2. 客户痒点

痒的难受程度没有痛强,但是不挠挠又不舒服,其目的是缓解焦虑。很像人们在夏夜睡觉,有只蚊子在房里飞来飞去,其实人们对被吸一两滴血并不在意,但是那种嗡嗡的声音和皮肤痒的感觉实在让人烦躁。这个时候如果有个灭蚊器,一下子世界安静了,真好!——就是这种感觉!我们从头开始创造一个产品很困难,改良一个产品还是容易一些,很多创业机会都是在解决痒点中找到的。有人说,在未来十年,中国所有的生意都值得重新做一遍。

互联网平台重塑了商业流通模式，马云称之为新零售；网约车将用车人和车辆提供者有机结合，重塑了计程车的商业模式；盒马鲜生等生鲜平台，让人们改变在品质良莠不齐污水四溢的菜市场购物的场景，重塑了菜市场的商业模式；在得到 App 的引领下，很多人开始用现代人容易理解的语言把经典的书籍进行加工整理，变成听书产品，更便于人们快节奏大信息量地获取知识；途牛网发现人们在传统旅游中上车睡觉下车拍照的难处，重新塑造了跟团游的旅游体验。

再比如说，有一位健身房的老板发现到他这里来健身的多是年轻女性，她们健身的目的主要是为了减肥，但困难是时间不规律、不定期地做运动，减肥效果并不好。于是他让健身教练有针对性地设计课程，定期提醒，同时把一些健身视频放在本健身房的微信公众号推文内，会员即使没时间去健身房也能在家锻炼。同时他还开发了纤体瘦身沙拉，把金枪鱼、圣女果、生菜、虾仁等按照营养搭配比例做成沙拉，配合运动达到减肥的效果。虽然一份沙拉价格并不便宜，但满足了女孩子们想要瘦身又没有时间和精力搭配营养餐的需求。对健身房老板来说，这进一步拓展了他的产品线，小小一份沙拉成本很低，不需要大厨，不需要临街的黄金地段店面，仅仅增设一个配餐厨房，聘用几名小工就能完成。后来他还在美团和饿了么平台上开了网上餐厅，生意非常火爆。

3. 客户爽点

所谓爽点是指这样的情境：炎炎夏日从骄阳似火的户外大汗淋漓地赶回家，最想做的事情是什么呢？如果打开冰箱拿出一瓶饮料，仰起脖子一饮而尽，那种感觉如何？是不是很爽呢？爽点就是让产品创造一种快乐和惊喜的感觉。这种感觉是意想不到、超乎寻常的，哪怕很小但是很特别。在我们和同行竞争的时候，爽点可以起到最关键的作用。比如，世界著名酒店品牌丽思要求员工努力为客人创造感动故事，用一些小惊喜让客人留下深刻的入住体验。一个床上的创意毛巾作品、一份特色的夜床赠品、一张温馨的问候卡都能带来意想不到的喜悦。OTA 巨头携程网在用户定了机票或者酒店后，会让你加入一个微信群，群里有一位微领队，他可以帮你安排解决行程中的问题，同时你也可以在群里和其他同行者交流旅行心得，这项服务非常方便同时不另外收费。有时候一些细节上的创新会带来更多的客户满意度，例如航空公司经常苦于靠窗和靠走廊的座位都被订满而中间的座位空着，如何提高预定率呢？有人想了个办法，在安排座位的时候询问一下客人是否愿意透露自己的身份信息，愿意和旁边的人交流。例如，如果是个教师，可以咨询青少年教育问题，或者是个风险投资人，愿意认识新的创业者等。航班不仅是一个交通工具也可以成为一个交流的平台。几小时的空中旅程可能让你获得新知、交到新友、找到新的合作伙伴。同样的思路也可以应用在酒店产品创新方面，例如很多人出差住酒店晚上很无聊，于是一些酒店就把房间改成了家居体验馆，平常你要买一个床垫只能在上面躺几分钟，往往无法体验到真正睡眠的感觉。但是在酒店就不同，你睡一晚觉得好就能买下，物流直接送到家里去。房间里面的家具物品也可以在居住期间细细体验，觉得哪样好一律都能打包带走。

创新思维往往会带来惊喜，创业就是运用创新思维创造趣味，帮助我们的客户处理痛点、化解痒点、创造爽点，在帮助他们的同时成就自我。

二、客户体验地图

客户体验地图（User Experience Map，Customer Journey Map）也被称为使用者旅程图，是以客户消费过程为横轴，以体验过程中的情绪感受为纵轴，以关键接触点为核心构建的分析框架。体验地图关注的是在客户视角下消费过程中的体验和感受，在创建该地图的时候，需要通过客户的讲述和消费数据来绘制他们的历程，描述他们在做什么、想什么、有什么感受体验，以及他们在整个消费过程中与商家的互动行为。在这样一个分析工作中，我们需要站在客户视角观察和评估体验，带着同理心进入客户角色去理解他们的消费感受。一份客户体验地图讲述的是客户经历的故事，它需要包含了真实故事所能表达的丰富情绪体验——情感变化、内心对话，无论是高兴或沮丧、兴奋或失意、期望或担忧都是客户消费过程中重要的组成部分。

1. 价值特点

客户体验地图是一种分析工具，具有可视化、系统化和人性化的特点。

(1)可视化，这是采用视觉化的方式，将用户与产品或服务进行互动时的体验分阶段呈现出来，让体验地图中的每一个节点都能更直观地识别、评估和改善。可以用电子版的方式绘制，也可以更加直接地用便利贴的方式贴在墙上对应格子里。所有参与的成员都可以从中非常直观地看到各个环节表现出的效果。如图16所示。

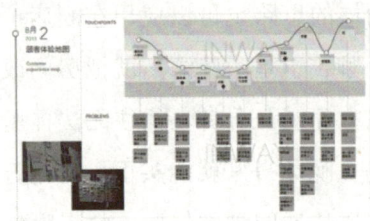
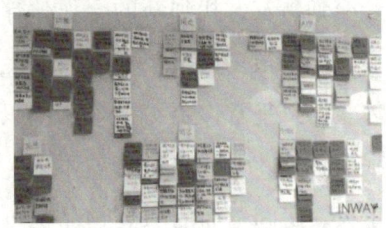

图16　客户体验地图示意

(2)系统化。通过该地图可以让每一个环节的工作人员都能有整体系统化的感知。很多时候具体的操作人员往往比较熟悉的是自己眼前的工作，而对其他环节并不太了解。一起参与绘制客户体验地图有利于增强全局观，站在宏观的视角看待事物。

(3)人性化。在设计中要尽量从客户感知的角度去思考问题，客户体验地图是转化视角，以同理心的方式去理解客户所思所感，更关注其在使用过程中的流畅感、舒适感和愉悦感。

2. 操作步骤

我们可以通过调研客户的感知评价来创建体验地图，收集他们的观点和洞察，将这些资料汇集在一起来绘制相关的内容。通常，客户体验地图来源于真实的消费场景，同时不局限于对真实世界的描绘。它可以让我们把这些路径整合成一个大的客户消费故事，帮助我们通过表象看到真相、从现象看到本质。具体操作步骤包括：

(1)资料收集整理。以实际客户的体验为基础，确定代表性人物，做出其客户画像，进行有针对性的访谈。在资料收集中注意三方面内容：行为

(doing)、情绪(feeling)、思考(thinking)。并且用简洁的语句来概括：doing：我+动词……如，我用了共享单车；feeling：我觉得……如，购物后有抽奖活动，我觉得很开心；thinking：我认为……如，我认为这个产品的使用手册太复杂，很难理解。分析结束后，可以将"行为"和"情绪"写在便利贴上，方便后续整理分组，把"行为"按照达成用户目标的逻辑顺序整理，并归类为几个阶段，在每个阶段中找出关键节点。

(2)绘制时间线，画出关键节点。基于消费的时间线索画出消费的过程，在其中标记出关键的接触点。关键节点又称关键时刻（Moments of Truth, MOT），是由瑞典学者理查德·诺曼（Richard Norman）于1984年提出来的，他认为客户心中的服务质量由一个个关键时刻的相互影响来决定，每一个关键时刻就是影响客户感知服务质量的机会。北欧航空公司前总裁詹·卡尔森对此非常重视，他认为，关键时刻就是客户与北欧航空公司的职员面对面相互交流的时刻，这个时刻决定了企业未来的成败。比如说，在一年当中，北欧航空的乘客平均每人接触5名员工，每一次15秒钟，会产生5次印象。卡尔森通过1000万乘客和每名乘客的5次印象产生的5000万个关键时刻管理，创造了乘客的良好体验过程，打造了北欧航空优质服务品牌。之后，他还专门写了《关键时刻》一书介绍自己总结的MOT十大原则。

(3)描绘情感坐标。根据客户的情绪变化罗列出在关键节点上的问题和惊喜。在这个过程中要注意判断问题的重要性，基于用户角色思考此人对这个问题的在意程度有多少，如果是重要的问题需要我们重点关注。画完情感坐标后用线连起来绘制情绪触发曲线，即描述客户在其对产品的目标驱动之下，体验产品的路径过程中，整体的情绪变化曲线图。

(4)总结分析。根据绘制出来的客户体验地图，首先看看情绪最高点，思考是不是可以继续完善，做到极致；然后看看情绪最低点，思考是不是可以提升服务质量，提升客户体验感；另外看看体验值中线以下的点，对应竞品分析，思考别人是怎么解决这些问题并设置惊喜点的。

下面我们以一家酒店的服务体验为例分析该过程。

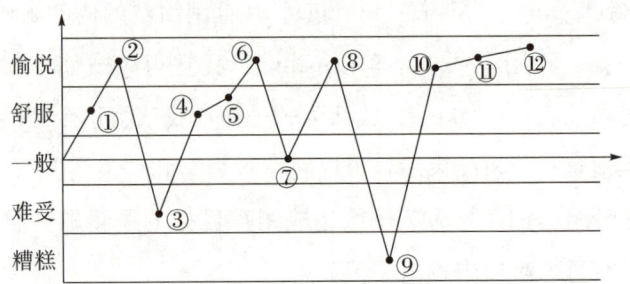

图 17　某酒店消费体验地图示例

① 客户通过电话预定了该酒店，前台接待员热情介绍了酒店的房型和价格，并告知酒店具体方位，客户感觉很舒服；

② 客户发现酒店的地理位置很好，远远看到了具有艺术特色的建筑，感到非常愉悦；

③ 客户开车抵达酒店，但是不知道如何找到停车场，好不容易在地下停车场停好车，却看不到酒店专用电梯标识，感觉有点难受；

④ 客户找到了酒店前台，接待员非常礼貌，端来了欢迎饮料，并告知房间已经按照之前沟通的要求准备好了，客户感到舒服；

⑤ 客户顺利办完入住登记手续，在行李员的帮助下前往房间，行李员途中介绍了酒店的基本情况，并告知酒店这几天有店庆活动，餐饮消费七折优惠，客户感到舒服；

⑥ 客户进入房间，桌上有总经理签名的欢迎卡、鲜花、甜品，客户感到非常愉悦；

⑦ 客户晚上有一个重要的商务宴请，希望在酒店餐饮预订一个包厢，致电餐厅，但包厢已经全部预订出去了，客户感到难受，酒店帮忙预定了旁边的餐厅，客户感觉一般；

⑧ 客户晚餐后回到房间，发现床头放了晚安卡和小礼品，浴缸已经放好了热水，房间布置温馨，客户感觉愉悦；

⑨ 客户洗澡时一不小心摔倒，磕伤了腿，感觉很糟糕，酒店医生及时赶到进行医治；

⑩ 客户办理离店手续，酒店对其受伤的事情表示歉意，减免了部分房费，客户感觉舒服，酒店安排专车送客户抵达机场，客户感觉愉悦；

⑪ 客户回家后接到酒店的生日祝福电话，感觉愉悦；

⑫ 客户下个月再次入住该酒店，受到 VIP 服务，感觉愉悦。

从以上体验路线我们可以发现，随着时间的进程，客户的情绪受到酒店服务、外部环境、自身行为等多方面影响，并随之起伏波动。有的是酒店设施设备或服务不到位导致，例如停车场导引牌问题；有的是外界环境因素影响，例如订餐遇到包厢全满的情况；也有些是个人行为与酒店设备都存在问题导致，例如自己不小心滑倒。我们可以通过分析发现问题，找到服务的创新点。

基于以上内容，我们还可以绘制更为全面的客户体验地图。

这个工具除了捕捉客户正在经历的体验之外，也可以用于想象和展望未来，使用该格式作为工具，去推测用户在未来可能会看到和可能会做的事情。

三、客户服务蓝图

服务蓝图（service blueprint）最初起始于美国，是一种通过更新的视野和角度来发现世界、设计服务并将其具象化展示出来的工具。20 世纪 80 年代，美国学者 G. 利恩·肖斯塔克（G. Lynn Shostack）和简·金曼·布伦戴奇（Jane Kingmam Brundage）等人在研究中指出，虽然服务是一种无形抽象的行为，但流程图可以用直观的形式将所有服务行为和服务过程呈现出来，因此也可以利用流程图来进行服务设计。而这种具象的、肉眼可见的整体描述流程图就是服务蓝图。他们将工业设计、决策学、后勤学和计算机图形学等先进领域学科的最新技术与服务设计领域融合在一起，进而实现服务管理的更深一步现代化转变，成为服务蓝图理论发展的最初开创者。在此之后，另外三名美国管理学专家瓦拉瑞尔·A. 泽丝曼尔（Valarie A. Zeithaml）、玛丽·乔·比特纳（Mary Jo Bitner）和德韦恩·D. 格兰姆勒（Dwayne D. Gremler），在服务质量管理和服务营销领域历经了长达 20 年的潜心研究后，通过出版《服务营销》一书，在继服务蓝图理论提出近 30 年后，真正综合系统地对此理论进行了详细阐述。

1. 服务蓝图的要素

服务蓝图基于客户的视角，以流程图为基本形式，包含了客户行为、前台员工行为、后台员工行为、支持过程和分界线五个主要组成部分[①]。如图18所示。

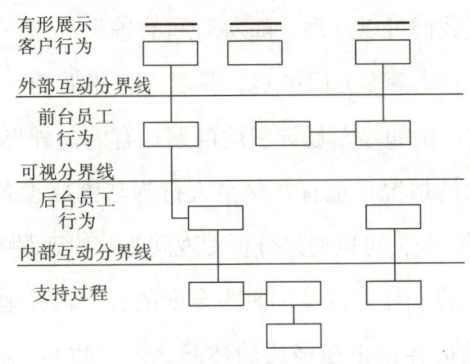

图18　服务蓝图示意

（1）客户行为。这是客户对所享受产品和服务全过程的接触、感知与反馈。此过程包括其单独活动的内容以及与工作人员交互作用的内容。在此过程中，客户会直接与有形展示产生互动，例如置身于消费的物理空间中（商场、餐厅、酒店等），也会和工作人员产生互动，如咨询问题、办理业务、提出投诉建议等。这是整个消费过程的核心。

（2）前台员工行为。前台员工也称一线员工，是指直接和客户接触的员工。一线员工行为代表了企业服务的品质，决定了客户的感知。

（3）后台员工行为。在服务蓝图中，与前台员工行为相对应的是接触员工行为的另一部分——后台员工行为。后台员工行为为前台员工提供了服务辅助，两者相互合作才能满足客户需求。后台员工行为从客户角度而言，是不可见的行为过程。

（4）支持过程。服务蓝图中最后的组成部分为支持过程，它主要是指服务过程中支持两种员工的各类内部服务及其步骤，还包括它们之间的相互作用。

---

① WILSON A，ZEITHAML V A，BITNER M J，et al. Services marketing：integrating customer focus across the firm[M]. New York：McGraw-Hill，2012.

(5)分界线。包括外部互动分界线,它将客户行为和前台员工行为进行划分,代表的是客户与员工之间的直接关联线;可视分界线是位于中间的一条水平线,其作用是将所有客户看得见的服务步骤明确地划分出来,是相对于不可视的服务来说的。可视分界线也是区别前台员工与客户之间关联的分界线;内部互动分界线是服务蓝图下部的水平线,其目的是将所有服务员工行为和支持其行为的相关活动进行区分。

基于以上要素绘制的服务蓝图如图 19 所示。

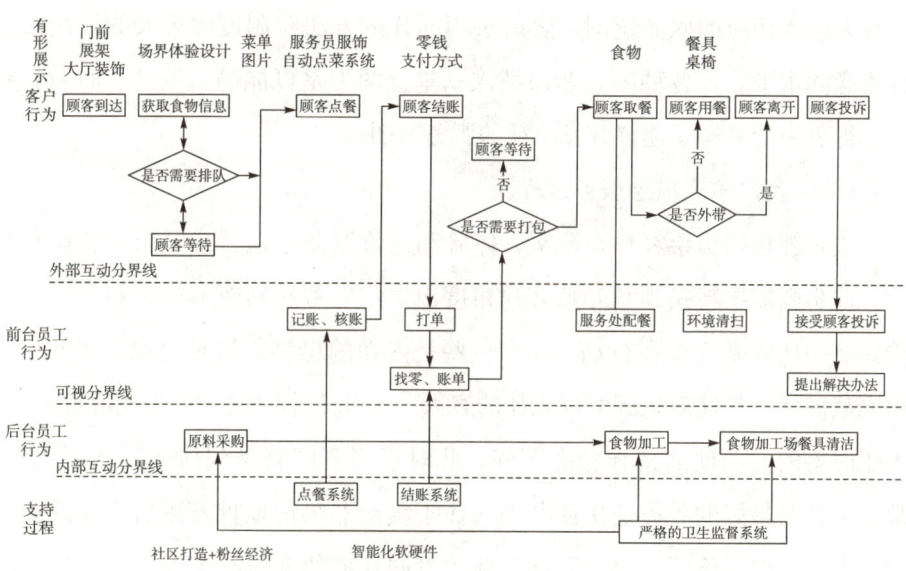

图 19　餐饮服务蓝图示意

2. 服务蓝图的绘制

服务蓝图的价值在于提供一个关于客户消费全观的视野。基于客户行为商家该提供哪些产品和服务,其中是如何交互的?后台应该按照何种方法提供支持资源?服务蓝图教会组织如何进行服务者与客户交互行为的分析,以及如何更好地提升服务品质。按照服务蓝图的核心要素,绘制一般分为六步。

(1)识别需要制定蓝图的服务过程。

服务蓝图可以在不同水平上进行开发,首先可以从整体的业务流程层面设计,也可以从具体的服务操作开始。以酒店服务为例,首先分为客房服务、餐饮服务和康乐服务三类,然后客房服务又细分为入住登记服务、离店退房服务、住店期间服务等。为了方便表达和显示,一般从一个具体的服务项目开始着手。在酒店服务中可以从入住登记服务这一具体项目拟定服务蓝图。总之,识别需要绘制蓝图的服务过程,首先要对建立服务蓝图的意图做出分析。

(2)识别具体的客户服务过程。

由于不同的市场细分的客户需求不同,可以针对某一类型客户绘制服务蓝图。例如,酒店的商务客人和度假客人需求有较大差异,可以首先基于商务客人绘制相应的服务蓝图,之后再用同样的方法绘制度假客人的。在抽象或概念的水平上,各种细分客户纳入一幅蓝图中是可能的。但是,如果需要表达得更为清晰还是建议开发单独的服务蓝图。

(3)从客户角度描绘服务过程。

该步骤包括描绘客户在购买、体验和评价服务中执行或经历的选择和行为。此步骤需要转换视角,从客户角度出发,思考和判断其行为和相应的感受。有一些体现为外在行动,而有一些是内在的思维与情感过程。例如,一位刚从国外坐长途航班到酒店入住的客人,十几个小时的飞行使他疲惫不堪,由于时差的问题他的精神状态不好,此时最想要的就是到房间里倒头大睡。那么,此时最好的服务是快捷办理入住手续而非热情地推荐酒店产品或者周边景点。同时,不同性格、不同职业、不同地域的人对有形设施和无形文化氛围产生的感知是不同的。

(4)描绘前台与后台员工的行为。

首先画上互动分界线和可视分界线,然后从客户和服务人员的观点出发绘制过程,辨别出前台服务和后台服务。对于现有服务的描绘,可以向一线工作人员询问其行为,以及哪些行为客户可以看到,哪些行为在幕后发生。以餐厅为例,通常厨房属于后台服务,但是有一些特殊的项目需要当场表演,例如煎鹅肝、切烤鸭等服务中,后台员工会走到前台。后台员工也有层次之分,例如厨师中有的做初加工、有的做现场烹饪。

(5)把客户行为、服务人员行为与支持功能相连。

接下来可以画出内部互动分界线，随后即可识别出服务人员行为与内部支持职能部门的联系。在这一过程中，内部行为对客户的直接或间接影响方才显现出来。从内部服务过程与客户关联的角度出发，它会呈现出更大的重要性。

(6)在每个客户行为步骤上加上有形展示。

最后在蓝图上添加有形展示，说明客户看到的东西以及客户经历中每个步骤所得到的有形物质。包括服务过程的照片、幻灯片或录像在内的形象蓝图在该阶段也非常有用，它能够帮助分析有形物质的影响及整体战略与服务定位的一致性。

3. 服务蓝图与客户体验地图的差异

服务蓝图和客户体验地图虽然都是用可视化的方法表达体验与服务过程，但是二者之间还是有较大的差异。客户体验地图聚焦于客户在前台的产品和服务体验，服务蓝图聚焦于由表面到核心的后台业务以及如何交互和操作的幕后，并且与客户体验联系起来。客户体验地图并没有显示出组织的内部工作方式是什么，服务蓝图旨在揭示和记录所有表象下发生的事情和创造它的组织的内部构成，这是公司如何工作的可视化数据，它可以挖掘隐藏在深处的工作，揭示那些给客户提供体验的东西是如何产生的。每一个客户体验旅程背后看不见的支持结构是非常复杂的——内部行动者的责任，支持这些行动者的系统，指示什么可以做、什么不可以做的进程和政策。服务蓝图展示了一幅图景，这幅图景不仅包括了客户旅程中发生了什么的宽度，还包括了贯穿整个旅程的由什么构成的深度。

我们可以用如下几幅图[①]来说明二者的差异。

首先，客户体验地图表示的是从客户视角体验到的所有内容(图20)，即在这个旅程中客户看到、听到、感受到的所有事物，并由此产生的喜怒哀乐等情绪。

---

① 图20—图23来自专栏"人人都是产品经理"网络文章。

图 20　客户视角的服务内容

作为体验产品的设计与实施方，我们需要通过客户体验地图知道哪些事物让他们产生愉悦感，哪些惹他们生气了，哪些让他们沉浸其中流连忘返。这个思考和分析过程就是之前讲述的客户体验地图的内容，如图 21 所示。

图 21　客户体验过程分析

那么要实现这些效果和功能，需要哪些人来配合呢？什么人在台前什么人在幕后？这就需要服务蓝图来进行分析。为了实现高效率、低成本的协作配合，应该如何设计服务流线、该配置多少人、彼此之间的隶属关系如何，这些问题的分析和思考，如图 22 所示。

图 22　服务蓝图分析

服务蓝图不是记录用户体验，而是以用户的体验作为起点，揭示组织如何支持该旅程。客户体验地图呈现的更多是展现给客户的内容，以及客户为什么因此而产生各式各样的体验的过程。服务蓝图从更深层次的组织设计、流程管理、操作程序、支持性资源以及管理制度规范等方面进行分析，二者之间相互联系、相互呼应、相互影响，如图23所示。

图23 服务蓝图示意

扫扫下方二维码，轻松学习在线开放课程——从创意到创业。

创业思考力：从创意到产品开发

第三节 客户情感①影院

案例： 可口可乐改配方遭遇危机

可口可乐自1886年在美国亚特兰大被药剂师约翰·潘伯顿（Dr. John S. Pemberton）发明以来一直发展得顺风顺水，甚至一度成为美国文化的象征，直到百事可乐从1975年开始发起"口味挑战"，可口可乐受到了巨大的威胁。对此，可口可乐CEO罗伯托·郭思达（Roberto Goizueta）决定修改近100年没有动过的配方，推出the new coke，但修改配方毕竟是一件非常严肃的事情，于是该公司从1982年开始实施代号为"堪萨斯计划"的研发，直到1984年经过无数次试验推出了新配方。他们预计新配方可乐至少可以将市场占有率提升一个百分点，即增加两亿美元的销售额。为确保万无一失，可口可乐公司还耗资400万美元在美国全国范围内开始了历时18个月的品尝实验，有超过19万的消费者品尝了这种新的可口可乐，消费者们对新、老可口可乐的选择比例是61∶39，新配方完胜。但是正当可口可乐公司信心满满地在1985年4月23日的新闻发布会上向消费者们宣布正式修改配方推出新口感的饮料时，意想不到的事情发生了——消费者完全不买账！在新可乐上市4小时之内，接到抗议更改可乐口味的电话650个；两个月后，这个数字上升为8000多个。相伴电话而来的，是数万封抗议信，大多数美国人表达了同样的意见：可口可乐背叛了他们，"重写《宪法》合理吗？《圣经》呢？在我看来，改变可口可乐配方，其性质一样严重"。为此，可口可乐公司不得不新开辟数十条免费热线，雇用了更多的公关人员来处理这些抱怨与批评。人们表示，作为美国的象征、美国人的老朋友，可口可乐如今被抛弃了。在巨大的压力下，1985年7月11日，郭思达不得不宣布恢复原配方可乐的生产，此消息一出，

---

① 一些文献将客户情感称为消费者情感，为了保持本书概念的统一性，以下均称消费者情感为客户情感。

美国上下一片欢腾,当天即有 18000 个感激电话打入公司免费热线。ABC 电视网甚至中断了周三下午正在播出的热点节目而插播了这条新闻。经典可口可乐的复出几乎成了第二天全美各大报纸的头版头条新闻。老可乐的归来甚至被民主党参议员大卫·普赖尔在议院演讲时称为"美国历史上一个非常有意义的时刻,它表明有些民族精神是不可更改的"。到这个时候,可口可乐公司才发现,他们所代表的是一种文化,影响的是人们的情绪体验,而并非简单的一种饮料口感。

当今社会,随着信息化技术的发展和企业间的广泛协作,产品的同质化越来越严重,一家企业很难长期保有某种独特的技术优势。在功能性差异不断缩小的时候,客户的情绪情感往往在客户决策和消费行为中起到至关重要的作用。正如可口可乐的案例中,人们是由于情感而非口感抵制新配方的。那么,如何在产品设计中融入情感要素,如何驾驭消费者难以捉摸的情绪呢?

一、客户情感类型

西方学者 Mano & Oliver(1993)认为,客户情感是在消费过程中通过接触产品和服务产生的一种心理反应。Watson, Clark & Tellegen(1988)[①]提出了客户情感的双因素模型,在双因素模型中,消费者情感被划分为正面情感和负面情感两个类别。客户在接触不同的产品和服务时,可能会产生愉快、兴奋、激动等一系列的正面情感,也可能产生无聊、愤怒、失望等一系列负面情感,而且在这个过程中其情感不是一成不变的,可能会因为某种刺激从正面情感转变为负面情感,或者由负面情感转变为正面情感。根据 Laros 和 Steenkamp(2005)提出的层次模型,正面情感包括满意、高兴、喜欢和骄傲等,负面情感主要有难过、愤怒、惊恐以及羞愧等。人们对产品品牌的情感可以来自自己的消费体验,也可以来自外界宣传或者他人的经验分享,当具

---

① WATSON D, CLARK L A, TELLEGEN A. Development and validation of brief measures of positive and negative affect: the PANAS scales[J]. Journal of Personality and Social Psychology, 1988, 54(6): 1063.

有正面情感时会促使消费者产生长期而持续的购买行为，反之当具有负面情感时则会停止购买行为甚至阻止他人购买。

1. 正面情感

很多产品是由于自身的品质让消费者产生了正面情感，赢得了其信赖和尊重。例如，历代同仁堂人始终恪守"炮制虽繁必不敢省人工，品味虽贵必不敢减物力"的古训，树立"修合无人见，存心有天知"的自律意识，获得了大家的赞赏，于是很多人买中药首选同仁堂。迪士尼的定位就是为孩子们提供欢乐，努力把更多科技与文化元素投入迪士尼影片和主题公园的设计中，在消费的过程中父母和孩子都产生了愉快的心情。还有些商家是因为积极参与公益事业而拥有了良好的客户情感。

2. 负面情感

一些负面事件产生的消极情绪往往会影响甚至摧毁一家企业。例如，三鹿奶粉的三聚氰胺事件、冠生园的陈馅月饼事件发生之后，这两家企业自此一蹶不振。有时候并非是产品本身的问题，经营管理者的态度问题也会让消费者产生不良情绪反应。2018年11月21日，意大利奢侈品牌D＆G设计师斯蒂芬诺·嘉班纳(Stefano Gabbnna)在社交网站上发布涉嫌辱华的视频和言论引发争议，之后多名艺人发声抵制，中国模特罢演D＆G大秀。共青团中央官方账号发博对此事表态："我们欢迎外国企业来华投资兴业，同时在华经营的外国企业也应当尊重中国，尊重中国人民。这也是任何企业到其他国家投资兴业、开展合作最起码的遵循。"迫于舆论压力，D＆G两位创始人匆匆道歉但从其道歉视频完全看不出诚意，于是各大媒体、艺人、商场还有广大消费者开始一起抵制D＆G。无论是线上还是线下店都纷纷撤柜，人们的情绪迅速反映在购买行为上，国内D＆G专卖店门可罗雀。该公司还幼稚地以为人们都是健忘的，风头过后再做几个大的促销活动就可以挽回消费者。但事实是即使在12月25日的圣诞大促销打出了一折优惠，D＆G专卖店依然空无一人，对于这样的品牌大家都避之不及。文化傲慢带来的情感伤害是持久和持续的，这次事件产生的影响迅速从中国扩展到全球。作为往年一众影星"红毯战袍"的青睐品牌，D＆G2019年却缺席了年初2个影视盛会，1月6日的金球奖、2月24日的奥斯卡现场，没有一位一线影星穿上D＆G的衣服。

中国版《Elle》前时装编辑、创意顾问叶子(Leaf Greener)接受彭博社采访时表示,"他们(D&G)基本上是与一国为敌,谁想和他们扯上关系?"此外,D&G于2019年2月份在意大利米兰举办了一场走秀,灵魂音乐传奇史蒂夫·旺达、意大利女星贝鲁奇等"常客"并未出席,受邀前往的《Vogue》中国版主编张宇(Angelica Cheung)、多位知名博主、造型师、顶级模特当天也没有去现场。由此D&G全球业务严重缩水,2019年3月5日《福布斯》公布的最新"亿万富翁榜"中已经没有了D&G两位创始人的名字。

二、客户情感过程

在人与客观世界的交互过程中,认知与情感是相互作用的。美国国家精神卫生研究院(National Institute of Mental Health)大脑研究和行为实验室主任保罗·麦克林(Paul MacLean)认为,影响人们行为反应的有脑干、杏仁核和大脑皮层,又称为爬行脑、情绪脑和理性脑。其中,脑干主要负责基本的生理性行为,例如呼吸、心跳等;杏仁核负责情绪情感;大脑皮层负责理性思考。在产品设计中也是如此。诺曼(Norman)在《情感化设计》一书中将情感化设计分为:本能层(visceral level)、行为层(behavioral level)和反思层(reflective level)三个层次①。刚好对应大脑中的三个部分,其中本能层是先天的,不分种族和文化,指产品外观带来的冲击性反应所产生的感官刺激;行为层设计与产品的使用感受有关,让消费者在使用过程中获得成就感和愉悦感;反思层设计与人的教育、文化、经历等方面息息相关。

1. 本能层

在消费者与产品的交互中,最先感受到的是本能层。颜色、声音、气味、手感等都会让消费者产生最直观的情绪反应。以颜色为例,牙膏多以白色为主,日本某品牌开发了竹炭系列的黑色牙膏,刚刚推出的时候消费者都反映无法接受,很担心牙齿被刷黑了。在餐厅里,黄色灯光照在食物上让人感觉很美味可口,而如果用蓝色的灯光照射则会让人感觉好像有毒。声音的节奏和旋律也会让人产生相关的情感反应,无论是西餐厅里悠扬动听的小提琴和

---

① 唐纳德·诺曼. 情感化设计[M]. 付秋芳,程进三,译. 北京:电子工业出版社,2005.

钢琴曲，还是舞厅里动感震撼的摇滚乐，或者茶馆里二胡琵琶伴奏下的浅酌低吟，都能让人们的情绪随之波动。嗅觉同样可以让人产生不同的情感体验，现在很多高星级酒店都在大堂和公共区域增加香味、在房间里摆放香薰以增加宾客愉悦的体验感。在质感方面，纯木质家具让人回归田园、布艺家居让人感到温馨、皮质沙发使人觉得高档、玻璃和金属材质令人感到充满现代和科技感。产品的本能层来自人类共同的深层次心理特征，可以超越地域与文化差异。本能层的产品设计往往带来最直观的情感，色彩艳丽、包装精美、外观考究、具有创意的产品总能最先获得消费者的注意。

2. 行为层

产品的行为层设计主要在认知方面，体现为感知易用性、感知有用性和感知娱乐性，罗振宇将其总结为"有种、有料、有趣"。雷军要求公司的产品经理要具备"一秒钟变小白"的能力，即在最短的时间内转换视角，从完全不了解产品的客户角度思考如何使用产品。以前的电子产品往往要附一本厚厚的使用说明书，消费者必须依据说明书一步步操作；而现在，大家无论购买哪一个品牌的手机都是直接开机，无须再学习如何使用。容易上手使用是建立良好情感的第一步。从消费者角度看，购买一个产品往往是为了解决某方面的问题，要么节省时间，要么节省精力，或者增加某方面的能力，"有用"是一个重要的衡量指标。第三，在全民娱乐的背景下，"有趣"是提高产品情感价值的重要方面。2019年1月17日，为配合贺岁片《小猪佩奇过大年》的宣传，导演张大鹏制作推出了《啥是佩奇》的先导片，时长只有5分40秒，该短片讲述了李玉宝为孙子在全村寻找"佩奇"的故事，由于其情节有趣而感人，播出后迅速形成病毒式传播，有人甚至在淘宝上售卖"佩奇同款"鼓风机。对有趣的事情，男女老少都没有免疫力。

3. 反思层

反思层的产品情感设计，是基于人们对意义感、存在感的追求，与文化、信念、信仰紧密联系。企业往往以丰富的文化内涵为依据，运用联想、隐喻、夸张等一系列的创意手法，来表达独特的文化意象。很多产品在使用过程中除了有功能方面的作用，更有表征化和仪式化的意义，最典型的例子就是奢侈品。奢侈品是一种超出人们生存与发展需要范围的，具有独特、稀缺、珍奇等特点的消费品，又称为非生活必需品。它的作用主要不是使用功能，而是符号表征。一件衣服、一块手表、一个皮包生产成本并不高,一旦打上诸如爱马仕等品牌的商标顿时身价倍增。在欧洲,奢侈品最初仅限于宫廷贵族们使用,后来新兴的商人们通过自己的努力赚得了财富,希望过上和贵族一样的生活,购买奢侈品就成了一种时尚。近些年,随着中国经济的快速发展,越来越多的中产阶级也希望通过使用奢侈品来彰显自己的身家和品味。从功能上来说,用一个普通皮包装东西也差不到哪去,江诗丹顿和百达翡丽等一线大牌手表未必比普通手表走时更准确,更何况现在很多人用手机就能知道时间。无论是豪车、名表还是服饰,其带给消费者的情感体验更多的是炫耀和自豪感。大家关注的是你戴的手表是入门级还是奢华级、你用的包是经典款还是最新限量款。女人们疯狂抢购名牌服饰的背后实际是在和其他人竞争谁是最时尚的、最耀眼的。一旦某个品牌与相应的意义符号相联系,带给消费者的就是更深层次的价值体验。

三、客户品牌情感

通过产品的品牌宣传和消费体验,会形成客户品牌情感。目前研究主要包括消费者与品牌之间的一般情感和特殊情感。一般情感包括品牌情绪(brand emotion)和品牌情感(brand affect);特殊情感包括品牌至爱(brand love)、品牌依恋(brand attachment)等。客户对品牌的情感决定了消费意向和消费行为。

1. 一般品牌情感

从心理学角度讲,有情绪(emotion)、情感(affect)和心境(mood)三类状态,人们常把短暂而强烈的具有情景性的感情反应看作情绪,如愤怒、恐惧、喜悦等;把稳定而持久的、具有深沉体验的感情反应看作情感;而心境是一种微弱、弥散和持久的情绪,即平时说的心情。学者理查德·巴格兹(Richard Bagozzi)等借助认知鉴别论对情绪、情感、心境进行区分,揭示了情感的来源机制①。消费者在某个环境中,基于对产品和服务的互动会产生短时

---

① BAGOZZI R P, GOPINATH M, NYER P U. The role of emotions in marketing[J]. Journal of the academy of marketing science,1999,27(2):184-206.

间的情绪体验。例如，服务人员的热情礼貌、购物场所的舒适环境、与其他消费者的愉快相处等。当然，一些突发事件可能会引发阶段性的不快，例如停电、等待时间过长、天气变化、设备故障等。这样的情绪体验来得快去得也快，如果能够及时处理，负面情绪也能转变为正面情绪。调查显示，通过良好的投诉处理，可能产生"不打不相识"的感受，客户往往会转怒为喜成为忠实顾客。

在客户体验中，可以用S—O—R模型（Stimulus—Organism—Response，刺激—机体—反应）来解释人们在接受商家服务后产生的情感反应。麦赫拉宾（Mehrabian）和拉塞尔（Russell）在1974年开发了M—R模型（参见图24）[1]，该模型针对消费者的行为进行开发，能切实反映在零售领域内消费者受到刺激后的真实反应。该模型解释了消费者在店铺内购物时，接收到店铺带给他们的刺激后形成的一系列情感反应。具体来说就是，当消费者受到店铺中各种属性的刺激后，会产生快乐情感（pleasure）、唤醒情感（arousal）和控制情感（dominance），并且在这三种情感的驱动下产生趋避反应，其中趋近反应就是消费者会更加愿意在店铺内停留和购物；规避反应就是消费者受到刺激后感觉不舒服，希望尽快离开。

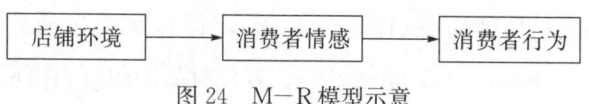

图24 M—R模型示意

之后拉塞尔在M—R模型的基础上提出了"愉快—唤醒"模型（参见图25）。他指出，消费者受到店铺刺激后产生三种消费者情感，这三种情感不是相互独立的，特别是快乐情感和唤醒情感，它们之间是有交互作用的。例如在快乐的环境中，若消费者的唤醒情感比较高，会提高其快乐情感，使其更加愿意停留和购物；若唤醒情感比较低，消费者会处在一种比较轻松愉快的感觉中。如果是在不快乐的情况下，若唤醒情感比较高，那么会使消费者更加不快乐甚至愤怒、暴躁，使得消费者可能逃离该店铺；若唤醒情感比较低，则消费者会显得低沉、忧郁。

---

[1] MEHRABIAN A, RUSSELL J A. An approach to environmental psychology[M]. Cambridge Mass.：The MIT Press，1974.

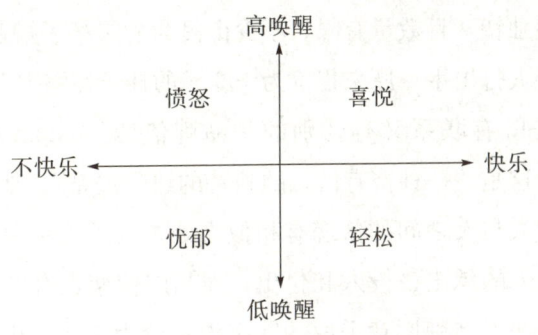

图 25 "愉快—唤醒"理论模型

2. 特殊品牌情感

在客户品牌情感中,品牌至爱是最高级别的。"爱"不仅是人与人之间的浪漫感觉,而且可以用来描述一个人对一件事物、一项活动、一个品牌的情感。基于 Sternberg(1986)的理论,Shimp 和 Madden(1988)构建了"消费者—客体之爱"模型,并指出消费者与客体(如品牌)关系的本质由喜爱、向往以及决定或承诺三部分构成。品牌至爱最早是由卡罗尔(Carroll)等提出的[①],他们将其定义为消费者对令其满意的品牌所产生的强烈情感依恋,包括消费者对品牌的热情、依恋、积极评价、响应品牌的积极情绪,以及对品牌爱的宣言。国内学者卫海英等对品牌至爱的形成机制进行了探讨,他们在将品牌至爱划分为品牌激情、品牌吸引、品牌承诺三个维度的基础上,通过一系列针对品牌粉丝的访谈,提出社会助长、社会比较、社会交换、社会依恋共同促进了品牌至爱的形成[②]。近些年粉丝经济的蓬勃发展,其基础就是品牌至爱,苹果公司的"果粉"、小米公司的"米粉"都是酷爱其产品的粉丝。有时候,人们对喜欢的产品会做出非常不理性的行为。例如 2019 年 2 月 26 日,星巴克咖啡在中国门店发售了 2019 年樱花主题系列的杯子,在这些新款杯子中,最受欢迎的当属"猫爪杯"。猫爪杯为透明玻璃材质,杯子内层设计为猫爪形状,外层印有樱花图案,当内部倒入有颜色的液体时,"猫爪"便浮现出

---

① CARROLL B A, AHUVIA A C. Some antecedents and out-comes of brand love[J]. Marketing letters, 2006, 17(2): 79-89.
② 卫海英, 骆紫薇. 社会互动中的品牌至爱生成机制: 基于释义学的研究[J]. 中国工业经济, 2012(11): 135-147.

来。因杯子造型独特，且数量有限，不少市民为购买杯子搭起帐篷彻夜排队，甚至为抢购杯子大打出手。原来售价为 199 元的杯子在淘宝上被炒至上千元。

与品牌至爱既有联系又有区别的是品牌依恋。Thomson，Macinnis 和 Park(2005)认为这是"一种富有情感的独特的纽带关系"。他们认为，消费者对品牌的依恋和人与人之间的依恋有相似之处。人际关系中的情感依恋有助于预知某人对他人的承诺、投入和付出，而品牌依恋也有助于预知消费者对品牌的承诺和为获得品牌愿意采取的特定消费行为，如溢价购买等。前面介绍的美国消费者抵制可口可乐修改配方的案例就是典型的品牌依恋，有人抗议说自己没有别的爱好，就爱喝可口可乐，不能被剥夺。不同消费者产生品牌依恋的原因各有不同，有的是来自长期的习惯，如每天用同一款牙膏、喝同一个品牌的牛奶等；有的是在使用产品的过程中经历难忘的事情，如小时候喜欢玩芭比娃娃，长大后依然愿意购买、收藏不同款式的芭比娃娃；也有的是将某个产品作为自己的精神寄托，类似于养宠物的感觉。人们对于业余爱好的投入很大程度上是来自于品牌依恋。

扫扫下方二维码，轻松学习在线开放课程——从创意到创业。

第四章　产品锻造之炉

产品是创业项目中最核心的部分，是企业生存发展的基础。乔布斯、扎克伯格、马化腾、雷军等优秀的企业家都认为自己首先是产品经理，其次才是CEO。好的产品需要经过原型设计、功能淬炼和场景塑造三个步骤，不断升级迭代。

本章思维导图

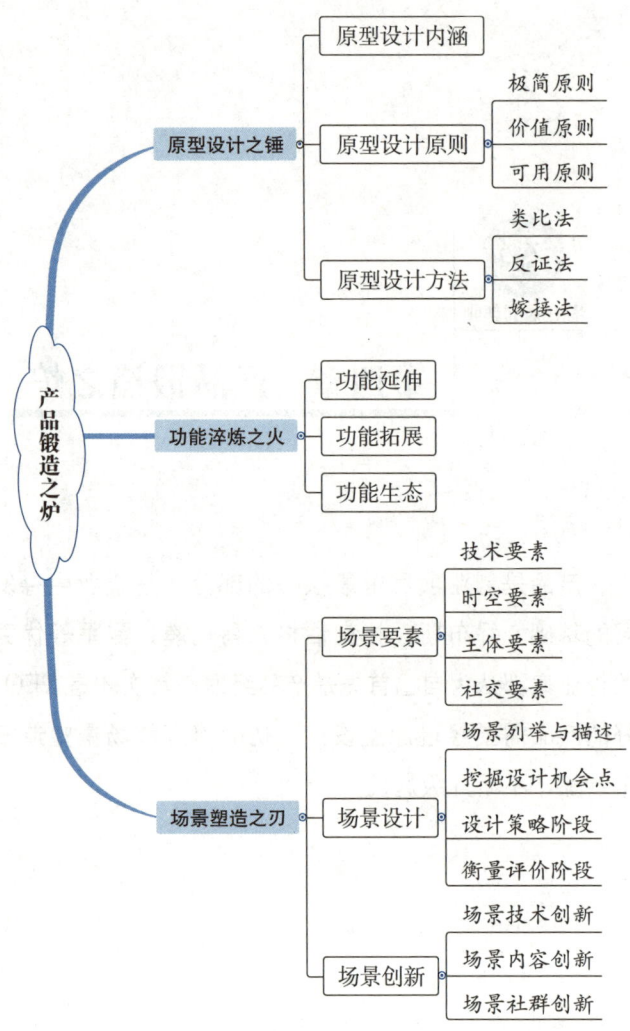

第一节　原型设计之锤

案例：　得到 App 的"每天听本书"

"每天听本书"是得到 App 在 2017 年 8 月 31 日 002 号知识发布会上发布的一款重磅产品，但不是新品，因为该栏目于 2016 年 9 月已经上线，本次只是重大改版后发布。其实，该产品的原型就是罗振宇在开始做"得到"之前做的自媒体"罗辑思维"。他精读一本书后用有趣的语言讲给大家听，通过这种方式做了四年共计 200 多期节目，通过卖书赚得了第一桶金。正如他自己所说："古人自己明明有一双眼，但是不读书，要雇一个人来替自己读书，那好，从今天开始，罗胖就是你身边这样一个读书人。""每天听本书"的产品形式是用户可以通过单本购买、包月会员、包年会员的购买方式获取。单本书的购买价为 4.99 元，包月为 48 元每月，包年为 365 元每年。购买后可以在得到 App 的页面上获得音频、文稿和思维导图。该产品的口号是"每天半小时，搞懂一本书。"

基于得到 App 内部发布的品控手册，我们可以发现该产品的几大特点：

1. 知识服务：知识服务不是课堂教学，不是朋友间的闲聊，而是像咨询顾问一样，以平等的身份、真诚的态度、专业的水准给用户在有限的时间内提供有价值的讯息。从这个角度讲，"每天听本书"确实属于内容付费领域的精品。

2. 知识增量：让用户获取知识、洞察和见解。国外很早就有朗读式的有声书产品，但那仅仅是把书原原本本地读出来而没有任何加工。该产品是对原书进行加工提炼，同时有该领域的专家结合其他书上的内容进行有机整理，而不是简单的对一本书做观点浓缩提炼。

3. 知识提纯：在当前快节奏的工作和生活中，时间是最稀缺的资源。"每天听本书"首先精心筛选图书，然后挤掉水分，留下干货。这对于时间紧张又想不断提升自己的上班族而言，无疑省去了大量的时间。

创业思考力：从创意到产品开发

4. 知识交互："得到"特别强调要有良好的交互感，就是说关注用户的使用习惯，不仅学而且学到了，转化成自己的知识，达到知行合一。

从图26中可以看出，这个产品不是一个人单独完成的，而是总负责人进行统筹规划，主编来选最经典、最新或者最有价值的书，专业人士解读撰稿。这里的专业人士指的是本领域内的专家，如心理学类的书就有心理学教授、心理咨询师们解读，经济学方面的书就由经济领域内专家解读。撰写的稿子需经总编室审稿，如果不合适要返回修改，这个过程会持续数遍直到达到要求为止。确认稿件后再交给专门的声音转述师，俗称"声优"来录制。最后经过流程编辑校对后上线。一本书往往至少要6个人经过203个小时的编辑加工才能上线。

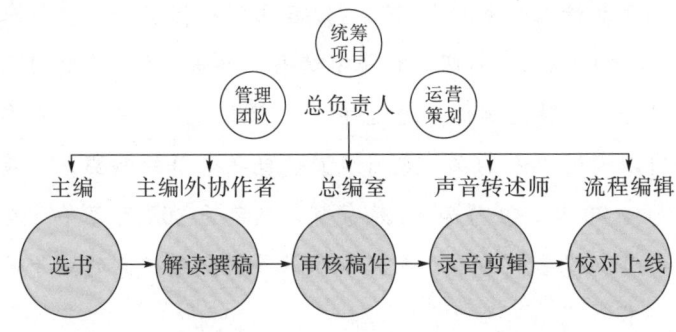

图26 "每天听本书"制作流程

任何一种产品都不是出来就完美的，正如庄子所说"始生之物，其形必丑"，我们必须不断地迭代与更新。从罗辑思维的读书解书到002号知识发布会之前和之后的"每天听本书"，我们可以看到这个产品的发展历程。罗振宇正是凭借这种死磕的精神，不断完善自己的产品。我们必须用工匠精神打造产品的品质，编制、遵循标准和规范。得到App总结了自己的品控手册，并把它发布出来接受用户的监督。这个品控手册现在也已经更新迭代到了4.0版。没有最好只有更好，在产品开发方面我们必须精益求精。

在深入分析了客户画像之后，我们需要应用相应的资源与技术解决当前遇到的问题，满足客户需求，由此产生产品的原型。创业需要的不仅仅是天马行空、随心随性的想象，更需要有把产品扎扎实实做出来的耐心和理性。

一、原型设计内涵

产品设计中首先要做出来的是原型,所谓原型就是具备所需功能的基础性产品样机。① 埃里克·莱斯(Eric Ries)在其著作《精益创业:新创企业的成长思维》中提出 Minimum Viable Product(MVP)的概念,即最小可行产品,这是一个满足用户核心需求的原型产品,它是能够帮助用户解决问题的最小功能集合。原型设计是一种避免开发出客户并不真正需要的产品的开发策略。该策略的基本想法是,快速地构建出符合产品预期功能的最小功能集合,这个最小集合所包含的功能足以满足产品部署的要求并能够检验有关客户与产品交互的关键假设。我们可以用最快、最简明的方式建立一个可用的产品原型,这个原型要表达出产品最终想要的效果,然后通过迭代来完善细节。图 27 可以说明传统设计和原型设计的差别:传统的产品开发流程,先定义最终产品,然后逐步进行开发测试上线,这通常需要花费数月甚至数年的时间。当投入使用后,才知道产品是否和市场契合,用户是否喜爱。如果失败了,则浪费大量的人力物力财力。而 MVP 设计倡导先开发一款具有基本功能和吸引力的产品,立即投入运行,视市场的反馈来决定是继续还是转型,有效地降低了风险,而且能及时获取用户反馈。

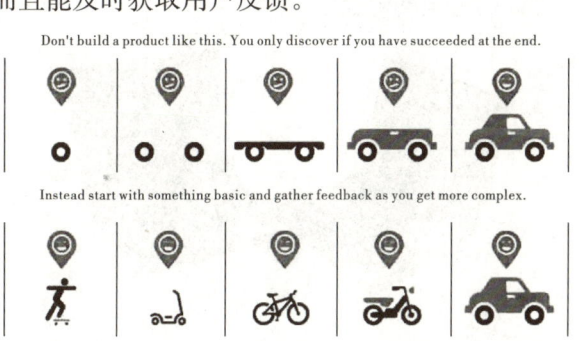

图 27 MVP 产品开发与传统产品开发的对比

著名的云存储公司 Dropbox 当年开发了一种非常简单易用的文件分享工具,可以在多个设备间共享文件。初创之时,由于技术限制等原因,无法开

---

① 埃里克·莱斯. 精益创业:新创企业的成长思维[M]. 吴彤, 译. 北京:中信出版社, 2012.

发可操作的产品来验证想法。CEO 德鲁·休斯顿（Drew Houston）想出一招，他拍摄了一段 3 分钟的视频演示软件使用情况，结果视频吸引了几十万人访问他们的网站，公测版等候名单一夜间从 5000 人增加到 75000 人。之后被 YC 孵化器关注，2007 年 Dropbox 首次在创业圈亮相就吸引了数百万用户，估值突破了 100 亿美元。发展到 2018 年 2 月，Dropbox 提交了 IPO 申请，此时公布注册用户数已达到 5 亿，其中付费用户数为 1100 万。

《精益创业：新创企业的成长思维》一书的作者认为：创业像是开车，而不是发射火箭。发射火箭是事先准备好所有的资源，经过精密计算，然后按一下按钮就点火升空了；而开车则是根据目标所处的位置，基于路况信息，通过无数次转向、踩油门和刹车逐步逼近目的地。发射火箭是基于精密计算以确定性和可预测性为前提，而开车则基于权变以不确定、不可测为前提。在不同时代，产品研发的方式有很大差别。工业时代，产品品类单一，那个时候未来可以预测，企业的年度计划只要按照线性规律往前顺推一步即可。一款产品只要一次性设计好，不断生产出来就行。IBM 公司的 Thinkpad 系列笔记本电脑一直是一个样子，无论配置如何，这款外观设计永远不变（如图 28）。IBM 公司的产品经理认为这就是最好的，如果你不喜欢也没有关系，反正你也买不到更好的笔记本电脑了。

图 28　IBM 公司的 Thinkpad 笔记本电脑

然而，现在不同了！在当今充满不确定性的乌卡时代，无论是用户需求、应用场景还是市场环境都在不断发生着变化，以前我们认为必然会发生的事情也有可能出现反转，原来坚信的原则可能会被颠覆。以前的产品研发只要做一下市场调研，然后组织人设计生产即可，而现在我们则需要按照精益创业的思想，先设计 MVP，即最小可行产品，然后通过不断地测试获取用户反

第四章 产品锻造之炉

馈，经过多次版本迭代实现用户需要的功能后才能正式推向市场。

原型设计是最符合敏捷思想的产品迭代开发方法。首先着眼于基本的客户需求，快速构建一个可满足客户需要的初步产品原型。部署之后，通过客户反馈，逐步修正产品设计，最终达到完全满足客户需要。而最关键的是，在各个迭代过程中，做出来的产品始终是可为客户所用的产品。这种方法适用于初创企业在市场不确定的情况下，通过设计实验来快速检验你的产品或方向是否可行。如果假设得到了验证，再投入资源生产，大规模进入市场；如果没有通过，那这就是一次快速试错，尽快调整方向。创业企业可以通过做出精简到不能再精简的最小可行产品，发布之后收集市场反应，逐步调整产品战略，尽快达成短期目标。MVP 产品仅包含必要的功能，从而能从早期的用户那得到初始的资金和用户反馈。而仅包含必要的功能点意味着最小成本，最能展现核心概念；MVP 不一定是成品，也可以仅仅是理念；通常，构建 MVP 仅需要数天或数周时间。

二、原型设计原则

在设计原型的时候我们需要注意极简、价值和可用三个原则。

1. 极简原则

这个原则可以让我们聚焦最核心最关键的问题，同时也可以降低试错成本。在此，我们可以应用奥卡姆剃刀定律"如无必要，勿增实体"进行思考，以最简洁的模式满足用户最核心最关键的需求。例如，网约车平台的核心就是把司机和乘客连接起来，至于是什么车不重要。最初的滴滴和快的就是从的士开始，之后再推广至私家车。极简原则可以让我们屏蔽掉其他干扰因素，只思考最核心的产品功能。世界著名管理咨询公司麦肯锡要求他的顾问能够通过所谓的电梯测验，就是"在乘电梯的 30 秒内清晰准确地向客户解释清楚解决方案"。设计 MVP 时，我们需要用最简洁的话告诉客户产品的核心功能究竟是什么。

2. 价值原则

产品存在的意义就是为客户创造价值，可以应用价值金字塔（如图 29）来进行价值层次分析。以餐饮企业为例，一般的餐厅是满足功能价值，就是解决人们吃饭的问题，菜肴满足色香味的基本要求，就餐环境干净卫生即可，街头巷尾的小餐馆即是如此。装修豪华的餐厅增加了就餐客人的体验价值，麦当劳、肯德基等快餐开设了汽车穿梭通道，客人不下车就可以购买汉堡套餐，从而节约了时间。主题餐厅的重定义价值让拥有某种爱好的人享受到了就餐以外的功能体验。以前人们认为外出就餐是一个社交行为，而忽视了喜欢一个人就餐的群体，一个人吃饭时去了趟厕所回来就发现餐盘已经被服务员收了。近几年"一个人餐厅"开始火爆，如果你想一个人安安静静地待着不被打扰，可以去这样的餐厅。在香港著名的一兰拉面餐厅，食客坐在小格子里点餐，菜做好后从面前的小隔板打开递给你，整个过程一个人都见不到。"一人食"是"空巢青年"的孤独与狂欢，"一个人生活"是现代人不可避免的成长过程，这是一个新的餐饮文化形态，很多餐饮连锁如大家乐、美心、大快活、吉野家等都推出了"一个人餐"的菜单。发现并满足客户新价值能够塑造新的产品和商业模式。近几年越来越多的年轻人在外打工，这样的漂泊一族非常渴望找到在家吃饭的感觉，回家吃饭 App 就是基于这种需求开发的整合愿意提供家庭厨房共享资源的平台。一方面空巢老人有大把时间和精力做家常菜，另一方面年轻打工者很渴望找到在家里吃饭的感觉，平台把二者的需求联系在一起。该平台自 2014 年 10 月上线以来已拓展至北京、上海、广州、深圳、杭州等城市，注册用户达数百万。

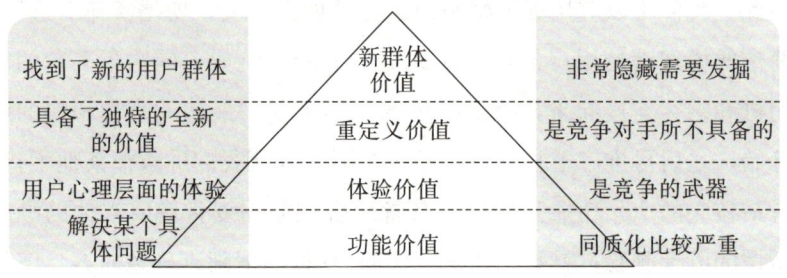

图 29　价值金字塔

3. 可用原则

原型必须是最小可行产品单位，属于"麻雀虽小，五脏俱全"，有点像按比例缩小的微缩景观。原型产品需要体现出自身特色才能测试出客户真实的使用反应。斯坦福的一个创业团队打算在无人机上安装高清摄像头，拍摄农场作物的病害、施肥和灌溉情况。农场主可以根据采集并经过处理的数据来决定如何更好地播种,团队则可以通过销售数据来盈利。创业者们本想先购买无人机、超清摄像头、图像处理软件,然后花费数月时间来进行开发整合。但是 MVP 推广者史蒂夫·布莱克(Steve Blank)的建议是:既然团队目标是想确定农场主是否愿意购买数据,而农场主并不关心数据是来自卫星、无人机或者魔法,那么,只需要租借一个手动控制的飞机模型,安装上普通相机,然后飞到农场拍摄,手动处理数据,再验证农场主是否愿意为这些信息付费即可。以前要做一个样机很麻烦,而现在随着 3D 打印、小规模定制、VR 技术的发展,很多产品都能做到所见即所得。我们可以在一次次实验中不断迭代产品。

三、原型设计方法

要做好产品原型的设计,可以应用三种思维方法,即类比、反证和嫁接。

1. 类比法

类比法是通过观察自身行业或者其他行业,寻找类似产品设计,进而从这些产品和服务中获取灵感。例如,当麦当劳、肯德基等西式快餐大行其道时,广东人潘宇海研究了西式快餐的标准化模式,把中餐也如法炮制,创立了"真功夫"餐饮连锁品牌。他将传统的蒸菜进行改良,通过快速标准化的方式出餐。店面采用西式快餐店简洁明快的装修风格,让食客们能够在最短的时间内获得菜品。在创业之初,采用跟随战略、模仿成功企业的做法是最方便快捷的方式。伴随着共享单车的发展,共享汽车、共享电动车、共享雨伞、共享充电宝等共享系列产品相继推出。当然,模仿不意味着抄袭,需要注意知识产权问题,不能做假冒的山寨货。

2. 反证法

反证法是通过分析总结自身行业或其他行业的失败案例,找到改进的方法,进行自己的产品原型设计。很多人以为爱迪生是电灯泡的发明者,实际并非如此。早在 1801 年,英国的化学家汉弗里·戴维(Humphry Davy)就在他的实验室中用铂丝通电发光,他称之为电烛。1854 年,美国的钟表匠亨利·戈培尔(Henry Goebel)将一根碳化的竹丝放在真空玻璃瓶中,通电发光长达400个小时,诞生了世界上第一个电灯泡。1879年爱迪生制造的电灯泡其实是改良版,他最大的贡献是基于前人失败的经验对电灯泡进行研发和量产。以前由于技术原因、社会原因等造成的创业失败,如今可以通过解决这些问题创造出新的产品,很多企业都是在不断的失败反证中发展起来的。

3. 嫁接法

嫁接法是把不同产业、不同行业的不同创新元素重新组合,通过嫁接快速形成产品原型。例如,原有的旅行社都是线下操作,而携程把互联网思维用在酒店、机票、景点门票购买方面,形成了OTA线上旅行社的商业模式。如今,出行使用OTA已经成为人们习惯的一种方式。以前我们认为酒店就是在固定的地方建一栋房子,而湖南地球仓科技有限公司刷新了这一认知。他们采用工厂化生产建筑的方式,把类似于小箱子一样的房屋运输安装在需要的地方,顾客可以通过线上预订的方式获取酒店房屋信息,抵达后直接刷脸入住即可。

好的产品不是一次性设计出来的,而是像生物进化一样,从产品原型一步步迭代升级到成熟的版本。刚开始,我们在保证创业试错成本最小化的基础上设计MVP,然后通过小步快跑的方式不断迭代到达目的地。

扫扫下方二维码,轻松学习在线开放课程——从创意到创业。

第四章 产品锻造之炉

第二节 功能淬炼之火

案例：QQ 的升级迭代

对于很多 70 后、80 后来说，可能都还记得 QQ 最初不叫 QQ，而是叫 OICQ。这个互联网产品也并非马化腾的发明，而是来自 ICQ 的创意。ICQ 是三个以色列人维斯格、瓦迪和高德芬格的发明，他们在 1996 年开发了一款能够让人们在互联网上聊天、传递文件的软件，取名 ICQ，即 "I seek you（我找你）" 的意思。他们的公司 Mirabilis 在 1998 年被美国在线 AOL 以 4.07 亿美元收购，当时其用户数超过 1000 万。早期的中国互联网创业者很多都是模仿国外的产品，OICQ 也不例外。当时已经有台湾资讯人做的繁体版 CICQ 和简体版 PICQ、飞华公司的 PCICQ 和南京北极星公司的网际精灵等同类产品。马化腾虽然很早就关注了 ICQ，觉得里面有商机，但真正开始是 1998 年投标广州电信的一个中文通信工具项目，当时写投标书的时候起名为 OICQ，意为 "opening I seek you"。

早期的开发很不容易，马化腾与张志东团队在仔细研究客户需求、应用场景和其他同类产品后，不断打磨 OICQ 的使用体验感，不仅是适合中国人习惯的界面、简单的操作，而且没有任何广告、英文单词和专业术语，也不会弹出烦人的窗口，更关键的是做了一些重要的技术创新。首先，当时美国网友和中国网友的使用场景是不一样的，1998 年底的美国个人电脑已经比较普及，大多数白领都有自己的私人电脑；而当时的中国，大部分人要上网的话必须去一个地方，那就是网吧！那时候全国有一万多家网吧。当时 ICQ 的聊天记录都是保存在电脑上，这对于美国人来说没有问题；但对于到公共场所上网的中国人来说就非常不方便。这一点其他几个中文 ICQ 软件都没有发现。把聊天记录从本地电脑放到网络服务器上，一个小小的改变从技术上不难实现，但用户的体验感是完全不同的。第二，当时中国人上网采用的是拨号的方式，网速很慢，一个 ICQ 软件的大小是 5M，这放到现在简直可以忽略不计，但是对于当时最高 54K 的网速来说是非常让人崩溃的，OICQ 则成功做到了 220K。要知道很多网友就是没有耐心等待软件下载而放弃使用 ICQ 的。除此之外，OICQ 还基于传呼机的声音设计了独特的上线提醒，这个声音于 2018 年 12 月 25 日被腾讯注册为中国首例声音商标。马化腾一直强调腾讯公司的产品经理要有"一秒钟变小白"的能力，就是要能够跳出专业视角从完全外行的客户方面设计产品，腾讯从创业之初就塑造了这个基因。正是基于这样的产品思维，OICQ 的用户迅猛增长，最初抢夺的是 ICQ 和 PCICQ 的用户，在上线之后张志东团队不断根据用户反馈修补 bug、更新迭代产品，在第一周就连续更新了三个版本，这种"小步快跑、试错迭代"的原则后来成了腾讯公司的发展基因。

由于良好的体验感，注册 QQ 在当时成为年轻人的一种时尚。1998 年 10 月，注册用户数就达到了 100 万，2000 年 6 月破 1000 万，2001 年 5 月注册用户达到 1 亿，2014 年 4 月 11 日晚还曾出现 2 亿 QQ 用户同时在线的场景。根据 2018 年腾讯公司的公报，上半年 QQ 月活跃账户数达到 8.03 亿。不到 20 年时间，一款软件能有如此多的用户也算是 IT 行业的奇迹了。当然，2000 年由于被 ICQ 的母公司美国在线起诉侵权，腾讯把 OICQ 改名 QQ 一直沿用至今。

俗话说百炼成钢，好的产品也是一样，必须通过反复调试、一次次修改完善、一代代迭代产生。我们的电脑操作系统 Windows，从 1985 年 11 月 20 日第一代发布到 Windows X，30 多年一直不断更新迭代。很多人都在用的 iPhone，从 2007 年 1 月 9 日第一代发布到现在最新款的 iPhone XR，经过了 10 余个版本的迭代更新。通过不断淬炼，产品的功能越来越强大，能够满足客户的多种复杂需求。从功能完善的方向，我们可以从功能延伸、功能拓展、功能生态三方面设计。

第四章　产品锻造之炉

一、功能延伸

产品的 MVP 是最小可行单元，满足的是最基本需求。当获得消费者的认可之后就要进行功能的延伸和不断发展了。以大疆无人机为例，香港科技大学毕业生汪滔基于自己在读书期间对直升机飞行控制系统的学习与研究，于 2006 年创立了深圳市大疆创新科技有限公司，主要研发小型直升机的飞行控制软件。早期的航拍无人机往往携带 GoPro 或松下 GH4、索尼 A7 等微单/单反相机进行航拍，无人机厂商和相机厂商各司其职。2013 年 1 月发布的第一代"大疆精灵"就是携带 GoPro 进行拍摄，随着技术的发展，2014 年"大疆精灵"Phantom 2 Vision 开始使用自己研发的相机，与无人机合为一体。一体化设计一方面更利于飞行，另一方面相机与图传、App 结合，操控和调参更加便利。为了有更好的操控性能、稳定性和拍摄效果，大疆公司又不断完善产品功能。2014 年 11 月，大疆发布专业航拍无人机"悟"Inspire 1，这款外形炫酷可进行机架变形的无人机搭载的是禅思系列首款相机"禅思 X3"，相机在图像质量和参数调整上有很大的提升。2015 年 4 月，大疆发布了"精灵"Phantom 3 系列三款产品。2016 年 3 月份发布的"精灵"Phantom 4 在飞机性能上有很大的提升，尤其是在视觉避障上有很大的突破，用大疆创始人汪滔的话说就是"至今为止我最满意的产品，欢迎来到机器视觉的时代"。在一次次功能迭代、产品创新中，大疆公司形成了消费型无人机"精灵"系列、高端航拍一体机 Inspire "悟"系列、准专业级的 Spreading Wings "筋斗云"系列、针对行业应用及高端影视航拍的 Matrice "经纬"系列、为 DIY 及休闲娱乐用户打造的小型多旋翼飞行平台 Flamewheel "风火轮"系列，可以满足不同人士对于航拍无人机的需求。该公司经过短短十余年的发展，已经成为全球领先的无人飞行器控制系统及无人机解决方案的研发和生产商，2015 年被美国快公司杂志评为"全球最具创意的公司"之一。如今，大疆公司的技术和产品已被广泛应用到航拍、遥感测绘、森林防火、电力巡线、搜索及救援、影视广告等工业及商业领域。

二、功能拓展

大疆公司的无人机是在消费型无人机的技术基础上不断延伸，其关注点还是聚焦在拍照方面。除此之外，我们还可以进行功能拓展，将其应用于其他领域。如 80 后青年彭斌的极飞科技就专注于用无人机喷洒农药。这个成立于 2007 年的公司主要从事无人机研发与应用，最初和大疆公司类似，主要尝试消费娱乐型无人机的研发。直到 2012 年，彭斌突然发现，相比"好玩"来说，"有用"可能才是无人机的发展新方向。2013 年 10 月，彭斌和极飞团队到新疆调研，发现在大面积的农田上用无人机喷洒农药是一个非常高效的方法，于是他开始研发植保无人机。"植保无人机足够安全，因为飞行高度低，不会有什么危险，加上政策壁垒小，国内市场大"，彭斌当时就觉得，这是一个可行的方向。2014 年，极飞科技开始农业方面的探索，在新疆做棉花的药物喷洒实验。2015 年，极飞科技推出第一代 P20 植保无人机系统，正式开始专攻农业领域。

但是最初的市场推广并不理想。由于无人机的操作并不简单，想把它像其他农业机械一样卖出去非常困难。于是彭斌思考创新方法，他一方面研发了人工智能控制系统，可以让无人机自行按照固定的线路飞行，感知农作物状态从而决定喷洒位置和喷洒量，降低操作难度；另一方面成立飞行学院，训练飞手来承接无人机喷洒业务。截至 2018 年 11 月 30 日，极飞科技全球在运营的植保无人机数量为 21731 架，认证的植保无人机操作员已经超过 28000 人，成为国内最大的民用无人机运营公司。从简单销售产品到提供无人机服务，彭斌不断钻研农业技术，将无人机与农药喷洒、农作物监控等相结合，商业模式的创新取得了良好的成效。极飞科技没有拼命和大疆去竞争航拍市场，而是找到了一个细分领域并将其做到最好。在我们设计产品的时候，不要奢望去做一款哪里都能用的万金油，而需要聚焦到一个具体的应用领域中，充分满足用户的需求。

三、功能生态

一家公司的实力无论有多强,研发能力始终是有限的。要完成系统的功能提升,最好的办法是建立开放的平台吸引合作伙伴,形成开放的生态系统,一起发展进步。提到苹果公司,人们最先想到的是 iPhone 系列手机,其实带来滚滚红利的除硬件销售之外更重要的还有软件平台,即 App Store。早期的手机除接打电话、发信息之外好像没有什么其他的用途,当然也有的生产厂商设置了闹铃和手电筒之类的基本功能。而今的手机基本上相当于一部小型移动电脑,其功能远远超过人们最初的想象,而这一切都来自一个特殊的功能平台 App Store。为硬件开发相应功能的软件并非苹果公司的初衷,而是来自一批"极客"。2007 年推出的第一代 iPhone 是无法安装第三方软件的,软件开发者只能通过浏览器实现有限的功能扩展。这让软件开发者感到不满,也让"越狱"在小部分"极客"中流行起来,初衷只有一个,就是在 iPhone 上安装软件而已。这些开发者的呼吁让苹果公司做出了改变。2008 年 7 月 10 日,搭载 iOS 2.0.1 系统的 iPhone 3G 正式发售,史蒂夫·乔布斯当时声称"未来是应用程序的天下"。他向第三方开发商开放了 App Store,最初的 App Store 仅搭载有 500 款应用,交互逻辑颇为简陋,不过开发者的热情很快让平台搭载应用数量迅速增长。如今,App Store 上已经有超过 200 万各式应用,是世界上最强大的软件生态系统。据 App Annie 统计,2010 年 7 月以来,iOS 应用商店总下载量超过 1700 亿次,全球超过 2000 万的开发者在这里活跃着,营收超过 1300 亿美元。2018 苹果全球开发者大会(WWDC)上,库克公布,App Store 每周访问用户达到 5 亿,开发者在 App Store 累计收入超过 1000 亿美元。

生态化平台吸引了大批热爱软件开发的技术人员和创业者,开发 App 小程序一度成为发家致富的重要途径。在 App Store 的平台上,除了每年缴纳 99 美元的注册费之外,没有任何门槛。无论是大公司还是个体户都能从中获得收益,平台与开发者三七分成的模式让大家充满干劲。App Store 为用户提供每周热门排行榜、下载量等信息,为开发者提供相应的需求趋势信息和技术支持。在这个C2C的生态化平台上,大家都找到了自己所需的内容,多方获利。受此启发,华为、小米乃至大疆无人机都相继建成了自己的生态伙伴平台,邀约更多的技术人员为自己的硬件编写应用程序,开发更多的使用功能。因此,未来的产品功能拓展不仅是厂家自己的工作,更是使用者和开发者一起合作共赢的成果。

扫扫下方二维码,轻松学习在线开放课程——从创意到创业。

第四章 产品锻造之炉

第三节 场景塑造之刃

案例： 云迹科技的服务机器人

以前在科幻片中经常出现帮助主人处理事情的智能机器人，如今随着人工智能技术的不断发展，也开始进入我们的生活。由云迹科技研发生产的智能服务机器人"润"已遍布100多个城市的500余家中高档酒店，成了酒店实现"智能化"的最佳切入点。目前，云迹服务机器人"润"已具备迎宾、引领带路、送物的功能，基本能承担酒店一线员工的重复性、枯燥性工作。"润"不仅在工作上、后期运营上有着极大的优势，在前期云迹科技也实现了高质、高效、简洁的部署方式。定制化服务通过标准化部署流程实现。服务机器人"润"本身已有众多"自主"功能，具有Slam建图、自主回充、自主乘坐电梯等多项成熟技术。同时多个酒店的丰富部署经验积累以及云迹成熟的运维部署团队，让"润"不仅能够高质、高效地完成"一线服务"工作，还让部署工作流程更短。云迹科技可以在不影响酒店日常运营的情况下对服务机器人进行部署，上岗即用。现场实际部署时间可控制在一天半，将酒店的时间成本和运营影响降到了最低。不仅如此，"润"还拥有云平台调度管理、远程升级、诊断监控等功能。对于已部署的机器人，云迹实时远程监控传输运行状态及数据，从而保证机器人的运行安全。技术实力与经验累积，成为云迹机器人部署流程标准化的关键因素。另外，"润"的室内导航系统采用三维空间自主导航，无轨道无基站，可对酒店的设备进行便捷的智能物联（如电梯、电话、闸机、防火门、智能音箱等），不会破坏酒店原有的装修，更不会对客房、客人产生干扰。服务机器人"润"因其部署快速、便捷、不影响酒店日常运营，而成为众多酒店首选的酒店智能化方案。如今，云迹科技与华住集团旗下美居酒店、雅诗阁集团、山东比特智能科技股份有限公司、深圳市饭店业协会等都达成了战略合作协议。2018年，云迹科技还荣获了中国日报颁发的"年度新锐酒店合作伙伴"及机器人行业年会颁发的"机器人行业十大创新应用"两项殊荣。①

"场景"一词来源于英文"scenes"的翻译,"场"是戏剧影视中较小的段落,是时间的概念,"景"是指景物,是空间的概念,也就是说"场景"指的是时间中的空间②。最初指的是电影、戏剧中在特定时间空间内发生的行动过程,或者因人物关系构成的具体画面。场景展示的核心其实是关系,人与人的关系、人与物的关系、物与物的关系。罗辑思维联合创始人吴声在其著作《场景革命》中提到,"场景是真实的以人为中心的体验细节,场景依赖于人,没有人的意识和动作就不存在场景"③。产品不是孤立存在的,必须依托某种应用场景才能具有生命力,在一定程度上说,场景就是产品的一部分。

一、场景要素

国内外学者对场景构成要素进行了相关研究,其中罗伯特·斯考伯(Robert Scoble)和谢尔·伊斯雷尔(Shel Israel)在《即将到来的场景时代》(*Age of context*)一书中,提出了场景时代的五种技术力量:移动设备、社交媒体、大数据、传感器和定位系统。作者认为,未来25年将会在"场景五力"的作用下出现影响每个人生活的场景时代④。该观点在中国学者的引申下有了进一步的发展。中国人民大学彭兰教授认为,场景包括空间与环境、实时状态、生活惯性和社交氛围四个基本元素⑤。河南理工大学郜书楷教授认为,场景的核心理论包括数据迁移、图谱关系、感觉模仿、小数据、终极场景五个方面⑥。结合前人的研究,我们可以发现构建场景的要素可以包括技术、时空、主体和社交四个方面。

---

① 本案例内容部分来自云迹科技官网。
② 陈义冰. 浅谈影视动画中的场景设计[J]. 新闻界, 2008(5): 177-180.
③ 吴声. 场景革命[M]. 北京: 机械工业出版社, 2015.
④ 罗伯特·斯考伯, 谢尔·伊斯雷尔. 即将到来的场景时代[M]. 北京: 北京联合出版公司, 2014.
⑤ 彭兰. 场景: 移动时代媒体的新要素[J]. 新闻记者, 2015(3): 20-27.
⑥ 郜书楷. 场景理论的内容框架与困境对策[J]. 当代传播, 2015(4): 38-40.

1. 技术要素

场景革命提出的背景是在互联网时代，这是关键的技术要素。通过互联网技术，人与人、人与物、物与物之间的关联性加强了，随着5G时代的到来，连接的紧密度会进一步提升。在互联网发展初期，各类门户网站、搜索引擎占据了主动，这个时候在国外谷歌赢了，在中国百度赢了，搜索引擎的独到优势让他们占据了战略制高点，当然这是PC时代的产物。移动互联网时代，得App得天下，各类App都在争夺用户的优先使用权，在这场战役中微信赢了，不管哪款产品都比不过人与人之间互动的交流端口。微信小程序的出现打垮了其他App，独守这个场景入口的红利。当然，在万物互联的时代，手机也不是唯一的场景入口。各类可穿戴设备都在争夺人们的应用场景，小米通过智能手环监控运动状态和心率，希望通过人们对健康的关注获得消费场景；谷歌眼镜通过AR增强现实技术扩大信息流量入口；苹果除了手机之外着力打造Apple Watch、Airpods等可穿戴设备，为未来无手机时代做好准备。现在Siri的功能还不够强大，随着人工智能的发展，未来你不需要带什么手机，只要敲敲你的耳机呼唤出智能助理就可以解决所有的问题。乐视虽然失败了，但是贾跃亭的"平台＋内容＋终端＋应用"的互联网生态系统从逻辑上讲是没有问题的，如今很多家电巨头都在布局的智能家居大多也是以电视为场景入口，链接其他智能化电器。随着时代发展、技术进步，场景会进一步多样化。人工智能、传感器、大数据等技术要素的介入会让未来的消费场景出现颠覆式变化。

2. 时空要素

时间和空间是构建场景的关键要素，场景中的空间不仅包括物理空间，还包括社会空间和心理空间。地球村时代，不同地域的文化将进一步融合，"越是民族的就越是世界的"，全球化的协作体系将整合各个国家、民族、种族的资源供大家所用。一部漫威的超级英雄大片会集聚各国精英一起拍摄制作，然后分发到全球各个影院共同播放；苹果或者华为手机会出现在不同肤色的人们手中，链接各类社会资源。一方面，人们的距离在不断缩小，航空、高铁、互联网将大家紧密联系；另一方面，去中心化的趋势在不断加强，原来一家男女老少只看一个电视频道、只读一份报纸的时代已经一去不复返了。

人们依据自己的兴趣爱好、知识背景、价值取向关注自己想要的内容，即使登录同一个网站也会看到完全不同的页面。时空既在整合也在碎裂，身处何方已经不重要，新的场景将给予消费者完全不同的体验。

3. 主体要素

场景中的主体要素包括生产者和消费者，作为场景的核心要素，人的价值将进一步放大，所有的技术、服务都需要"以人为本"来进行设计和实施。在工业时代，无论是生产者还是消费者都是以"工具的形态"存在的。卓别林的著名电影《摩登时代》反映了在工业制造业中，生产线上的工人完全按照固定动作进行操作的模式。1924年霍桑实验①中的照明实验发现灯光对于工人的工作效率影响不大，社交和受关注是激发工人工作积极性的重要因素。而90多年后的今天，工作场所的灯光、色彩、布局等场景因素都会很大程度影响人们的心情和状态。而今，自主意识越来越强的消费者希望能够买到彰显自己个性的产品，"消费者中心"的观念开始深入人心，情感化、个性化、定制化的消费者诉求在场景中不断强化。消费场景中的符号感、价值感和意义感成了决定性因素，基于消费者感知价值的场景设计可以诱发持续购买行为。以往的手机销售都是通过经销商在卖场中进行，而苹果公司独创了体验店模式，简约大气的空间感，通透玻璃幕墙的现代感，各类苹果产品琳琅满目，既懂技术又熟知销售的"苹果天才吧"可以向客户解释所有苹果产品的功能与用法。苹果公司的体验店模式就是以人为主体要素营造的消费场景。

4. 社交要素

社会性是人的本质属性，社会交往让人们增进合作，扩大了解，在发现他人价值的同时更深刻地认知自我。互联网技术促进了人与人之间的社交，一条微博、几张微信朋友圈照片都会获得大家的关注。场景就是为人与人之间互动提供平台，社交要素是场景的重要组成部分。通过营造良好的社交氛围，无论是线上还是线下都会引发大家的关注。人们购物除实用价值之外还

---

① 1924—1932年，美国哈佛大学教授梅奥(Mayo George Elton, 1880—1949)主持的在美国芝加哥郊外的西方电器公司霍桑工厂所进行的一系列实验。它发现工人不是只受金钱刺激的"经济人"，而且个人的态度在决定其行为方面起重要作用。

有炫耀的作用,限量版手袋、刚刚买到的名牌手表、最新最潮的电子产品等,在大家羡慕的目光中获得价值感。直播让很多电商找到了新的社交场景,被称为淘宝"口红一哥"的李佳琪通过直播曾在一分钟卖出 5000 支小金条(圣罗兰的口红),据说破了世界纪录。只要他对某款口红说"Oh my god! Amazing!",分分钟线上线下卖断货,被大家称为"最强带货王"。他于 2018 年 12 月底入驻抖音,很快抖音粉丝超过 1800 万,他还在淘宝直播创下 5 分钟售出 15000 支口红、单场直播销售额破 2000 万的纪录。网络社交场景的影响力是超出常规商业想象的。社交对主体而言带来的是信息的互通有无或者心理上的补偿,对场景而言,社交带来了大量的数据,这些数据有利于定位主体的特征,从而能够更好地开展场景化营销。

二、场景设计

阿里巴巴用户体验团队通过对大量案例的分析及归纳,总结出了基于场景的设计方法——场景设计四部曲,以及场景挖掘工具卡片①。场景设计四部曲分别包括场景列举、机会点挖掘、设计策略、衡量标准。场景挖掘工具卡片主要作用在于对关键场景的描述,以及有助于设计师清晰地挖掘机会点。

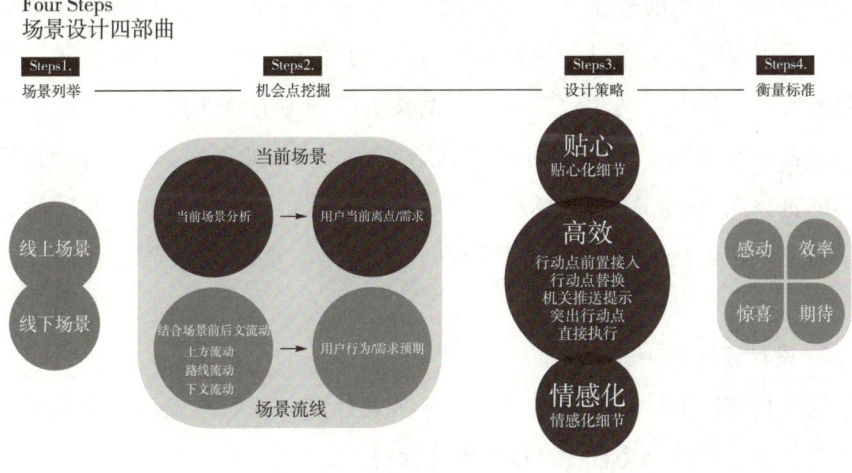

图 30　场景设计四部曲

---

①　图片和部分内容来源于阿里中国站 UED 团队博客。

1. 场景列举

通过对用户操作流程图的绘制，依次从中获取关键场景，通过场景挖掘工具卡片的中间部分（当前场景）来分析场景。为了方便描述场景，设计师经常用一个用户消费故事来说明。该故事包括：在什么时间（when）什么地点（where），出现了什么事物（with what），目标用户（who）产生了某种欲望（desire），并想到用某种方式（method）来满足欲望，最后产生了某种结果（result）。以网购为例，22岁的女生小A是范冰冰的粉丝，她在咖啡厅和朋友聊天时看到某时尚杂志上范冰冰的一组生活照，觉得其中的一条裙子特别好看，很想买到同款。于是向朋友打听是否有人知道这是什么品牌的哪一款产品，什么地方可以买到，可惜身边的人都不知道。于是她就把照片发在朋友圈问是否有人知道，结果其中一位朋友告知了她。她在本地一家商场里看到了同款裙子，经过试穿觉得挺好，但是苦于价格太贵没有下决心购买。之后，通过品牌和货号她在淘宝上终于搜索到了同款，顺利下单购买到了心仪的商品。

2. 机会点挖掘

明确了场景后可以开始挖掘设计机会点了，在此步骤中有两种方法：一种是竖向的考虑当前的用户场景，通过当前需求挖掘机会点；另一种则是横向的分析用户上下文场景，预判用户可能存在的下一步行为，进而获取当前场景的设计机会点。基于上文所述，消费者购物时有购买同款的意愿，那么机会点在于两方面：一是如何快速识别款式，一是如何在淘宝上找到同款。类似的机会点还有：在公共场所听到了好听的歌，很想知道歌名并顺利下载到手机上；在商场里看到了某款商品，想知道附近的商场是否有更便宜的同款。

3. 设计策略

通过相应的设计策略将机会点转化为设计点，相应的设计策略包括：以高效为目标、以贴心为目标、以情感化为目标。

（1）高效。以能够不同程度地提高用户操作效率为目标。如，在时尚杂志上或者商场里看到了心仪的裙子，都可以打开手机淘宝客户端，用拍立淘拍一张照片，然后软件会自动识别图片并在淘宝上找到并显示同款衣服，这样可以非常高效地解决消费者遇到的困难。同样，我查查 App 可以通过扫条码的方式获取同款产品的比价信息，让消费者买到最便宜的商品。iPhone 手机的 Siri 具有识别歌曲的功能，可以通过语音"这是什么歌"让人工智能小助手帮忙获取并下载某一首歌曲。

（2）贴心。通过机会点挖掘阶段对用户当前场景需求的分析以及对下一步目标的预期，设计阶段需要通过细节上的设计一定程度的满足用户在当前场景下的情感需求，或辅助用户达到下一步的目标，让用户感到贴心与感动。人们会遇到不同的需求场景，例如在携程网定了机票后，你可以了解到平台实时监控的航班信息，提供的预约接机服务、目的地天气信息，还可以加入一个微信群，群里有一位微领队，他可以帮你贴心安排行程并解决行程中遇到的问题，同时你也可以在群里和其他同行者交流旅行心得，这项服务非常方便并且不另外收费。

（3）情感。主要从细节出发满足用户在当前场景下的情感需求，让用户感动，给用户惊喜。很多商家会把亲情、友情、爱情等情感融入产品的情景设计中。例如方太的广告《油烟情书》把生活中的点点滴滴用情书的方式表达出来，看似琐碎其中却蕴藏着深深的情感。方太公司说："我们上门收集方太油烟机油盒中累积的废油，转化为油墨，印成这本《油烟情书》。因为，油烟是爱的印记，爱，值得我们铭记。"在浮华尘世里用慢镜头拍广告，写情书话家常是品牌做出的"断舍离"，无论是炉灶间的暖意生烟，还是文字中的浓情蜜意，方太一直在用平淡抵抗平淡，以消解人们对平淡的恐慌，触抵我们内心柔软的地方。

4. 衡量标准

最后阶段需要衡量和评价以上产出的场景设计方案是否符合标准，结合设计目标，用效率、惊喜、感动、期待四个衡量标准来评价。俗话说，废品是摆错了地方的宝贝。不同场景下同样的物品会表现出截然不同的价值。生活中的一杯水很平常，但是在沙漠里可能就是救人一命的关键；普通的小物件在艺术家手中就可能成为一件举世无双的作品。互联网思维中所谓"羊毛出在猪身上让狗买单"，就是价值的转移，把对一些人来说无足轻重的资源给到有利用价值的人，并从中获取利益。比如，对于北大的学生来说，听一堂课稀松平常，但对于其他人来说，学习北大的课程是做梦都不敢想的事。于是得到App把北大教授薛兆丰的经济学课做成知识付费节目，付199元能学一年，如今这个栏目已经有39万的订阅量了。筛选出最精华的课程，邀请最专业的人士，以很低的价格卖给需要不断更新认知的人们，这就是得到App的商业逻辑。如今知识付费的兴起，其实就是基于这样的场景价值。时代变化迅猛，人们都有更新知识的需求，然而不知道跟谁学、没有时间学，这时就有人花时间去整理筛选出干货，以最方便的交付方式提供给用户。你说没有时间对吧？每天要不要走路、要不要开车坐车、要不要等人，那么利用这些低效的碎片化时间学一个知识点还是可以的吧？最初罗振宇的罗辑思维是视频节目，后来他发现碎片化时间利用率最高的是音频类节目，于是毅然转型，在得到App上做的全部都是音频类节目。也正因如此，薛兆丰被称为"厕所里的经济学家""公交车上的经济学家"。其实没关系，无论在哪里，学到东西才是关键。利用场景给产品赋予最大的用户价值，这是我们需要重点考虑的问题。

三、场景创新

在场景设计的过程中，除了采用常规的方式，更需要不断地寻求突破、保持创新。我们可以采用场景技术创新、场景内容创新和场景社群创新。

1. 场景技术创新

北京大学国家发展研究院陈春花教授指出："数字化生存时代，断点、突变、不连续性、不确定性意味着所有的行业都要被重新定义。商业逻辑在变化，这来源于价值创造以及获取价值的方式发生了根本改变。断点的出现，使得商业环境和商业竞争从可预测变成不可预测，因此商业的所有范式都将被调整。"原有的消费情景正在被打破、被改变、被颠覆，数字化创新是必由之路。大数据在精准地记录和刻画着消费者的行为，人工智能越来越多地介入新的应用场景之中，VR、AR技术让以往的消费场景有了巨大的变化。

（1）消费者互动模式技术创新。以往在网上预订酒店只能看到少部分照片，无法获得酒店和房间的真实情景。3D客栈网是国内首个实景虚拟酒店预订平台，可以360°直观立体地展示酒店、客栈内部的实景信息。该网站能在线展示酒店、宾馆的环境，给客人一个身临其境的三维体验，包括酒店周边环境、酒店登记大厅、客房内部环境、配套设施情况等。客人只需点击鼠标，即可轻松查看客房的全景信息，更方便挑选和确认入住酒店。类似的还有 AR 试衣间，可将消费者的脸型、身材等输入后台，通过增强现实技术展示试穿后的效果。

（2）消费者体验模式技术创新。无人酒店、无人商店等新业态的出现，提高了消费者购物便利程度。2017 年，阿里巴巴的无人超市"淘咖啡"亮相杭州，没有收银员，无须排长队，东西买完就能走。第一次进店时，打开"手机淘宝"，扫一扫店门口的二维码，获得一张电子入场券。通过闸机时扫这张电子入场券，进入店内之后就可以购物了，且全程不用再掏手机。店中的生物特征自主感知和学习系统，让消费者在不必配合看镜头的情况下，精准地通过生物特征识别真人，再加上蚂蚁金服提供的支付方案，为用户创造近乎"无感"的结算体验。此外，室内目标监测及跟踪视频分析系统还能成为商家优化运营策略的辅助工具。例如，消费者拿到商品时的表情和肢体语言，可以帮助商家判断某款商品是否足够符合他们的心意；通过捕捉消费者在店内的运动轨迹、在货架面前的停留时长，则可以指导商家根据其习惯和需求，调整货品的陈列方式和店内的服务装置。在积累了一定量的运营数据之后，这些技术能够在线下形成一套用户行为体系，为消费者提供更加个性化的服务和良好体验[①]。

2. 场景内容创新

吸引人们进入场景的关键因素就是内容，好的内容制造者往往会创造新的场景。例如，papi 酱通过搞笑的无厘头短片引发了大众的注意成为网红；李翔商业内参基于商业现象的剖析让大家受益；秋叶在网上教大家制作 PPT 一举走红……基于内容的场景分为基于工作、基于娱乐和基于意外事件三种模式。

（1）基于工作的内容场景。在当前充满知识焦虑的时代，很多人期望获得基于知识和能力提升的内容场景，知识付费产业应运而生。2016 年被称为知

---

① 淘咖啡的介绍来自于网络。

识付费元年，在这一年，知乎、果壳(在行分答)、喜马拉雅FM、得到等知识付费平台相继出现，知识付费的用户迅速增长，知识付费产品井喷。其本质是通过交易手段使得更多的人愿意共享自己的知识积累和认知盈余，是通过市场规律和便利的互联网传播达到信息的优化配置。知识付费这个内容场景创新可以满足人们几方面的需求。一是随着互联网免费信息的爆炸性增长，人们获得有效信息越来越难了，很多打着"纯干货"旗号的标题党提供的是大量重复、低价值信息，需要有专人来收集整理有价值的资讯提供给受众；二是随着专业领域的细分，人们可能需要某个极小众的资讯，而身边恰好没有这方面的专家，需要找专人解决专业问题；三是面对急速变化的世界，人们需要获得一些"普适性"或"跨界性"的知识，来激发创造力，国学热、哲学热反映出人们对亘古不变的经典性知识的渴求，文科生懂点量子物理、理科生学点明朝那些事都有利于建立全观的视野。

(2)基于娱乐的内容场景。网络流媒体平台的快速发展催生了网络视频的创作，爱奇艺、腾讯视频和优酷土豆三大平台逐渐抢走了原有各卫视的观众，其自制剧、网络综艺节目的播出改变了人们在休闲时间看电视的习惯，形成了新的家庭娱乐场景。短视频的火爆加上手机4G技术的支持，让抖音、快手、小咖秀等移动端平台占据了人们的碎片化时间。这同时也改变了大众单向接受信息而不能制作发布信息的障碍，在这些平台上，人们不仅看一些明星艺人的视频，更是看网友们各类搞怪的短片。创作者＋消费者的双重身份让大家都乐在其中。

(3)基于意外事件的内容场景。现今人们能很方便地将自己拍摄的图片和视频上传到网上，一些特殊事件可能产生意外的效果。2016年10月，广西南宁一小哥韦勇在失恋后录视频，其方言口音"蓝瘦，香菇"(难受，想哭)迅速成为当时的流行语。被称为"国民老公"的王思聪，在2018年11月4日带领IG战队参加英雄联盟决赛时，因一张吃热狗的照片备受网友们关注，大家用这张照片做了系列周边展品，诸如手机壳、外套、手办人偶，还有视力表和小游戏，甚至捣蒜器。因为这个事情，王思聪在11月的这波网络狂欢中增粉1700万，达到4441万。而2019年4月一段"奔驰女车主哭诉维权"的视频在网络上疯传，这个事情迅速成为社会舆论关注的焦点，一时间奔驰轿车的服务和产品质量问题也被推到风口浪尖。

3. 场景社群创新

在传统社会，人与人之间的联系是依靠血缘、地缘等相对固定的模式，而进入互联网时代，人与人之间很多时候凭借社群即可建立连接。无论是微信寻找附近的人，某聚会上的面对面建群，还是自媒体平台上的留言、抖音快手上的粉丝，只要你想发声就会有人关注，只要你想交流就一定能够找到和你志趣相投的小伙伴。社群的场景构建包括：社群创建、社群互动、社群产出。

（1）社群创建。社群就是对的人在一起做对的事。所谓"对的人"是群里的成员有积极性、有专业性、有参与意愿。"对的事"就是要明确这个社群的主题，这个主题一定是小的、领域细分的、比较精准的。有人建了一个群，恨不得把亲朋、好友、同事都拉进来，貌似人气很旺，但是大家都茫然无措，不知道进这个群的真正目的是什么。没有核心价值诉求、没有共同话题和连接点的群就是僵尸群。社群主题越细分、大家的诉求点越集中，就越容易统一观点、统一行动。例如大家一起交流某本书的心得、一起讨论喜欢的电影、一起参与某个活动等。

（2）社群互动。社群互动之前需要制定和宣布群规则，每个群成员的想法和诉求都不同，如果有人说闲话或者发广告，大家就会失去关注的兴趣。同时，如果群规过于强硬，成员就会担心违反而不敢讲话。所以群规要有一定的弹性，在保持活跃度的前提下讲求规范。要产生社群互动需要相应的话题，可以是感悟分享也可以是经验交流，让群成员有获得感。

（3）社群产出。社群有产出才能持续。产出可以是商业产出，例如在群里推广大家需要的产品或者喜欢的课程，即所谓的"干货"。这样，商家销售了产品，买家获得了价值，大家互利互惠。也可以是社交价值产出，同行可以在一起交流经验、抱团取暖，不同层面的人相互认识、共享资源等。

腾讯官方发布的《微信生活白皮书》中大胆地喊出了"微信，是一个生活方式"的口号。我们基于微信与世界建立联系，朋友圈刷屏在今天已经变成了重要的流行定义方式，围绕引爆朋友圈匹配资源，做"朋友圈＋"，是用户获取和用户运营的基础逻辑。基于社群构建人际交互场景，除了微信平台之外还有以腾讯、优酷为代表的视频自媒体平台，以抖音、快手为代表的短视频平台，以小红书为代表的购物经验分享平台，以穷游网为代表的旅游攻略分享平台等。内容创造者＋内容分发平台＋社群构成了社群互动的场景。

扫扫下方二维码，轻松学习在线开放课程——从创意到创业。

第五章　品牌发展之水

　　品牌是消费者对产品综合印象的认知总和，是区别于其他产品或服务的重要标志。著名广告研究专家拉里·莱特(Larry Light)指出：未来的营销大战将会是品牌争夺市场主导地位的竞争，是一场品牌之战。企业和投资者将会认识到，品牌才是企业最有价值的资产。对于创业者来说，打造有价值的品牌是获得成功的重要环节。

本章思维导图

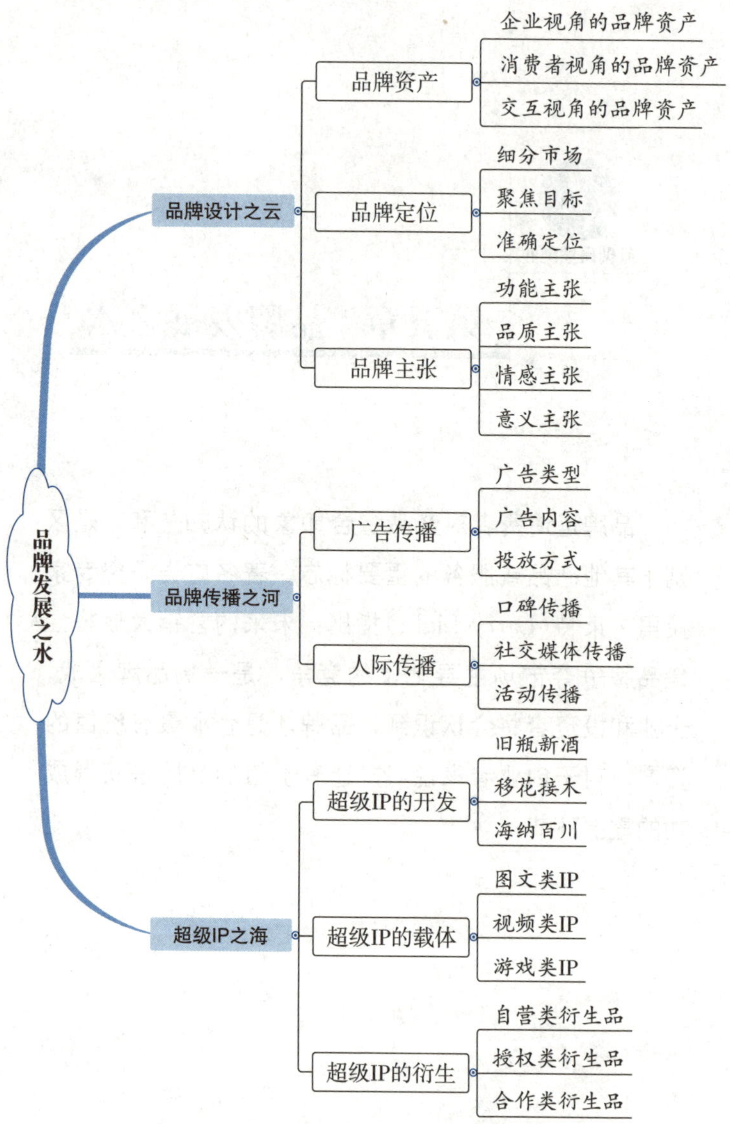

- 品牌发展之水
  - 品牌设计之云
    - 品牌资产
      - 企业视角的品牌资产
      - 消费者视角的品牌资产
      - 交互视角的品牌资产
    - 品牌定位
      - 细分市场
      - 聚焦目标
      - 准确定位
    - 品牌主张
      - 功能主张
      - 品质主张
      - 情感主张
      - 意义主张
  - 品牌传播之河
    - 广告传播
      - 广告类型
      - 广告内容
      - 投放方式
    - 人际传播
      - 口碑传播
      - 社交媒体传播
      - 活动传播
  - 超级IP之海
    - 超级IP的开发
      - 旧瓶新酒
      - 移花接木
      - 海纳百川
    - 超级IP的载体
      - 图文类IP
      - 视频类IP
      - 游戏类IP
    - 超级IP的衍生
      - 自营类衍生品
      - 授权类衍生品
      - 合作类衍生品

第一节 品牌设计之云

案例：苹果公司的品牌设计

2018年苹果公司以品牌价值1828亿美元、品牌收入2286亿美元第八次蝉联福布斯全球品牌价值榜榜首，该公司的logo——那个被咬了一口的苹果也因此名扬世界，成为价值最高的品牌标志。其实，最初的苹果公司logo不是现在这样的，而是经过了一系列的修改历程。首先，为什么会选择苹果？有人猜测说是源于《圣经》，因为其中的苹果被誉为"智慧果"，亚当夏娃吃了以后才拥有了聪明才智；也有人说，苹果是来自牛顿的故事，是一颗苹果从树上掉下来启发牛顿发现了万有引力定律。而且早期的logo确实是有牛顿的图片（如图31所示）。这是苹果公司最早的logo，1976年由联合创始人罗纳德·韦恩（Ronald Wayne）设计的，他设计了这个标志以纪念艾萨克·牛顿发现了万有引力。

图31 早期苹果公司的logo

由于史蒂夫·乔布斯对第一个logo设计不太满意，他想要一些更有吸引力、更有艺术性的东西，因此指派罗伯·詹诺夫（Rob Janoff）负责这项工作。新标志的设计改成了我们现在熟悉的样子，那个被咬了一口的苹果，很多人猜测这是致敬计算机发明者艾伦·图灵（Alan Turing）。二战期间毕业于英国剑桥大学的图灵率领团队发明了最早的计算机，并以此破解了号称世上最复杂的密码系统"Enigma"，从而掌握了德国潜艇部队的秘密，最终灭了德国海军，为二战胜利做出了决定性的贡献。之后，作为同性恋者不堪忍受"激素治疗"的折磨，1954年6月8日，42岁的图灵吃下了一口含有氰化物的苹果后身亡，被发现的时候在他枕边就是那个被咬了一口的苹果。这个彩虹色苹果标志从1976年一直用到了1998年，虽然后面颜色做了少许调整，但基本设计和形象仍然保持不变。

图32　苹果公司彩虹色logo

1997年，史蒂夫·乔布斯在被排挤出公司12年后重新回归，执掌帅印后第一件事就是重新设计包装，包括重塑logo。彩虹色已经不能表达新的理念诉求，新logo的改进主要是因为新苹果电脑使用金属外壳时，硬件设备发生了变化，金属质感的logo更有现代感和高科技感，之后苹果公司基本上只是在原有基础上做一些小的修改，以下是苹果公司logo的演变过程。

图33　苹果公司logo演变史

第五章　品牌发展之水

工厂生产产品，客户购买品牌。产品可以被竞争对手复制，品牌却是独一无二的。产品可以很快过时，成功的品牌却可以经久不衰。

——史蒂芬·金，英国伦敦 WPP 集团

一、品牌资产

如果有人向你提到苹果和小米，你最先想到的是手机还是水果和粮食？在 2007 年以前，如果在百度搜索"苹果"，得到的大多是这种水果的信息，而今你将会得到苹果公司的产品资讯；2011 年 8 月 10 日，苹果公司首次超越埃克森美孚成为全球市值最高的公司，35 岁的苹果跑赢了将近 130 岁的美孚。同样，2010 年之前，当我们搜索"小米"时，获得的都是这种粮食的吃法和种植技术；而 2018 年，小米公司成功在香港上市，创下了香港股市最大的 IPO 纪录，市值达到了 4000 亿港元。对于创业者来说，不仅要关注现金流，更要关注品牌资产的持续升值，很多互联网公司在初创期烧钱较多，但是当品牌资产逐渐形成之后，品牌就会为企业源源不断地创造价值。每年福布斯杂志、WPP 和凯度华通明略都会发布全球品牌价值排行榜，我们可以发现这是衡量一家企业成功与否的重要标志。

品牌资产（brand equity）的概念，于 20 世纪 80 年代由广告公司最早使用[1]，20 世纪 90 年代开始受到学者们的普遍关注。不同学者的出发点差异较大，主要有三种不同的视角：企业视角、消费者视角和交互视角。我们可以从这几方面发现构建品牌资产的方法。

1. 企业视角的品牌资产

大卫·A. 艾克（David A. Aaker）在 1991 年提出了著名的品牌资产理论模型[2]，该模型基于企业的角度，阐明品牌资产来源于五个方面：品牌知名度、

---

[1] BARWISE P．Brand equity：Snark or Boojum？[J]．International Journal of Research in Marketing，1993，10(1)：93-104.

[2] AAKER A．Managing brand equity：capitalizing on the value of a brand name[M]．New York：The Free Press，1991.

品质认定、品牌联想、品牌忠诚度以及其他专利品牌资产。为了使该模型便于操作化，1996年艾克又提出了品牌资产十要素模型，将这5个方面分为10项具体测评指标，即品牌忠诚度（溢价、满意度/忠诚度）、品牌认知度（品质认知、领导性/普及度）、品牌联想度（价值、品牌个性、企业组织联想）、品牌知名度、市场状况（市场价格和销售区域、市场份额）。通过这些企业角度的指标我们可以发现，消费者首先要知晓产品，之后由于喜爱某产品会长期购买甚至溢价购买。

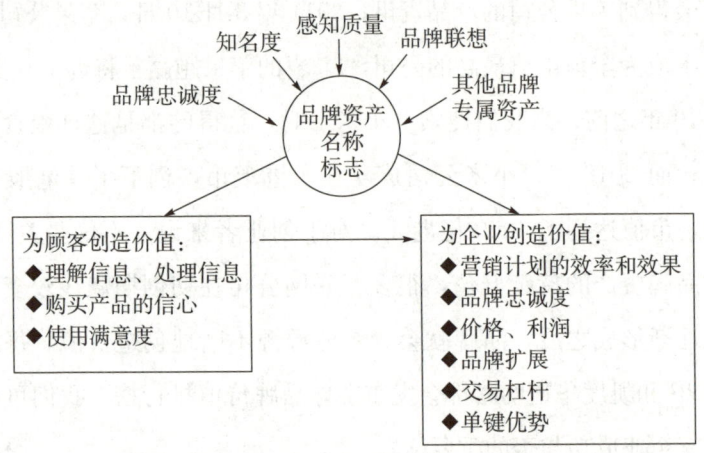

图34　品牌资产

2. 消费者视角的品牌资产

品牌的基础来源于消费者的认知强度，学者凯文·莱恩·凯勒（Kevin Lane Keller）在1993年以认知心理学的"关联网络记忆模型"（Associative Network Memory Model）为理论基础提出了"基于消费者品牌资产模型"（Customer-Based on Brand Equity）[①]。凯勒认为，品牌资产来自于消费者对该产品的品牌意识和品牌形象。其中品牌意识取决于品牌突出性，即消费者是否需要联想线索来提取目标品牌的能力。品牌意识包括品牌再认和品牌回忆，该内容与品牌知名度联系紧密。例如，很多人都熟悉的KFC，大家看到这三

---

① KELLER K L，Strategic brand management[M]. New Jersey：Prentice Hall. 1998.

个字母马上想到的是肯德基而不是开封菜。品牌形象是指消费者对品牌的感觉，反映消费者记忆中有关该品牌的联想。以前三鹿奶粉的品牌形象是正面的，但是从"三聚氰胺事件"出现后，该品牌受到了极大的影响，甚至连累了整个国产的奶粉品牌形象。在品牌资产的塑造中，正面或者负面事件发挥着极其重要的作用。

在不断丰富基于消费者的品牌资产理论框架的过程中，凯勒于2001年提出了基于消费者的品牌资产金字塔模型（如图35所示），系统地阐述了其内涵和方法。他指出构建品牌资产需要经过四个步骤的"品牌阶梯"，即：品牌识别（品牌认知）、品牌含义（品牌象征、品牌表现）、品牌响应（消费者判断、消费者情感）、品牌关系（品牌共鸣）。从品牌识别到品牌关系这4个步骤是紧密相连并且有序的，任何一个步骤的执行都要以前面几个步骤的成功完成为基础。此外，为了将这4个步骤可操作化，Keller将其分解为6个模块，分别为：品牌认知、品牌表现、品牌形象、消费者判断、消费者情感、品牌共鸣。

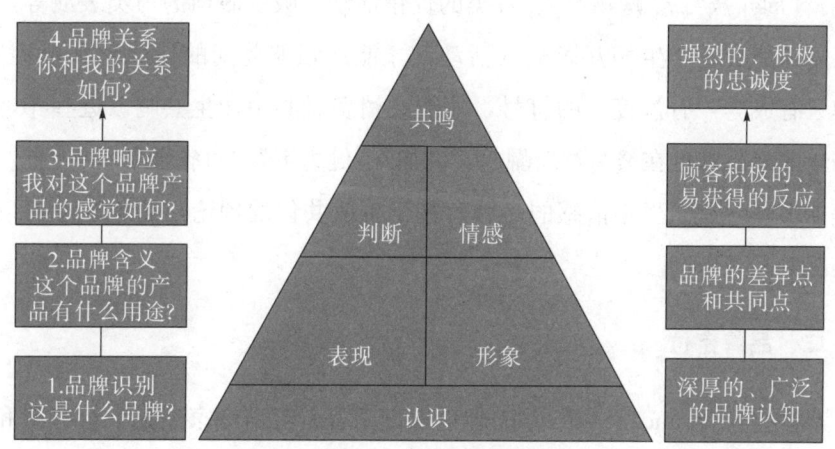

图35　品牌金字塔

以小米品牌为例，首先消费者通过汉语拼音的MI认知为"小米"，这是一个电子产品的品牌而不是一种粮食，然后基于身边人的使用体验定位这是一款性价比很高的手机品牌，之后形成良好的消费情感，觉得购买手机最关键的是实惠，再经过消费形成良好的品牌关系，进而购买小米公司出产的充电宝、无人机、加湿器等其他品类产品。

3. 交互视角的品牌资产

品牌关系的概念最早由 Max Blackston 于 1992 年在《管理品牌关系，建立品牌资产》一文中提出，他根据人际关系交往的原理将品牌关系定义为"消费者对品牌的态度和品牌对消费者的态度之间的互动"。与之前学者的理解不同，在此消费者和品牌处于同等地位，其互动关系决定了品牌资产。更形象地说，消费者和生产者是相互依存的关系，任何一方都不能单独决定品牌价值。例如，同一个产品对不同人的价值和意义是迥异的。一些品牌有着深刻的时代烙印，对于 70 后、80 后来说，大白兔奶糖意味着童年的快乐与甜蜜，因为当时物资不够丰富，只有逢年过节才能吃到；而对于 00 后而言，则完全没有感觉。同样，"吃鸡""开黑"等流行语对于很多人而言是完全陌生的，游戏品牌仅限于喜欢的玩家。品牌和客户之间的互动关系，尤其是带有情感附加值的互动能够不断增加品牌资产的价值。

在具体的商业情景中，很多商家通过各类活动增加与消费者之间的互动关系。"周年庆""购物节"、各类的促销活动、吸引眼球的另类表演等，只有反复和消费者产生相互影响的活动，才能加强彼此间的信任感和依赖感。品牌只有成为"有温度"的符号，才能在消费者心中产生共鸣。近些年，一些当年的老品牌也在努力重新崛起，例如，"健力宝""百雀羚""回力鞋"等都是能够唤起人们当年情感的品牌。基于价值共创的理论，品牌互动可以构建与提升品牌资产。

二、品牌定位

品牌定位（brand positioning）理论来自于著名营销专家杰克·特劳特和阿尔·里斯。他们认为，消费者在面对过多的信息、品牌时，倾向于优先选择该类别或特性商品的代表品牌。因此，企业的品牌经营要更关注于消费者认知，让自己的品牌在消费者的心中占据某个特定的位置，成为该品类中的代表品牌。例如格力是消费者选择空调的首选、苹果和华为成为手机品牌中的首选等。要达到这种效果，最重要的是精准的品牌定位。品牌定位的步骤包括：细分市场（segmenting）、聚焦目标（targeting）和准确定位（positioning）。下面以著名凉茶品牌"王老吉"①为例，介绍品牌定位的过程。王老吉凉茶发明于清道光年间，至今已有近200年历史，被公认为凉茶始祖，有"药茶王"之称。20世纪50年代初由于政治原因，王老吉凉茶铺分成两支：一支完成公有化改造，发展为今天的王老吉药业股份有限公司，生产王老吉凉茶颗粒（国药准字）；另一支由王氏家族的后人带到香港。在中国内地，王老吉的品牌归王老吉药业股份有限公司所有；在中国内地以外的国家和地区，王老吉品牌为王氏后人所注册。加多宝是位于东莞的一家港资公司，经王老吉药业特许，由香港王氏后人提供配方，该公司在中国内地独家生产、经营王老吉牌罐装凉茶（食字号）。2002年加多宝公司的红色罐装王老吉（以下简称"红罐王老吉"）逐渐在广东、浙南地区做出了一定影响力，销售额连续几年维持在1亿多元。加多宝公司的高层希望在此基础上做大做强，使其成为一个全国性品牌，那么首先要解决的问题是品牌定位——究竟是带有药用功能的凉茶，还是可以日常饮用的饮料？产品主打的诉求究竟是什么？

1. 细分市场

细分市场有很多种方式，常用的维度有：地域、人口特征（年龄、性别、职业、收入、种族、受教育程度等）、心理特征（价值观、消费观、态度等）、行为习惯（使用方式、使用频率、购物方式等）。一个产品不可能满足所有消费者的需求，需要在某个细分市场中获得人们的认同。加多宝公司委托成美营销顾问公司进行市场定位研究。研究者发现，凉茶是广东、广西地区的一种由中草药熬制，具有清热去湿等功效的"药茶"，两广地区的人们很熟悉凉茶的功效，而对于北方消费者来说就比较陌生，因此2003年以前的凉茶市场主要针对这两个地区。在这两个地区，人们的消费方式主要有三种，一是在药店抓药回家煲制，一是去凉茶铺（如黄振龙凉茶铺）购买，还有一种就是直接购买像红罐王老吉这种包装好的凉茶，类似的产品还有羊城药业的利乐装

---

① 本处王老吉指加多宝公司创立的凉茶品牌。

王老吉①、二十四味、清凉茶、夏桑菊等。在众多老字号凉茶中,王老吉具有品牌优势。对于广东人而言,凉茶基本等同于药,是解决包括感冒、消化不良、暑热、上火等诸多轻微症状的传统药茶。消费者们非常清楚地知道,在儿童消化不良时应该选择煲小儿七星茶,上火时可以买斑砂凉茶,湿热煲五花茶等,王老吉在他们观念中主要是清热解毒的。在这种认知之下,广东消费者不太认同食字号的红罐王老吉"凉茶"是饮料,当饮料喝更是不可能,他们多是在解决问题和预防问题的时候才考虑喝凉茶。所以,在广东红罐王老吉拥有凉茶始祖王老吉的品牌,却长着一副饮料的面孔,让消费者觉得"它既像是凉茶,又像是饮料",以致认知陷入混乱。而在加多宝的另一个主要销售区域浙南(主要是温州、台州、丽水三地),消费者将红罐王老吉与康师傅茶、旺仔牛奶等饮料相提并论,没有不适合长期饮用的禁忌。加之当地华侨众多,经他们的引导带动,红罐王老吉很快成为当地最畅销的产品。基于这个细分市场的成功,加多宝公司发现,自己要想走出两广市场变成全国性的品牌,就必须去掉传统观念中对"王老吉凉茶"药用的定位,而选择保健类饮品的定位。在饮料市场上有很多细分领域,例如以可口可乐为代表的碳酸饮料,以统一和康师傅为代表的茶饮料,以红牛为代表的功能饮料,以农夫山泉为代表的包装水等。通过分析,加多宝决定走向功能饮料的细分市场。

2. 聚焦目标

加多宝明确了要向不熟悉凉茶的非两广地区推广之后,就开始聚焦功能饮料的细分市场定位。为了更深度地了解消费者习惯,加多宝公司和成美营销顾问公司委托第三方市场调查公司选取了广州、深圳和温州三个城市进行调研,2003年1月17日调查公司提供的报告显示这三个城市消费者对红罐王老吉的认知存在明显差异,具体为:

广州消费者对王老吉品牌的认知度为97%,而对红罐王老吉的认知度为87%,即部分消费者知道传统凉茶王老吉而不知道红罐王老吉;深圳消费者

---

① 该包装当时是绿色的,与红罐王老吉不是一个公司出品。

对王老吉和红罐王老吉的认知度一致,均为 86%;温州消费者对王老吉和红罐王老吉的认知度一致,均为 84%。这显示深圳和温州的消费者对王老吉品牌的认知可能主要源自红罐王老吉。广州消费者中饮用过红罐王老吉的仅为 42%,比例明显低于深圳(80%)和温州(78%);半年内饮用过红罐王老吉的比例也存在明显差异,广州为 14%,深圳 55%,温州 59%。对饮用红罐王老吉的场合/境况的研究显示,广州消费者最多是在身体不舒服时饮用,占 56%,其次是口渴时饮用,占 41%;深圳消费者最多是在口渴时饮用,占 73%,其次是身体不舒服时饮用,占 37%;温州消费者最多是在亲朋好友聚会时饮用,占 72%,其次是口渴时饮用,占 51%,而身体不舒服时饮用的仅占 2%。红罐王老吉的替代产品是什么?即如果没有红罐王老吉,选择什么来代替?广州消费者主要在其他凉茶中选择,最多的是黄振龙凉茶和夏桑菊;而深圳和温州消费者则在可乐、茶饮料等普通饮料中选择。

由此可以发现,在传统凉茶盛行的广州,红罐王老吉是按照药用价值进行使用的,而在外来人口较多的深圳和没有凉茶文化的温州,人们是按照饮料理解王老吉的。同时,在温州的消费者调查中还发现,王老吉的饮用场景主要在宴会酒席和朋友聚会上,和日常在超市购买回家饮用不同,温州人在有喜事的酒席宴上选用王老吉是因为更喜欢其火红的包装和名称中的"吉"字。同时,红罐王老吉的价格比当时主流的饮料价格要高,在朋友聚会时选用显得档次高而更体面,这也是其被选择的重要原因之一。

3. 准确定位

基于市场研究和消费者行为规律的总结,加多宝对红罐王老吉的品牌定位越来越清晰了,成美营销顾问公司的定位研究组认为"预防上火的饮料"是利于扩大销量的。相对于凉茶的地域限制,"上火"的概念是全国通行的,"预防上火"能帮助没有凉茶基础的市场了解从而接受红罐王老吉。"上火"原因众多,无论是秋冬干燥、夏日炎热,还是吃火锅、吃烧烤,甚至熬夜加班都能导致上火。消费群体基数巨大,不同年龄、地区、性别的消费者都存在"预防上火"的需求,且不需教育。同时,"王老吉"这个凉茶老字号的牌子也可以进一步证明其保健功效。从口感上,在药味的基础上又有甜味,一方面表示其"药用"功效,另一方面又比传统凉茶更好入口,容易让北方等非凉茶饮用区的消费者接受。于是 2003 年 3 月 7 日成美营销顾问公司提交了《2003 年王老吉全年推广计划》,将定位推广主题确定为"轻松防上火,享受好生活",之后逐渐演变为众所周知的"怕上火,喝王老吉"并一直沿用至今。这款饮料的应用场景定位为吃烧烤、火锅、川菜、湘菜时,在推广计划中成美营销顾问公司还建议加多宝在一些重点城市的烧烤场、火锅店、川湘菜馆进行定点推销,设置广告位、遮阳伞等宣传。电视广告创意历经几番调整,最终选取了成美公司创作部的广告创意——画面选择了消费者认为日常生活中最易上火的五个场景:吃火锅、通宵看球、吃油炸食品薯条、吃烧烤和夏日阳光浴,画面中人们在开心享受上述活动的同时,纷纷畅饮红罐王老吉。结合时尚、动感十足的广告歌反复吟唱"不用害怕什么,尽情享受生活,怕上火,喝王老吉",促使消费者在吃火锅、烧烤时,能自然联想到红罐王老吉,从而促成购买。通过这样的品牌定位,2003 年红罐王老吉的销售额比上一年同期增长了近 4 倍,由 2002 年的 1 亿多元猛增至 6 亿元,并以迅雷不及掩耳之势冲出广东;2004 年,尽管企业不断扩大产能,但仍供不应求,订单如雪片般纷至沓来,全年销售额突破 10 亿元;之后几年持续高速增长,2010 年销售额突破 180 亿元大关。

三、品牌主张

消费者必须要认识到你所代表的内涵。

——霍华德·舒尔茨,星巴克创始人

设计品牌的关键是品牌主张,所谓品牌主张是指企业向消费者所传达的核心认同和价值观,包括功能主张、品质主张、情感主张和意义主张。我们通过星巴克的案例来说明品牌主张的设计。星巴克(Starbucks)1971 年成立于美国华盛顿州西雅图市,是全球最大的咖啡连锁店。雅斯培·昆德(Jesper Kunde)在《公司宗教》(*Corporate Religion*)中指出:星巴克的成功在于,以消费者需求为中心,由产品转向服务,再由服务转向体验的时代,星巴克成功地创立了一种以创造"星巴克体验"为特点的"宗教咖啡"。2018 年

BrandZ 全球最具价值品牌 100 强排行榜公布，星巴克以 445.03 亿美元的品牌价值排第 23 位。

1. 功能主张

关于咖啡的功能主张有哪些呢？提神醒脑当然是其中之一，但是社交功能更为重要。法国人特别喜欢泡咖啡馆，那句经典的"我不在家就在咖啡馆，不然就在去咖啡馆的路上"道出了人们的生活习惯。巴黎著名的花神咖啡馆 1865 年开始营业，毕加索、萨特、布雷东等著名的艺术家、哲学家、诗人、作家等经常在这里谈天说地、谈古论今。但是美国人不一样，在 20 世纪 70 年代星巴克创立之初，美国人更习惯于在家冲泡咖啡而不是到咖啡馆去喝。消费方式的不同，导致当时咖啡馆的生意比较惨淡。在调研之后，前 CEO 霍华德打出了"第三空间"的品牌主张。因为人们在工作中的一些烦心事不能带回家影响家人心情，而家庭的一些矛盾也不能和同事们讲，那么这种心理压力如何排解呢？需要有一个独立于家庭和工作场所的第三空间，这是一个让人心情放松的地方、能够充分展示自我的地方。人们喝的不仅仅是手中的咖啡，而是一种环境氛围的社交体验。星巴克以"更高品质的咖啡塑造独特的人文精神，让顾客感觉到咖啡香味与精神上的解放"为号召，营造了一个以休闲为导向，让消费者感觉优雅舒适，有别于办公室和家庭的第三空间。

2. 品质主张

这是品牌的核心。"品牌"brand 一词来源于古斯堪的那维亚语 brandr，意思是"燃烧"，指的是生产者燃烧印章烙印到产品上。意大利人 12 世纪就在纸上使用品牌水印。我国古代也有这样的传统，例如烧制瓷器会在底部加上某某窑的字样，制作一张弓、打造一把剑都会在上面刻着工匠的名字，艺术家们哪怕画一幅画写一幅字都会在下方盖上自己的印章。这其实都是庄严的承诺：我为自己的产品代言，有什么问题找我就是。星巴克为了给消费者提供优质的咖啡口感，在世界各地优选最好的咖啡豆精心烘焙，然后由专业咖啡师进行制作，在操作标准上要求非常严格，例如每杯浓缩咖啡要煮 23 秒，拿铁的牛奶至少要加热到华氏 150 度，但是绝不能超过华氏 170 度等。为了营造纯正的咖啡气味，星巴克采用重烘焙极品咖啡豆，散发浓郁的咖啡香,同时严格执行"四禁"政策,即禁烟、禁止员工用香水、禁用含化学香精的调味咖啡豆、禁售有味道食品和羹汤。同时每一位咖啡师都要接受严格的培训,星巴克的咖啡师有三种不同颜色的围裙,一般的咖啡师围裙是绿色的,穿黑色围裙的叫咖啡大师,他制作的咖啡味道更好,当然水平最高的是棕色围裙咖啡大使。在经营模式上,星巴克的定位是只做咖啡馆,坚决不进超市,认为新鲜的咖啡豆放在货架上将丧失最好的口感,但后来抵挡不住诱惑开始在超市卖咖啡豆和速溶咖啡,一直不太成功。2018年8月28日星巴克将零售咖啡业务以71.5亿美元卖给了雀巢公司,自己聚焦主业专心把店面咖啡的品质做好,而雀巢公司本来以生产销售速溶咖啡为主,即便收购了美国的 Blue Bottle Coffee 最终也没有把咖啡厅做好。于是两家开始联盟,星巴克做好店面销售,而雀巢专心做超市销售,相得益彰。

3. 情感主张

现在很多商家都在强调要做有温度的品牌。星巴克倡导的是 It's bigger than coffee,这不仅仅是一杯咖啡,那么还有什么呢?和朋友一起快乐畅谈也好,一个人静静思考也好,很多时候到咖啡馆小坐是一种小资的生活方式,是一种格调的表征。星巴克往往选址在一些非常有文化氛围的地方,通过嗅觉、视觉、听觉、触觉和味觉共同塑造了星巴克咖啡馆浪漫的情调。一缕阳光、一本好书、一位挚友再加一杯浓香的咖啡,很多都市白领就这样在星巴克度过了一个下午的时光。据调查,中国现在的咖啡馆已经超过10万家,其中女性消费者占七成。女性的情感细腻,因而咖啡馆品牌的情感主张特别重要。品牌流量仅次于星巴克的漫咖啡,打造的是"让心灵放松,让灵魂安宁"的消费环境,漫咖啡的"漫"可以理解为浪漫,也可以理解为让人们从匆匆忙忙的快节奏中慢下来,好好体验和感受生活的美好。

4. 意义主张

如果说前面三个品牌主张能够通过一些方法和技巧塑造出来的话,那么意义主张则只能靠企业文化的滋养。"星巴克"这个名字来自美国作家麦尔维尔的小说《白鲸》中一位处事极其冷静、极具性格魅力的大副。他的嗜好就是喝咖啡。麦尔维尔在美国和世界文学史上都有很高的地位,但麦尔维尔的读者并不算多，主要是受过良好教育、有较高文化品位的人士，没有一定文化教养的人是不可能去读《白鲸》这部书的，更不要说去了解星巴克这个人物了。从星巴克这一品牌名称上，就可以清晰地明确其目标市场的定位：不是普通的大众，而是一群注重享受、休闲，崇尚知识，尊重人本位的富有小资情调的城市白领。星巴克前CEO霍华德非常强调对员工的培训和激励，他曾经写作出版了《将心注入》（*Pour Your Heart Into It*）和《勇往直前》（*Onwards*）两本书，书中不仅分享了他个人和星巴克的成长史，更充满了智慧和正能量。作为一个货车司机之子，他曾经被贫穷困扰，通过全心投入工作和事业，做到像书名一样将心注入，最终打造出一家伟大的企业。

扫扫下方二维码，轻松学习在线开放课程——从创意到创业。

第二节　品牌传播之河

案例：　小红书的品牌传播

对于一些80后、90后来说,商场里普通的服饰、化妆品已经不能满足他们个性化的需求,他们希望找到一些更能匹配自己生活方式和生活认知的商品。但总是出国购买费用太高,而淘宝网等电商平台上的卖家鱼龙混杂,如何识别并且买到性价比最高的心仪商品是大家关注的热点。于是小红书出现了,这个成立于2013年6月的互联网平台是从网络社区起家的,最初就是网友们在上面分享海外购物经验,后来除了美妆、个人护理,小红书上还出现了关于运动、旅游、家居、旅行、酒店、餐馆等信息的分享,由于都是个人的真实体验,因而受到了众多网友的拥趸。小红书CEO毛文超曾表示:"我在国外读书时,亲眼见证了同胞们海外购物的'疯狂'。但是,很多人在疯狂购物中,并不了解自己所购买的东西,也不了解在什么地方购买是更划算的,更不了解如何退税,等等。所以,最早的时候,我们是希望服务到这样一个人群:会出国旅行、有购物的需求。我们去帮助大家了解一些购物的知识。"

小红书早期的版本首先切入的是海外购物攻略,从境外旅游购物攻略探索起步,然后转战境外购物分享社区,初步确定了香港购物分享社区的核心功能。定位香港是因为2013年中国内地游客外出旅行的第一目的地大多都是香港,而去香港旅行的很多人就是为了购物。2013年底,创始人瞿芳和毛文超来到香港中环的苹果旗舰店,随后在小红书上标记了一下地址,"下面很快出现很多留言,询问不同配置、不同颜色的iPhone手机是否还有货",瞿芳当时最大的感受是用户对购物信息有强大的需求。搭建平台让更多有海外购物经验的网友在上面发攻略、秀产品成了早期小红书的重要内容。

但是要完成商业模式的闭环,只有电商才能实现流量变现。2014年10月小红书福利社上线,从社区升级为电商,开展海淘业务。经过几年的发展,如今的小红书已经成为一款以发现全世界好东西为目标的App,产品的定位是用户分享内容（UGC）的信息平台，用户可以在这里发现全世界的好东西，将线下的购物场景搬到了线上，并加入了真实的购买用户的背书。已购买的用户上传分享内容，需要海外购物的用户可以在小红书上获得详尽的产品"攻略"。小红书基于平台上累积的海外购物数据，分析出最受欢迎的商品及全球购物趋势，并在此基础上把全世界的好东西，以最短的路径、最简洁的方式提供给用户。在小红书上，来自用户的数千万条真实消费体验，汇成全球最大的消费类口碑库，也让小红书成了品牌方看重的"智库"。欧莱雅首席用户官 Stephan Wilmet 说："在小红书，我们能够直接聆听消费者真实的声音。真实的口碑，是连接品牌和消费者最坚实的纽带。"小红书的经营模式受到了国家领导人的关注，2015 年和 2016 年李克强总理、汪洋副总理都先后前往视察。截至 2018 年 5 月 1 日，在全球有超过 9600 万的年轻用户通过小红书分享自己吃穿玩乐购的真实日常生活。这个网络平台宣传了别人的品牌，更塑造了自己的品牌。

一、广告传播

广告是塑造品牌形象最直接的方法之一，很多企业就是靠大量的广告投放而家喻户晓的，著名企业家史玉柱最初的发家就和广告紧密相关。1989 年夏，他认为自己开发的 M-6401 桌面文字处理系统作为产品已经成熟，可以面向市场销售了，但是茫然四顾不知道客户在哪里。于是 1989 年 8 月 2 日他以软件版权做抵押在《计算机世界》杂志上打出半个版面的广告，"M-6401，历史性的突破"，13 天时间，史玉柱收到汇款单数笔，至当年 9 月中旬，销售额就已突破 10 万元。他再接再厉，将余钱都投向广告，4 个月后 M-6401 销售额突破 100 万元。这是史玉柱的第一桶金。此后，他又陆续开发出 M-6402，直到 M-6405。1991 年，史玉柱成立了"珠海巨人新技术公司"。按照这种模式他用自己开发的软件赚得盆满钵满。1995 年，巨人推出 12 种保健品、10 种药品、十几款软件，投放广告 1 个亿。当年史玉柱被《福布斯》列为内地富豪第 8 位。广告模式成为史玉柱屡试不爽的杀手锏，直到后来他失败后东山再起推出的脑白金，依然是包装一个概念，然后用铺天盖地的广告把"今年过节不收礼，收礼只收脑白金"的宣传语硬塞进消费者的脑袋里。同样的品牌传播案例早期有恒源祥、加多宝,近期有拼多多、铂爵旅拍。很多广告歌、广告语都成了流行语,即使被评为最庸俗的广告,但凭借着反复播放强制性洗脑也达到了很好的销售效果。

1. 广告类型

根据广告的性质可将其分为商业性广告、新闻性广告、公益性广告和赞助性广告。

① 商业性广告

绝大多数广告都属于商业性广告,即商家直接付费给媒体,在广播、电视、报纸、杂志等媒体打出宣传广告。这种方式简单直接、效果明显,只是投入费用较高。以前大家接受信息的途径少,一个央视广告往往能够起到很好的效果,曾经有企业说"每天开进央视一辆桑塔纳,开出一辆豪华奥迪",1994年央视广告部主任谭希松把黄金时段广告拿出来拍卖,价高者得,同时被称为"标王",我们来看一下这张表。

年份	标王企业	中标金额/元	年份	标王企业	中标金额/元
1995	孔府宴	0.31亿	2007	宝洁	4.2亿
1996	秦池酒	0.67亿	2008	伊利	3.78亿
1997	秦池酒	3.2亿	2009	纳爱斯	3.09亿
1998	爱多VCD	2.1亿	2010	蒙牛	2.039亿
1999	步步高	1.59亿	2011	蒙牛	2.3亿
2000	步步高	1.26亿	2012	茅台	4.43亿
2001	娃哈哈	0.22亿	2013	剑南春	6.08亿
2002	娃哈哈	0.20亿	2014	承德露露	6.7亿
2003	熊猫手机	1.08亿	2015	王老吉	9650万
2004	蒙牛	3.1亿	2016	翼龙贷	3.7亿
2005	宝洁	3.8亿	2017	云南白药	5.038亿
2006	宝洁	3.9亿			

这是从1995年到2017年,23年时间里产生的17家标王公司,其中不少都已经是知名品牌。其中最特殊的一个企业是秦池,这样一个位于山东省潍坊市临朐县名不见经传的小酒厂于1996年花了6666万元广告费,一跃成为年产值9亿元的大企业,之后的1997年更是狂投3.2个亿。然而,现实并没

有如想象的那样再创辉煌，达到 15 亿元的产值。秦池由于媒体曝光勾兑酒事件一下子由盛转衰。类似的品牌还有爱多 VCD、步步高、熊猫手机、翼龙贷等。广告是把没有柄的双刃剑，用好了可以快速扩大品牌知名度，同时也要警惕引火自焚。

② 新闻性广告

也有人称之为软文。广告内容通常是某公司的一项技术具有突破性价值，或者公司领导参加了某个重要活动等。这些内容如果符合新闻的热点和要求，通常会被电视、广播、报纸、杂志或网站报道。但这仅限于新闻报道，有利于树立品牌形象，而不是直接产生营销效果。近些年很多企业的创始人，例如马云、刘强东、王健林、王石等都经常出现在新闻媒体的报道中，成为大家关注的公众人物。这些报道有利于公司的形象宣传，当然也要注意尽量避免负面新闻。例如马云经常出现在媒体报道中，是人们心目中的成功人士、大家竞相学习的榜样。王石因为热爱登山等极限运动，经常被媒体报道，2008 年汶川地震时，因为一时口快陷入"捐款门"，导致万科股价急剧下跌，无奈出来向公众道歉才稍微挽回损失。

③ 公益性广告

有些公司由于本身行业（如烟草等行业）的特殊属性不能做商业广告，只能选择公益广告来宣传企业品牌形象。例如，白沙香烟的"鹤舞白沙，我心飞翔"，红塔山香烟的"开启广袤思维，点燃无穷智慧"等。也有的公司是通过创意公益广告宣传某种理念，例如新百伦邀请李宗盛拍了"致匠心""每一步都算数"的公益广告，2017 年还邀请网红 papi 酱，田径运动员 Boris、Ciarra 和 Thomas，网球运动员 Milos 以及极限运动员 Alexis，分别拍摄了 6 个以"致未来的我"为主题的公益广告，其中在腾讯视频网站上播放的李宗盛的《每一步都算数》有 870.1 万的播放量、papi 酱的《致未来的我》播放量达到 949.8 万。

④ 赞助性广告

很多企业借体育赛事、文化活动宣传自己的品牌，例如可口可乐公司从 1928 年开始赞助奥运会，是持续时间最长的奥运会赞助商。国内热播的电视节目均有企业赞助，例如湖南卫视的亲子真人秀节目《爸爸去哪儿》刚开始并不被看好,据说第一期播出前美的本来准备赞助却临时退出,当时 999 小儿感冒灵和小儿感冒药、思念水饺、英菲尼迪赞助了该节目,获得了巨大的商业收益。赞助类广告有一定风险,新的节目形式可能一下爆红也可能面临冷遇,原本火爆的节目也会因为观众审美疲劳而减少收视率。

2. 广告内容

在广告内容方面,要达到既刺激购买,又便于传播的效果。好的广告一定是充满创意的同时能产生良好的销售效果。如果太普通往往引发不了消费者的购买兴趣,但如果太新奇就会分散受众的注意力,仅仅关注于广告本身而忘了销售的产品。这方面泰国的广告非常有代表性,从创意来说,很多广告真的非常有意思,但往往是不看到最后都不知道究竟卖的是什么。人们会把广告当成创意短片欣赏,而忽视了销售的产品。好的广告内容要具备差异性、创意性和简练性。

(1)差异性

雷同、相近的东西很难让人记忆深刻,只有显著的差异才会让人难以忘记。"农夫山泉有点甜"突出了该矿泉水和其他竞品的差异,"你的能量超乎你想象"告诉大家红牛饮料的功能性特点。2012 年聚美优品 CEO 陈欧为公司拍摄的"我为自己代言"引起了 80 后、90 后的强烈共鸣,别人请明星代言,聚美优品自己的 CEO 来代言,由于其特殊性和差异性在网络上造成了很大的轰动,一度"陈欧体"风靡网络,很多人通过该广告知道了陈欧和聚美优品。

(2)创意性

被称为台湾文案天后的李欣频因为其文字的创意性被大家追捧,诚品书店也因为她的文案而出名。文案《阅读者的群像》讲述了读书人的感觉——"海明威阅读海,发现生命是一条要花一辈子才会上钩的鱼。凡·高阅读麦田,发现艺术躲在太阳的背后乘凉。弗洛伊德阅读梦,发现一条直达潜意识的秘密通道。罗丹阅读人体,发现哥伦布没有发现的美丽海岸线。加缪阅读卡夫卡,发现真理已经被讲完一半。在书与非书之间,我们欢迎各种可能的阅读者。"

李欣频的文案《用过即弃的爱情》把普通的跳蚤市场写得超凡脱俗——"用过即弃的爱情,用过即弃的虚荣,用过即弃的问候,现代人大量抛弃物质,凡事过了三个月的保存期限,就彻底失去忠诚。在文化高度传染区里,办一场属于文化人的跳蚤市场,在杂货堆里寻找艺术,带着发现宝藏的惊奇,把永恒感找回去。"好的创意广告可以让消费者记住你的产品、记住你的公司。

(3)简练性

澳大利亚广告专家赫斯提出了著名的赫斯定律,即广告超过12个字,读者对它的记忆效果就会降低50%。消费者的记忆能力是有限的,而市场中各种产品的信息相对而言是无限的。要让消费者记住你的产品绝非易事,必须通过智慧、技巧、创新才能够做到。在进行广告宣传时,重要的一点就是要避免让消费者一下子就要记住过多的产品信息。简单明了、朗朗上口是广告语的关键。例如麦当劳的"喜欢您来,喜欢您再来,我就喜欢",百度的"百度一下,你就知道",美国运通信用卡的"没有它,别离家",平安保险的"买保险,就是买平安"。

3. 投放方式

新时代需要新的广告形式。以前的广告都是硬植入,在电视节目中插播,而这个时候人们往往选择起身去洗手间或干点别的来打发无聊的广告时光,企业家花真金白银买来的时段就这样付诸东流了。或者赞助某个很火的综艺节目,由华少(浙江卫视胡乔华)这样的主持人一口气播报出来,我真的怀疑观众有没有听清楚说的是什么。新时代的广告设计与植入需要不断地创新,这方面中国还真的做出了特色。国外老牌媒体 Adage 针对中国的网络综艺节目做了一个有趣的视频,从国内比较热门的一些网综节目中剪辑了部分片段,对其中的品牌植入做了一个集中展现。在网络综艺节目中植入广告,《奇葩说》堪称是这方面的翘楚。我们来分析一下,继 2017 年《奇葩说》第四季总播放量破 6 亿,广告费超过 4 亿之后,马东团队又创新了玩法,2018 年第五季时让辩手们组成四个战队,并分别按照赞助商来命名。新鲜的形式、创意的节目内容、多元化的价值取向、接地气吸引人的话题,《奇葩说》不仅吸引了广大观众,更是让赞助商们"慷慨解囊",第五季共收入广告费 15 亿,创造了网综类节目赞助费奇迹。那么如何实现的呢?我们先来看一下这四支战队的房间和四个品牌的宣传语。"你爱行不行,我一路躺赢"——别克君越,

"一个很想红的新潮牌"——黑鲸 HLAJEANS,"搞定你最多三分钟"——《皇室战争》,"一勺干掉一碗饭"——海天招牌拌饭酱。作为最会打广告的节目,《奇葩说》为赞助商提供的营销空间绝不止辩论赛场之外,在激烈的辩论过程中,品牌同样不曾缺席。"奇葩"们将品牌巧妙融入辩论中的这一波操作,再次让人们见证了《奇葩说》的逆天植入功力。比如马剑越辩论时提及有钱必定要换君越车,沈玉琳说《皇室战争》是唯一可以促进父子关系的游戏……从战队小片到备战间的打造,再到辩论过程中的奇葩植入,《奇葩说》祭出战队营销三板斧,让四大赞助商的品牌得以在节目过程中与战队深度捆绑,各种花式打法助力品牌真正实现了广告即内容、内容即广告。

从这个意义上讲,商家的品牌和综艺节目内容完全融为一体水乳交融,不然金主们怎么舍得砸重金呢?除了网综类植入广告外,很多连续剧也改变了广告拍摄模式,由剧中人物来拍,丝毫没有违和感,也算是一种创新。例如《军师联盟》《延禧攻略》等。

从广告的投放途径来说,如今可以选择的方式很多,从电视到广播,从户外平面广告到电梯视频广告,从网页弹窗到微信自媒体、从百度竞价排名到流媒体植入,我们可以根据不同受众群体选择合适的媒体形式。

二、人际传播

在品牌传播中最经典的方式是人际宣传。在传统社会,基于街坊邻居的生意模式基本上都依赖于口碑传播。所谓"金杯银杯不如老百姓的口碑",靠自己的品质说话,一传十十传百,慢慢形成品牌影响力。进入工业时代后,这种传播模式被广告所取代,但是在互联网时代,由于个人影响力的增强,人际传播又重新成为热点。

1. 口碑传播

现实社会中口碑传播往往介于熟人之间,邻居、同事、亲戚、朋友等有了好的消费体验时经常会和大家分享,街头巷尾、茶馆餐厅、公司茶水间都是口碑传播的地点。口碑传播的基础是产品真正具备优良的品质,或者客户在消费过程中有良好的体验感。进入互联网时代后,人们在购物前往往会查一下相关的网评,淘宝的买家秀、携程的入住点评、大众点评网的留言等都是消费者参考的依据。由此还产生了更加专业的网站,如慧评网是一家通过获取旅游酒店类网站的点评数据进行分析的网站,其点评数据主要来自携程网、艺龙网、同程网等 OTA 网站,到到网、驴评网、大众点评网等 UGC 网站以及酒店搜索引擎去哪儿网等。通过其大数据分析可以得到某酒店的整体口碑评价信息。对于消费者来说,可以作为消费决策参考;对于商家来说,可以指导服务质量提升。

2. 社交媒体传播

在互联网自媒体日益发达的今天,社交媒体的品牌传播也越来越重要。从个人微博到 QQ 空间,从微信朋友圈到抖音快手视频,个人社交媒体上的文字、图片、视频等日益成为品牌传播的重要方式。微商其实就是基于个人社交媒体的营销途径。一些明星艺人、网红达人都开始通过社交媒体进行宣传和销售。所谓明星同款还是有非常强的影响力,杨幂、范冰冰、迪丽热巴等艺人都有很强的"带货"能力。调查数据显示,对于 90 后来说,五月天是个特别的存在;80 后们更偏爱女明星;而在 70 后心里,董卿、李小冉这样有温柔女性形象的艺人更容易让人想买同款。不少明星已有了专属的带货领域。比如,鹿晗是生活方式类产品的带货王。而在小红书上颇为活跃的范冰冰、林允成了最有号召力的美妆博主。至于母婴产品,以好妈妈形象示人的贾静雯和大小 S 都有自己的影响力。

3. 活动传播

活动传播有很多种方法,有的参与重大事件进行传播,例如赞助奥运会、世博会等;有的通过节庆活动进行传播,例如淘宝的"双十一"购物狂欢节、京东的 618 店庆日、喜马拉雅的 123 知识狂欢节都创造了惊人的销售业绩;有的通过公益活动进行传播,例如汶川地震捐款、精准扶贫捐赠等;也有的组织城市马拉松比赛、明星演唱会等。活动传播需要具备三个特点:新颖有趣,参与感强,具有谈资。以下用罗振宇的跨年演讲来说明。

罗振宇的跨年演讲主题是《时间的朋友》,在每年 12 月 31 日晚定期举办,由得到 App 出品,深圳卫视和优酷同步直播。罗振宇发愿要把跨年演讲连办二十年,从 2015 年开始已举办四次。通过跨年演讲,罗振宇会分享过去一年的观察和学习心得,为观众洞察趋势和未来机会,《时间的朋友》首创

"知识跨年"新范式,并开创了"跨年演讲"这一原创文化产品类型。这个活动不仅通过门票和赞助产生了相当可观的商业价值,同时也极大地宣传了得到 App 这一知识付费平台。这个活动从特点上来说,很有创新性。以前大家都习惯看跨年演唱会,听各路明星艺人高歌庆祝新年的到来。而罗振宇创造性地开启了连续四个小时的演讲,让知识大餐陪伴大家跨年。从主体选择上,他总是挑选当年最热门的现象进行冷思考,带给大家启发。在娱乐至上的今天,能够有种、有料、有趣地提供知识,这引发了很多人的参与,每年的跨年演讲门票总是早早就售罄。通过充分的准备,罗振宇带给大家的观点都很有话题感,能够带给人们"社交货币"。在人际交往中,具有大家都感兴趣的谈资是一件重要的事情。听过跨年演讲的人们可以在餐桌上向大家分享自己的见解,让人觉得很有内涵深度。总之,活动传播可以塑造品牌形象、传递品牌价值、扩大品牌知名度,具有非常重要的价值。

扫扫下方二维码,轻松学习在线开放课程——从创意到创业。

第五章 品牌发展之水

第三节 超级 IP 之海

案例： 漫威电影的超级 IP

2018 年 11 月 12 日，漫威之父斯坦·李（Stan Lee）在美国希德斯-西奈医疗中心辞世，享年 95 岁，正是这位老先生创造了一个又一个让全球电影爱好者都痴迷的漫威超级英雄。在这样一个充满变化的时代，人们面对不测的环境时都渴望有一个能力超群的英雄来保护自己，而斯坦·李创造的超级英雄不仅具有各类的超能力，更有普通人的情感和纠结，包括致命的缺点。有血有肉的超级英雄既令人仰慕，更让人觉得他就在我们身边。漫威的超级英雄精神可以从二战时讲起，早在 1941 年，漫威公司创作了"美国队长"这一角色形象，由斯坦·李等填写故事内容。在如此残酷的战争环境中，想必当时的每一个美国人都希望能有一个正义的英雄出现来拯救地球，因此美国队长就这样诞生了，他的出现代表了众人的爱国精神，虽然只是一个漫画人物，却鼓舞了当时面对战争时渴望胜利的人们。

蜘蛛侠彼得·帕克是漫威创作的第一位青少年角色，主人公的性格也是千千万万青少年中最典型的一种，他们拥有理想志向，却因一些心理的牵绊而不能很好地展现自己。这部漫画一经推出，就受到了许多读者的追捧，至今还是漫威宇宙中最受欢迎的角色之一。因为这个角色的诞生让许许多多的青少年产生了共鸣，他们在彼得·帕克的身上看到了自己的影子，也看到了自己所渴望变成的模样。正是这种生活化的超级英雄，放弃神化，成为一个个有感情、有缺点的人，才能更加真实，进而融入受众的生活当中。

斯坦·李的超级英雄拥有的另一个魅力，那就是对爱和家的向往。在近几年改编的各大电影中，我们不难看到，亲情和友情都存在其中。比如《钢铁侠》中的霍华德父子情、《银河护卫队》中星爵与勇度的养父子情、《雷神》中索尔与洛基的兄弟情和《美国队长》中美队与冬兵的友情等。每一个超级英雄也都拥有一段属于自己的爱情，正是因为一段段的爱情，才让超级英雄有了弱点，有了想要拥有和保护的一个地方，那就是家。老爷子笔下的超级英雄，其实正是我们每一个人。

从早期的漫画到后来的大电影，再到各类的衍生品，漫威的超级英雄成了当前最大的超级 IP 群。漫威公司构建了自己的漫威电影宇宙（Marvel Cinematic Universe，MCU），这个以超级英雄电影为中心的共同的架空世界从 2008 年起，依次将钢铁侠、绿巨人浩克、雷神托尔、美国队长等超级英雄搬上大荧幕，随后通过《复仇者联盟》将他们集结起来——在第一阶段，漫威凭借 6 部影片，以总计 10 亿美元的成本换回了高达 37.4 亿美元的全球票房，第二阶段从 2013 年到 2015 年，续拍《钢铁侠》《美国队长》和《雷神》，增加《银河护卫队》《蚁人》等，共六部电影；现在是漫威的第三阶段，有奇异博士、黑豹、惊奇队长等新人物上场，而原有的美国队长、雷神等人物以及复仇者联盟的故事则出了续篇；自 2019 年 7 月将进入第四阶段，原有的主要人物将延续他们的故事。超级英雄拯救世界的故事跨文化跨地域的将各国观众都吸引到一起。优秀的内容创作和强大的产业化 IP 运营之下，漫威的故事传唱世界，它给所有的读者和观众带来了巨大影响。虽然各路英雄身上都有许多缺点，但是他们每一个形象都背负着为了国家、世界和宇宙和平的责任，这一路他们都在为了爱拼搏。正是这样的一个精神所在，漫威才能借助每一个英雄走向这个世界。

IP 是 Intellectual Property 的缩写，意为"知识产权"，其本意是通过智力创造性劳动所获得的成果，并且是由智力劳动者对成果依法享有的专有权利。这个概念并不新鲜，但自 2014 年以来，人们赋予这个词很多新的内涵，我们可以把现在所说的 IP 称为泛 IP。到现在为止没有人对超级 IP 有一个准确的定义，我在这里谈一下一己之见。从企业发展的过程来看，很多企业走的是从产品到品牌，从品牌到超级 IP 的成长之路。在产品阶段主要满足人们的功能需求，品牌阶段满足的是情感需求，而超级 IP 阶段更多的是满足意义需求。美国耶鲁大学教授奥德弗的 ERG 理论可以很好地解释这一现象，他认为人们有三种需求：生存（existence）、关系（relatedness）和成长（growth）。我们需要某产品，因为它的某功能能满足我们的生存需求；我们喜欢某产品，

第五章 品牌发展之水

因为使用它让我们有面子，能够和同样使用该产品的人建立关系；而我们成为某产品的粉丝，是因为他让我们找到了精神上的意义感，能非常愉悦。

一、超级 IP 的开发

在超级 IP 时代，优质的内容是成功的核心，很多人依托自己丰富的创造力开启了内容创业之门。超级 IP 的开发中主题选择是关键，有如下三种方法。

1. 旧瓶新酒

从头开始原创一个受欢迎的超级 IP 难度太大，很多人采用旧瓶装新酒策略，借大家所熟知的人物或者故事赋予其新的内涵。如果按照大众的知晓度和喜爱程度评价的话，《西游记》应该是中国影视剧中最大的超级 IP。很多电影、连续剧、动画片、游戏都是改编或者取材于此。最早的"西游记"题材电影当属 1927 年但杜宇导演的默片《西游记之盘丝洞》，该片于 1929 年 1 月以《蜘蛛精》为名在挪威首映。而最为人熟知的就是 86 版杨洁导演的电视连续剧《西游记》和周星驰主演的两部电影版《大话西游》。随着影视业的火爆，仅近 6 年就有 10 部"西游记"题材的电影，总票房超过 90 亿元人民币。如果吴承恩还在世的话，应该也会瞠目结舌的。2013 年春节由周星驰执导，黄渤、舒淇等主演的电影《西游降魔篇》公映，开启了"西游记"题材电影的黄金时代，这部电影最终累计票房达到了 12.5 亿元，创下了当时华语电影的 20 项纪录。星皓影业在 2014 年春节推出的《西游记之大闹天宫》，由香港导演郑保瑞执导，甄子丹、周润发、郭富城领衔主演，在豪取 10.45 亿票房之后，该公司又再接再厉于 2016 年 2 月 8 日推出《西游记之孙悟空三打白骨精》，同样由郑保瑞执导，郭富城、巩俐、冯绍峰、小沈阳、罗仲谦领衔主演，卷走了 12.01 亿票房收入。可惜在 2018 年 2 月 16 日上映的第三部《西游记女儿国》未能如前两部一样拿到超过 10 亿的票房。继《西游降魔篇》之后，周星驰在 2017 年联合徐克导演拍摄了《西游伏妖篇》，由吴亦凡、林更新等主演，该片最终取得了 16.56 亿的票房成绩。"西游记"题材之火热，以至于西影集团从仓库中找出 12 分钟左右当年《大话西游》中没有使用的片段，加进去后重新放映居然都取得了 1.78 亿的票房。由于人们对超级 IP 的认同，即便是王宝强首次执导的电影《大闹天竺》在网络上的评分只有 3.8 分，但该片的票房却高达 7.58 亿。

除了电影之外，连续剧还有张纪中版、浙江卫视版以及 86 版原班人马拍的《新西游记》。不仅孙悟空、唐僧的角色受人喜爱，有《悟空传》和《情癫大圣》等，以猪八戒为主角的连续剧《春光灿烂猪八戒》和《福星高照猪八戒》也颇为讨喜。超级 IP 的影响力是跨文化、跨国度的，美国人于 2001 年拍摄了以西游记为蓝本的电影《失落的帝国》，日本、韩国由于对中国文化的认同感，"西游记"题材也很火爆。日本人 2005 年制作了动画片《西游记：路程的终点》；2006 年富士电视台播出了 11 集神话剧《西游记》获得成功后，次年由香取慎吾、深津绘里等电视剧原班人马出演了电影版《西游记》；很多人喜欢的日本漫画《七龙珠》也具有《西游记》元素。韩国人不甘落后于 2011 年拍摄了电影《西游记归来》，虽然和中国人理解的不太一样，但也取得了不菲的成绩。

2. 移花接木

超级 IP 的主题不是凭空出来的，往往是基于某个大家熟悉的场景而创作出来的。著名社会学家、神话学大师约瑟夫·坎贝尔（Joseph Campbell）历尽多年，搜寻阅读了世界各地的神话传说和宗教故事，发现这些故事虽然文化背景迥异，但各个民族、不同时期的英雄故事都有一些共通之处，于是他撰写了《千面英雄》（The hero with a thousand faces）一书，总结了其中的规律，并称之为"英雄之旅"。坎贝尔指出，英雄的旅程主要包括以下四个阶段：启程——放弃当前的处境，进入历险的领域；启蒙——获得某种以象征性方式表达出来的领悟；考验——陷入险境，与命运搏斗；归来——最后再度回到正常生活的场域。这是每一位英雄的必经之路。所谓英雄就是能够战胜个人和当时历史局限性的人，他们能够了解、接受并迎接命运的挑战。我们每个人都是人生旅程中接受考验的潜在英雄，只有接受生活的召唤，踏上考验的旅程，生命才能达到丰富多彩的境界。《千面英雄》虽然是一本学术著作，内容并不像小说一样易读，但由于其总结了全世界神话传说中的规律，将希腊、北欧、印度、埃及、中国神话熔为一炉，因此受到了大家的特别关注，自 1949 年发行至今已达百万册之多，成了最畅销的学术著作之一。很多好莱坞编剧都将其作为案头书进行学习，据说，编剧们总结了下面的"英雄之旅"创作公式，一个故事往往会经历启程、启蒙、考验和归来四大阶段，在叙事结构上，可以分为 12 个环节，如图 36 所示。

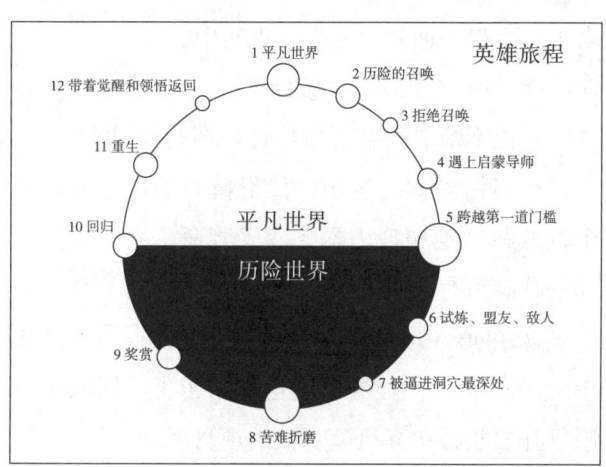

图 36　英雄之旅

用这个公式我们可以写一个创业者的"英雄之旅"：

①故事的开始，他生活在自己的舒适圈里，每天按时作息，过着平平静静的生活，虽然并非大富大贵，但也还可以接受。

②接着英雄收到了冒险的召唤。他的生活发生了变故，例如爱上了某个富家千金，但是由于出不起彩礼被女孩的家人拒绝；或者父亲生病住院无钱医治，只能眼睁睁看着他被病魔夺去生命；又或者看到了得到 App 的宣传语"你的情敌已经开始在《五分钟商学院》学做自己的 CEO，而你还在打《王者荣耀》"……总之，他听到了内心的声音，准备要冒险，决定成为一个了不起的人物。

③但是要跳出舒适圈，真正面临挑战还是会有些犹豫。舒适的被窝、熟悉的环境、放不下的《王者荣耀》都可能让他退却。

④这时，一位智者会出现，带给英雄建议和帮助，鼓励他接受挑战——此时，某位良师益友给了行动建议，当然也可能是某本书或者某部电影，甚至可能是某位讨厌的人羞辱了他，并在他背上踢了一脚。无论是否自愿，他收拾好行囊带着微笑或者含着眼泪上路了。

⑤英雄出发了。他离开舒适区，正式踏上未知的征程——开始了创业，

注册了公司，租下办公场地，印好了写有董事长兼总经理的名片。虽然现在只有一个人，看着空空的办公室，想象着公司业务纷至沓来，现金如流水一般进入账户，自己赢得了一个又一个胜利，走向了人生巅峰……这时房东催缴房租的电话来了，不得不回到了残酷的现实中。

⑥一路上，考验、朋友和敌人都接踵而至，英雄在新世界获得成长——"一个好汉三个帮"，他不断寻找着合作伙伴，招聘面试员工，队伍越来越大；敌人也随之增多，有刁钻刻薄的客户、狡猾精明的供应商、机敏灵活的竞争对手……每一个挑战都让他精疲力竭、疲于奔命。不知不觉间，他在"打怪升级"的路上越来越游刃有余了。

⑦不久后，英雄知道，最危险的敌人正在接近，他要和新伙伴一起面对——能力越来越强，面对的任务难度也越来越大，团队在一次次挑战中成长起来，大家愿意开发收益更高风险更大的项目了。

⑧终于，决战到来。英雄要直面强大的敌人和自己内心的恐惧，展开殊死搏斗——直到有一天，一个突如其来的任务降临。顺利完成的话就会获得一大笔可观的收益，当然失败的话就会功亏一篑。"生存还是毁灭？这是个要好好思考的问题。"

⑨英雄战胜了对手，挽救了局面，或是成功逃离困境，获得相应的奖励——他和团队成员不懈努力，终于战胜了强大的对手，获得了客户的赞赏和同行的认同。

⑩英雄踏上归程，带着他一路的收获——公司获得了更多的订单，利润日渐丰厚，大家开始享受成功的喜悦。

⑪这段历程给英雄带来了新生。在归程中他依然会遇到阻碍，但他能顺利突破——"木秀于林，风必摧之"，在他享受鲜花和掌声的时候，有人在背后使坏，传出谣言恶语中伤，还好有良好的信誉和朋友们的支持，他顺利平息了舆论风波。

⑫最后，英雄满载而归，回归宁静或者准备迎接新的篇章——已有的项目已经可以顺利运转，他在思考是不是开发新的项目开始新一轮的英雄之旅。

3. 海纳百川

林则徐曾在两广总督府门联上写"海纳百川，有容乃大"，金庸武侠小说中,最厉害的功夫就是能吸人内功的北冥神功和吸星大法。超级IP的创意也是如此,需要广泛吸收古往今来先贤智者的经验,杂取百家自成一体,博采众长独树一帜。美国HBO电视网制作播出的中世纪史诗奇幻题材连续剧《权力的游戏》(Game of Thrones)自2011年播出以来一直受到各国剧迷们的追捧,2015年在第67届艾美奖中破纪录斩获12项大奖,2016年被选为美国电影学会十佳剧集,2018年获得第70届艾美奖之最佳剧集奖。其内容改编自乔治·R. R. 马丁(George Raymond Richard Martin)的小说《冰与火之歌》(A Song of Ice and Fire)。据马丁说,书名是受到罗伯特·弗罗斯特1920年的诗歌《火与冰》的启发——火是爱是热情是激情,冰则是背叛是复仇是冷酷残忍的阴暗面。马丁写过多部小说,内容包括科幻、恐怖、儿童文学等多个题材,在20世纪80年代中期,他主要为好莱坞制片商工作,作为《阴阳魔界》(The Twilight Zone)和电视剧《侠胆雄狮》(Beauty and the Beast)等连续剧的编剧和制片人。迄今为止,马丁已获六尊雨果奖、两尊星云奖、一尊世界奇幻文学奖、一尊世界恐怖文学奖、十四尊轨迹奖、一尊世界奇幻文学终身成就奖等众多奖项。2011年,美国《时代》周刊将马丁评为"全世界最有影响力的一百位人物"之一。马丁深厚的文化底蕴和丰富的创意灵感为他创作《冰与火之歌》这一超级大作打下了坚实的基础。网友们在他的作品中看到了很多历史上真实事件的影子。以下简单举几个例子[①]。

(1) 西境:把英伦三岛并入大陆,成为维斯特洛大陆的西境,兰尼斯特三姐弟的爱恨情仇,影射英伦三岛英格兰、苏格兰、爱尔兰的历史纠葛。

(2) 河湾地:原型是法兰西——一个优雅、奢华、盛产葡萄酒的地方。《冰与火之歌》中西境的兰尼斯特家族和河湾地的提利尔家族,是既竞争又合作的微妙关系,影射了英法两国历史上的分分合合。

(3) 多恩:原型是西班牙,这个国度在历史上曾被波斯人所统治,所以多恩的服装是颇具波斯风格的。多恩人从没真正融入维斯特洛大陆,就像波斯人从没真正融入欧洲大陆。

(4) 北境:三河流域以北,包括奔流城和临冬城的属地,其原型是莱茵河

---

① 以下分析来自网络。

流域沿岸的比利时、荷兰及德国，以上地区都是德国萨克森王朝的属地。这个地区民风彪悍，各领主之间多有联姻。

(5) 谷地：艾林谷物产丰饶，这里的原型是巴尔干半岛，多瑙河中游平原受群山环绕。现实世界中，这个地区由奥地利、匈牙利、克罗地亚这些国家组成。

(6) 君临城：维斯特洛王国的都城君临城的原型是君士但丁堡，即拜占庭帝国首都君士但丁堡的翻版。从地理上看，君临和君士但丁堡都扼据海峡出口，景色优美，都是典型的地中海气候。而且二者都为帝国都城，城墙极其坚固高大，建筑风格非常相似。再者，《冰与火之歌》中的保卫君临城的黑水之战，很大程度上就是参照拜占庭大破阿拉伯海军于君士但丁堡城下的战役，君临的秘密武器"野火"，毫无疑问就是拜占庭"希腊火"（greek fire）的翻版。

二、超级 IP 的载体

超级 IP 的核心是主题和内容，这些抽象的概念需要一定载体来呈现，其表现形式可以是千变万化的，通常使用的载体形式包括图文类、视频类、游戏类等。

1. 图文类 IP

图文类是最传统的方式，也是最方便记录和传播的途径，很多超级 IP 都来源于小说和漫画。以《盗墓笔记》为例，该小说的作者是 80 后作家南派三叔①。最初是连载在起点中文网上的小说，后由中国友谊、时代文艺、上海文化于 2007—2011 年陆续出版发行。和一般的网络小说不同，《盗墓笔记》不仅在网上受欢迎，其纸质书的销量也非常好，同时改编的影视剧也非常受欢迎。2007 年之后的四年间九本实体书总销量超过 1200 万册，2015 年改编的网络剧《盗墓笔记》由李易峰、唐嫣主演，开播首日点击破亿，目前平均每集观看量接近 4 亿，超越了众多一线卫视加众多网络平台播出的传统电视剧。

---

① 南派三叔，本名徐磊，1982 年出生于浙江省嘉兴市嘉善县，作家，编剧，南派投资董事长。

在单平台的在线播放量已突破24亿大关，现象级成绩强势开启网剧新纪元。由原著改编的电影版于2016年上映，由李仁港执导，井柏然、鹿晗、马思纯等主演，累计票房10亿元。以往的作品经常是火一阵子就逐渐被人淡忘了，而南派三叔凭借其丰富的创作力不仅写了《盗墓笔记》九本书，还推出了《藏海花》《沙海》《老九门》《盗墓笔记重启之极海听雷》等一系列作品。现在《沙海》和《老九门》也都陆续翻拍成电影，据《盗墓笔记重启之极海听雷》官宣称，电影已经准备开拍，朱一龙将饰演新一代的吴邪。近几年类似的小说类超级IP还有《鬼吹灯》系列，据说《盗墓笔记》的部分灵感是来自该系列小说，电影《九层妖塔》《寻龙诀》《云南虫谷》等都翻拍自鬼吹灯系列小说。该系列小说自2007年起由中国漫画家林莹等人改编绘制为黑白制版漫画，2009年起由中国漫画家姚非拉改编为彩色制版漫画。

当前国内最大的文学IP培育平台是阅文集团，该集团于2015年3月由腾讯文学与原盛大文学整合而成，旗下拥有中文数字阅读强大的内容品牌矩阵，包括：创世中文网、起点中文网、起点国际、云起书院、起点女生网、红袖添香、潇湘书院、小说阅读网、言情小说吧等网络原创与阅读品牌，中智博文、华文天下、聚石文华、榕树下等图书出版及数字发行品牌，天方听书网、懒人听书等音频听书品牌。"IP全版权运营"战略落地开花的阅文集团于2018年进入版权运营收入爆发阶段，突破10亿元，同比增160.1%。阅文平台日活跃用户数量突破1500万，单部作品单章订阅过10万，日销售过万的单部作品达40部，成为国内最具创新力的文学平台。阅文集团还通过开放式地与各类伙伴展开积极合作，全方位地挖掘优质IP的潜能，实现了《择天记》《余罪》《英雄联盟之谁与争锋》《大官人》《从前有座灵剑山》等诸多作品在图书出版、游戏、动漫、影视改编、音乐制作、周边产品等全版权领域的IP开发，成为腾讯"泛娱乐"战略的重要阵地。阅文平台现已创造了超过10亿级票房的改编电影、突破10亿点击的改编动画、多部总流水过亿的改编游戏、1000多万的单部作品周边销售、1500万册的单品图书出版、1200万册的漫画单行本销量。国内已授权改编影视、游戏、动漫、话剧、有声读物等产品形态的网络文学作品大部分都来自阅文集团，其中包括《步步惊心》《致青春》《裸婚时代》《盗墓笔记》《鬼吹灯》《斗破苍穹》《琅琊榜》《择天记》

《全职高手》等数十部超人气作品,阅文集团成为对国内文化创意产业极具影响力的主要 IP 源头。

2. 视频类 IP

视频类超级 IP 包括电影、连续剧和短视频等。早期的很多超级 IP 都是因为电影而走红。《星球大战》(*Star Wars*)是美国电影中的超级 IP,该系列电影最早于 1977 年由美国导演、制作人乔治·卢卡斯制作拍摄。40 多年来,星球大战系列电影包括正传、外传、前传共 11 部,是美国持续时间最长的系列科幻电影。美国有大量的"星战迷",他们会用电影上的对白进行交流,即便从没有看过该系列作品的人,也一定听说过"绝地武士""原力""尤达大师"等字眼,或是曾目睹光剑打斗的场面。中国的五月四日是"青年节",而美国人的这一天是"星战节",原因是电影上的那句经典的对白"愿原力与你同在"(May the force be with you),与五月四日 May the fourth 同音。每到"星战节"时美国各地的星战迷们都会举行各类游行等庆祝活动。随着星球大战系列电影的火爆,服饰、玩具等带有星战标识的周边产品收益超过了 270 亿美元,而电影本身的票房仅占总收益的 1/3。同样吸金的超级 IP 还有《哈利·波特》系列,8 部《哈利·波特》系列电影堪称史上最成功的系列电影,共赚取 77 亿美元的全球票房收入。作者 J.K. 罗琳的小说被翻译成 73 种语言,截至 2015 年,所有版本的总销量超过 4.5 亿本。

与电影不同,连续剧塑造超级 IP 更有优势,一方面电影由于时长的原因不可能把人物的细节刻画得非常丰满,而连续剧可以通过多集甚至一个系列来塑造人物形象。美剧《纸牌屋》《国务卿夫人》《国土安全》等描述了美国政治,《哥谭镇》《神盾特工局》等剧呼应了大电影的人物。以前的连续剧由于经费问题往往制作不够精美,主要以对白推动剧情。而美剧《西部世界》的单集制作成本达 1000 万美元,《权力的游戏》最终季每集成本达 1500 万美元,无论是时长还是制作精良程度完全不亚于大电影。国内近几年比较火的《甄嬛传》《芈月传》《如懿传》《延禧攻略》等古装连续剧产生了一个个超级 IP,本山传媒从 2006 年开始制作播出的《乡村爱情》系列,以平均一年一部的速度已经播到第十一部。刘小光、王小利、宋晓峰等演员逐渐被捧红,还上了春晚演小品。随着流媒体平台的快速发展,人们的注意力开始从电视转向网络，不少家庭已经从以前的一家人一起看一个电视频道转向每个人捧着平板电脑看自己喜欢的剧集。不管是国外的Netflix、HBO，还是国内的爱奇艺、优酷土豆等，都开始做自制剧。迪士尼之前是作为制作方，而现在也开始发展自己的流媒体业务。

同样，流媒体平台也随着4G时代不断占据人们更多的时间。papi酱因为短视频成为网红，万合天宜2012年出品的迷你剧《万万没想到》《报告老板》点击量破20亿，抖音、快手、火山等短视频平台开始走红，直播类网站和App催生了大量新网红。视频类超级IP以其形象化、生动化的特点，势头开始超过原来传统的图文类超级IP。

3. 游戏类IP

吴声在其《超级IP：互联网新物种方法论》中指出："超级IP遵循的不是品牌论，而是价值认同——让用户为精神体验买单。"在泛娱乐流行的今天，用户的精神体验不仅仅来自于影视、动漫、文化建筑，能够不断为用户创造欢乐的游戏产业正成为超级IP的一大生力军。早期的街机游戏《街头霸王》是日本CAPCOM公司于1987年首次推出的格斗类单机游戏系列，很多70后、80后都有深刻的青少年记忆；《红色警报》《星级争霸》《极品飞车》等PC版游戏曾赢得了很多人的喜爱；《植物大战僵尸》《开心农场》等网页类游戏也曾风行一时；手游《愤怒的小鸟》让大人和孩子一样狂热；《英雄联盟》《王者荣耀》和《绝地求生》等游戏新宠让"撸啊撸""开黑""吃鸡"成为时下流行语……诸多游戏超级IP在人们开心娱乐的同时获得了丰厚的利润。

为了进一步发挥超级IP的引流作用，越来越多的游戏开始改编为电影和连续剧。2001年上映的电影《古墓丽影》源自1996年发布的PC版游戏，安吉丽娜·朱莉主演，高科技包装的夺宝奇兵式的冒险情节，加上奇幻与恐怖元素，让这部经典的角色动作游戏再次风靡全球。《生化危机》系列电影是游戏改编电影最长寿的电影系列，该游戏是日本游戏公司CAPCOM于1996年推出的以丧尸进化与突变为题材的单机游戏。影片《生化危机》第一部在2002年上映，由保罗·安德森执导，米拉·乔沃维奇主演。如今该系列已经出品了六部，尽管毁誉参半，但仍然成为众多玩家津津乐道的话题。对于

70后、80后玩家来说，著名游戏公司暴雪娱乐制作的大型多人在线角色扮演游戏《魔兽世界》承载着青春的记忆，从2004年11月上线至今，全世界账号已过亿。2016年的6月改编的电影上映后全球票房达4.32亿美元。其他的诸如《极品飞车》《愤怒的小鸟》《寂静岭》《波斯王子：时之刃》《刺客信条》等电影都是来源于游戏。大宇资讯1995年7月推出的PC版角色扮演游戏《仙剑奇侠传》第一部2005年被改编为电视连续剧，由胡歌、刘亦菲主演，获得了大众好评；2009年乘胜追击拍摄了由胡歌、杨幂、霍建华等主演的第三部；2016年5月23日上映的第五部命名为《仙剑云之凡》，由韩东君、古力娜扎主演；据说《仙剑奇侠传》第四部也在拍摄中。仙侠题材的影视剧近些年格外火爆，2012年的《轩辕剑之天之痕》、2014年的《古剑奇谭》、2015年的《花千骨》、2017年的《三生三世十里桃花》和《择天记》、2018年的《香蜜沉沉烬如霜》等无一例外成为当年电视荧屏上的爆款，这些作品都分别改编自同名游戏或者网络小说。

三、超级IP的衍生

创作和推广一个超级IP需要付出巨大的时间、精力和经费，很多大IP在受到大众欢迎后往往会选择生产各类衍生品，将其价值充分变现。当前主要有自主经营、授权经营、合作经营三种模式。

1. 自营类衍生品

美国迪士尼公司是很多超级IP的持有者，近些年不断开发和运用超级IP创造商业价值。这些超级IP主要来源于以下三方面：

（1）自主开发IP。创始人华特·迪士尼于1923年创作出了第一个也是最著名的动画人物——米老鼠，之后又相继创造了唐老鸭、高飞、米妮、小熊维尼等一系列卡通人物。

（2）挖掘重塑IP。迪士尼十分擅长学习和挖掘历史资源，从世界各国的经典名著、童话故事、神话传说中寻找具备迪士尼属性的IP形象，例如白雪公主、爱丽丝、灰姑娘、花木兰等。

（3）直接收购IP。随着迪士尼的快速发展，自主开发周期太长，不如直接购买著名的IP。最典型的就是收购皮克斯影业、漫威漫画、卢卡斯影业以及福克斯等知名公司。人们熟知的玩具总动员、复仇者联盟、星球大战和 X 战警系列就属于这些公司所有。

图 37　迪士尼乐园的超级 IP

通过这些方式，迪士尼公司掌握了大量超级 IP，构建了完整的产业链，以"娱乐循环"的方式实现了一套独有的盈利模式——"轮次收入模式"，也称为"利润乘数模式"。通过这个模式，迪士尼以动画为源头产品，将影视娱乐、主题公园、衍生品等相关产业变成紧紧联系的价值链。首先，通过电影、动画片等方式生产和推广超级 IP。这些影片制作精美，影响力巨大。例如，2016 年上映的《疯狂动物城》被评为 2016 美国电影学会十佳电影，并获 2017 年第 89 届奥斯卡金像奖，全球票房超 10 亿美元。在第一轮获得票房收入的同时，开始售卖各类衍生品。最受欢迎的产品之一是在电影情节中起到重要作用的胡萝卜造型的录音笔，售价 16.5 美元，可以随机播放 14 种不同的兔警官朱迪台词，还能够录制最长一分钟的音频。这款录音笔由于太受欢迎而严重脱销，一些商家趁机炒作，一度把价格推到原价的两倍多。据统计，《疯狂动物城》衍生品销售额超 500 亿美元。在第二轮获得衍生品收入之后，迪士尼继续售卖电影光碟，然后将这些超级 IP 引入迪士尼乐园再获得新一轮商业价值。

截至 2019 年 3 月 1 日，全球共有加州迪士尼、奥兰多迪士尼、东京迪士尼、巴黎迪士尼、香港迪士尼和上海迪士尼六个主题公园。迪士尼乐园使用影视剧中超级IP元素进行游乐项目设计,比如睡美人城堡、玩具总动员酒店、《狮子王》音乐剧等。无论是经典的米奇等超级IP,还是最新推出的动漫人物都会在迪士尼乐园里与游客近距离接触,提高知名度和商业价值。

当然,一般的公司很难像娱乐业巨头迪士尼这样大手笔运营超级IP。其实,当个人拥有一定知名度和粉丝之后也可以开始做自身的超级IP运营。例如著名的财经作家吴晓波通过《大败局》《激荡三十年》等作品获得了知名度,2015年1月25日又因为发表了一篇热文《去日本买只马桶盖》获得了巨大关注度,该文第一天阅读量就超过了60万。尤其是文章还引发了李克强总理的重视,形成了现象级事件。一时间,吴晓波成为了热点人物。借助这个势头,2015年6月18日吴晓波在微信公众号里开始销售以他人格化命名的杨梅酒吴酒,粉丝经济开始发挥作用。33小时销售5000瓶,72小时预订3.3万瓶,2015年产生了近1000万的销售额。吴酒销售红火的基础是拥有180万粉丝的吴晓波频道。每天20万以上阅读量的头条文章只有转化成销售量才有商业价值。

2. 授权类衍生品

美国迪士尼公司是最早开始授权生产超级IP衍生品的公司之一,早在1930年,一个名叫乔治·博格费尔特的纽约商人为了给自己孩子准备圣诞礼物,向迪士尼购买了米奇和米妮形象在玩具、书籍和服装上的使用权,之后迪士尼授权纽约的拜博兰出版公司出版发行米奇的出版物,自此迪士尼迈出了拓展衍生品的第一步。作为全球最大的品牌消费品授权商,迪士尼在全球授权推出了服装、家居装饰、玩具、食品、文具、出版物、电子产品等7大类消费品。该板块业务涵盖产品的授权、出版和零售。目前,迪士尼在全球有3000多家授权商,销售超过10万种与迪士尼卡通形象相关的产品,在中国内地也已拥有100多家授权经销商。品牌授权已成为迪士尼利润的主要来源。迪士尼对衍生消费品有着系统的规划性与前瞻性。"在设计电影故事之时,就已经开始规划相应的衍生品了",据迪士尼有关人员介绍,"在美国,迪士尼一部电影的排期可能早在前一年就初步确定,公司就可以按照电影上映的日子进行倒推,在电影未上映之前就做大量宣传,并同步将商品上架销售。通常消费品会在电影正式上映前的6周就开始投放市场,公司最希望看

第五章 品牌发展之水

到当电影上映时，商品已经卖光"。2013年上映的动画片《冰雪奇缘》被认为是迪士尼最成功的衍生品案例之一。电影主人公艾莎的同款裙子，在美国销售超过300万条。以每条149.95美元的价格计算，仅"艾莎裙"就为迪士尼带来约4.5亿美元的收入。"冰雪热"持续长达两年，迪士尼相关部门对衍生品进行了更多的开发。除了传统的化妆品、服装、玩偶等衍生品外，迪士尼还推出了16款冰雪奇缘主题食品以及医疗保健品，包括水果、酸奶、家用创可贴甚至是牙线。迪士尼公司大中华区及韩国消费品副总裁及总经理林家文在迪士尼中国2019启动大会上告诉大家，2018年迪士尼中国每秒卖出38件商品，网店一年访问人数超过2500万人，B2B平台年销售4000万件商品。

除了美国之外，日本也是超级IP的生产大国。拥有漫画传统的日本每年出品大量动漫人物，其中最有影响力的莫过于被人们称为"蓝胖子"的哆啦A梦。早在1979年日本人近藤宏（Hiroshi Kondo）就在中国香港独立创办了香港国际影业，专门从事日本IP的授权代理，像《七龙珠》《圣斗士星矢》《聪明的一休》等日本动画都由该公司引进到中国，其中就包括《哆啦A梦》。从1991年引进的动画片《机器猫》小叮当开始，这个永远笑眯眯、爱吃铜锣烧的蓝胖子，就成为孩子们成长过程中稳定存在的陪伴者。2002年香港国际影业在上海成立艾影公司，负责哆啦A梦的衍生品授权。天猫的哆啦A梦旗舰店里可以看到多个品牌的哆啦A梦正版授权商品售卖，通过多年发展，该系列衍生品在中国授权年销售额近20亿。

3. 合作类衍生品

为了达到良好的销售效果，除了授权给生产商直接贴牌制造衍生品外，超级IP持有者还可以与知名厂商合作进行衍生品开发。例如，迪士尼与乐高合作推出了星球大战系列、漫威超级英雄系列拼装玩具。2018年为庆祝迪士尼米奇90周年，迪士尼先后与Coach、Gucci、Danielle Nicole等品牌一起设计推出多款迪士尼联名合作手袋，与Shiatzy Chen（夏姿陈）、Karen Walker、Opening Ceremony一起合作推出迪士尼元素的时装，与六神花露水合作生产印有米奇图案的花露水。最为特别的是与上海博物馆共同创作出的一系列中西合璧的设计元素和文创产品。米奇和青铜器纹饰的交织出现在丝巾、茶具、首饰、雨伞、T恤衫、钥匙圈等产品上面，带来了不一样的视觉效果，既有古老文物的庄重，亦不乏现代动画的俏皮，很受观众喜爱。迪士尼公司亚太区创意及产品开发副总裁欧阳德东表示："我们非常荣幸能在米奇90周年这个值得纪念的日子里与上海博物馆开展这次跨界合作，当人见人爱的米奇与千年古鼎相遇，可谓古今相会、东西交融，激发出前所未有的奇思妙想和精彩创意，充满想象力地向人们传达中国文明之美，博大精深的中国文化随之进入人们触手可及的日常生活。"

类似的跨界合作还有迪士尼和雪佛兰在上海的迪士尼乐园共同建立的"创界：雪佛兰数字挑战"主题馆，挑战馆中的每个区域都可提供有趣的互动体验，运用雪佛兰的先进汽车技术帮助游客沉浸在未来驾驶世界中。游客可以分别体验擎翼、光梭和灵思三款跨时代的新型概念车。

扫扫下方二维码，轻松学习在线开放课程——从创意到创业。

第六章　商业模式之树

著名管理学家彼得·德鲁克在《21世纪的管理挑战》一书中指出:"当今企业间的竞争不是产品间的竞争,而是商业模式之间的竞争。"商业模式是企业价值链的核心逻辑,包括价值发现、价值创造和价值交换。价值发现是基于对创业机会的研判,获取相应资源,确定价值命题;价值创造是通过与供应商、合作伙伴以及内部员工之间的协作创造出客户需要的产品和服务;价值交换是与客户进行交易,提供他们需要的价值同时获取自己希望得到的商业结果。新时代的商业模式不仅仅是传统的生产+销售,更多的是采用价值共创、互惠互利的方式实现多个参与主体的共赢。

本章思维导图

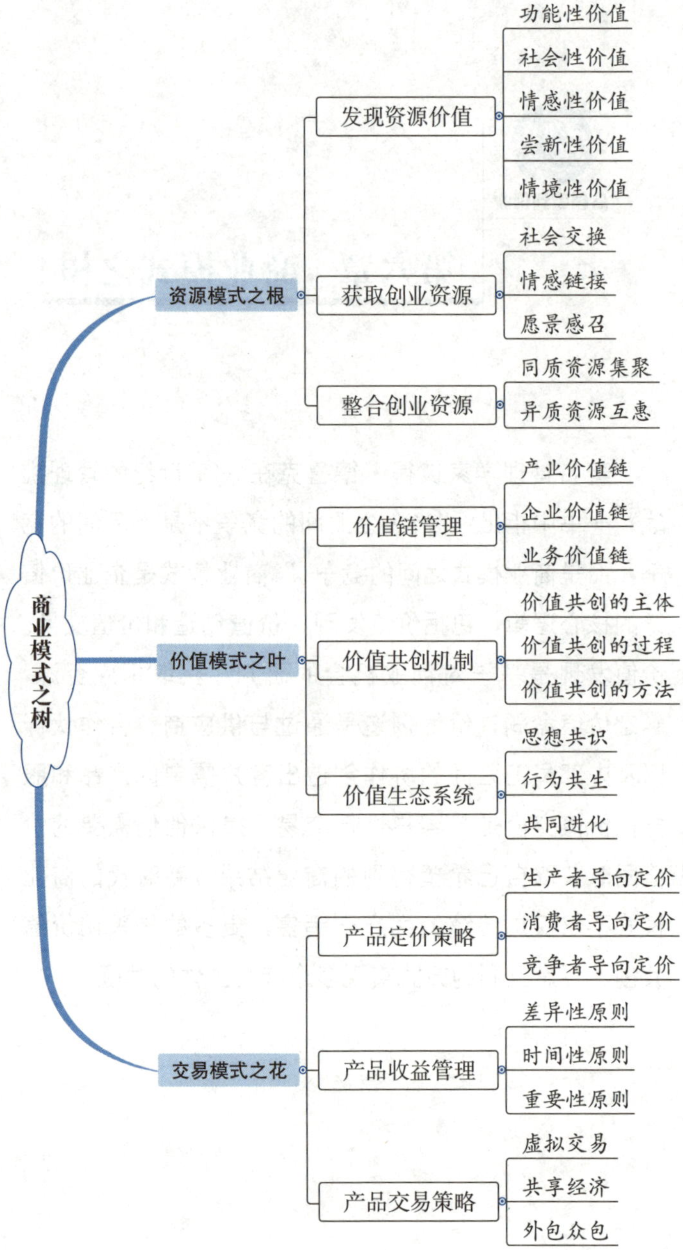

- 商业模式之树
  - 资源模式之根
    - 发现资源价值
      - 功能性价值
      - 社会性价值
      - 情感性价值
      - 尝新性价值
      - 情境性价值
    - 获取创业资源
      - 社会交换
      - 情感链接
      - 愿景感召
    - 整合创业资源
      - 同质资源集聚
      - 异质资源互惠
  - 价值模式之叶
    - 价值链管理
      - 产业价值链
      - 企业价值链
      - 业务价值链
    - 价值共创机制
      - 价值共创的主体
      - 价值共创的过程
      - 价值共创的方法
    - 价值生态系统
      - 思想共识
      - 行为共生
      - 共同进化
  - 交易模式之花
    - 产品定价策略
      - 生产者导向定价
      - 消费者导向定价
      - 竞争者导向定价
    - 产品收益管理
      - 差异性原则
      - 时间性原则
      - 重要性原则
    - 产品交易策略
      - 虚拟交易
      - 共享经济
      - 外包众包

第六章　商业模式之树

第一节　资源模式之根

案例：《奇葩说》的商业模式

"新奇葩""老奇葩""BB King""马东""马薇薇""陈铭""颜如晶",提及这样的词语,相信大家一定会想起一档节目——《奇葩说》。2014年的一个周六,《奇葩说》在爱奇艺的平台上播放一天后传遍了互联网,几乎每个在互联网上活动的人,都在聊这档"奇葩"的节目。《奇葩说》作为一档由爱奇艺出品、米未传媒制作的融入辩论元素的节目,旨在寻找华人华语世界中观点独特、口才出众的"最会说话的人"。《奇葩说》曾创下单期点击量破5亿、单条冠名赞助费破亿的神话,第五季持续升温,并在中国综艺的道路上越走越远。

在消费升级的时代,内容的更新变得非常迅速,大众的口味也越来越多样,而且越来越挑剔,同质化的竞争也变得颇为激烈,综艺节目的影响效应在逐季下滑。一档新节目可能风靡一时,但也可能会在第二年、第三年热度就下降了,一档节目的火爆时间很难超过三季。但是《奇葩说》却是一个另类,自2014年第一季开播以来,已经播出五季了,5年时间过去了,《奇葩说》捧红了众多的选手,并且一如既往地受到欢迎。就在2018年12月8日结束的冠军争夺战中,《奇葩说》又创造了新的收视纪录。虽然之前不少网友吐槽,新一季的《奇葩说》新鲜感下降,新奇葩很难给观众留下深刻印象,豆瓣评分不如从前等,但是第五季仍然十分火爆。

在流行文化覆盖的当今社会,大众其实是没有什么忠诚度的,什么流行他们就喜欢什么。前天他们可能在听《爱情买卖》,昨天可能就在广场上跳起了《小苹果》,今天就开始"想要带你去东京和巴黎"了。这不禁令人们好奇,《奇葩说》都五季了,为什么还这么火?关注《奇葩说》的人都知道,《奇葩说》无论是在节目内容、互动形式、导师阵容还是后期制作上,都与时俱进的升级创新。《奇葩说》的节目内容符合当今大众心理趋势和口味,它一开始就将目标群体定位于年轻的 90 后，这一群体个性张扬，有自由表达观点的诉求。相比那些企图覆盖多个年龄层段的节目来看，《奇葩说》对于受众的定位更加明确，因此很好地吸纳并巩固了收视人群。

从节目价值来看，《奇葩说》尝试在娱乐的同时完成一些价值导向的输出，也符合这个时代的主流价值观，让人在抱以娱乐性观看节目的同时受到启发，并且它提倡的多元化、辩证性、自我认同等都是值得肯定的。与此同时，《奇葩说》面对相对尖锐的社会问题，不是单纯的批评、否定，而是通过辩论的形式，带给观众更多价值层面的思考，也创造了一种柔和的价值观：我们不需要辩出胜负，而是在辩论的过程中学习不同的思维模式，享受辩论带来的话题冲击和思想碰撞，引导相对正面的理性渗透。与国内一些纯粹的娱乐性综艺节目相比，《奇葩说》算得上是有思想、有内涵。

从形式来看，《奇葩说》在一开始会有一段开场白，以导师的自述与本期话题形成很好的契合，并且结合每位导师自身的特点，形成统一的品牌认知和不同的个性表达。不拘泥于一来一往的辩论形式，穿插面对面"开杠"环节，巧妙的剧情式操作手法给了选手更多发挥空间。后期制作添加了多种网络元素，也是和这档网络综艺节目的定位紧密结合。

在人员选择上，导师阵容强大，选手们来自不同行业背景，对各种辩题有着不同的经历和理解，无论是从自身出发，还是脑洞大开，犀利的语言、出色的逻辑，每个人的不同特点，常常会给观众带来不一样的新鲜感。再加上导师们以丰富的学识、深厚的语言功底进行引导、升华，提炼出新的思考维度，从而将节目引向一个相对积极正面的方向。

不得不说，《奇葩说》的创意营销玩得有趣，从第一季开始，节目就在导师和选手们的对话中插入口播，金句频出的同时也打造出许多广为流传的广告语，随后更不断衍生出导师开场 mini talk、创意小片、明星参与话题讨论等形式，这种花式口播的形式在综艺节目中让人耳目一新。赤裸裸的广告植入并没让观众厌烦，反而让观众赞叹：马东不知不觉就把广告给念了。尤其是第五季，更是将赞助商名和战队名结合，将品牌的价值理念和选手个人形象结合，融入场景当中，让广告真正成为内容的一部分。

如果把商业模式比作一棵树的话,创业资源就是为整棵树提供水和养分的根,根系的繁盛程度决定了树的生长状况。

一、发现资源价值

美国创业学教育和研究领域的大师杰弗里·蒂蒙斯认为,成功的创业活动就是把创业机会、创业团队和创业资源达到最佳配置的过程。创业资源学派认为,创业的本质就是对创业资源进行合理配置以实现价值创造、获得竞争优势的过程。创业资源的价值性不是以创业者的标准来判定的,而是消费者导向。按照学者谢斯等(Sheth, et al.)(1991)的研究,影响消费者行为的价值维度包括:功能性价值、社会性价值、情感性价值、尝新性价值和情境性价值。

1. 功能性价值

功能性是指能够为客户解决哪方面问题或者在多大程度上解决问题。以快递业为例,以前人们需要邮寄物品就是到邮局,要么普通邮寄要么用EMS。而伴随着网购的不断发展,这二者完全不能满足消费者的需求,于是出现了所谓的"三通一达"①,而这四家公司都来自浙江桐庐县,甚至有人说全国只有两家快递,就是顺丰和"桐庐人"快递。早在1993年,桐庐人聂腾飞在杭州一家印染厂打工,那个时候交通不方便,经常有人托他带东西,于是他和工友詹际盛做起了"代人出差"的生意,聂腾飞经常一个人一天奔波在杭州和上海之间,而詹际盛负责在火车站接货并且送给需要货物的人家,这样虽然很辛苦,但每天的收益还是很可观的。随着规模不断扩大,申通快递就这么诞生了,这个时候王卫也在广东顺德创办了顺丰。经过20多年的发展,中国的快递行业日趋成熟。2018年12月28日上午,根据国家邮政局邮政业安全监管信息系统实时监测,一件从陕西武功寄往北京的快递包裹,成为2018年第500亿件快件。"十三五"以来,我国快递业保持高速增长,每年平均保持100亿件的增幅。从最初的个人带货到现在拥有车队甚至飞机,资源的价值性大小决定了企业的业务规模。

---

① "三通"指圆通速递、申通速递、中通速递,"一达"指韵达快递。

2. 社会性价值

当某种资源能使消费者与其他社会群体联结而提供效用时，则此产品具有社会性价值。世纪佳缘网的创始人龚海燕在复旦大学读研究生期间发现很多大龄青年（她当时29岁）都有相亲问题的困扰。传统的婚介所提供的信息有限，网上的婚恋交友平台鱼龙混杂，很多信息不够真实。刚好自己是学习媒介经营管理专业，作为一个课程实践，她在2003年10月8日注册了一个网站，旨在帮助人们找到心仪的另一半。2004年2月15日，在会员的要求下，龚海燕在北京、上海两地同时举办了交友见面会，小赚了一笔。2004年，她注册成立了上海花千树信息科技有限公司，2005年得到了新东方副校长钱永强的200万投资，当年注册会员达到32万。2011年5月11日，世纪佳缘成功在美国纳斯达克上市。

3. 情感性价值

情感性价值能够为消费者创造改变情绪情感的效用。人们在压力下往往想吐槽和发泄，2017年1月8日，由腾讯视频、上海笑果文化传媒有限公司联合出品的喜剧脱口秀节目《吐槽大会》一经播出就受到了大众的欢迎。该节目是一场以喜剧脱口秀为表演形式的大型喜剧演出，邀请嘉宾轮流以说段子的方式来互相调侃，传达"吐槽是门手艺，笑对需要勇气"。而节目中"优雅的吐槽"，名为吐槽，实为一种别致的交流方式，对于生活压力巨大的现代人，更不失为一种独特的解压方法。节目的制作团队是原《今晚80后脱口秀》的幕后团队，他们受美国老牌脱口秀《喜剧中心吐槽大会》的启发，从喜剧和脱口秀两个维度，在嬉笑怒骂间让明星直面自己的"槽点"。该节目上线7天播放量破2亿，5期破6.2亿，10期达到13.8亿播放量，用创新的思维诠释了现象级IP的养成方式。

4. 尝新性价值

创业资源要能引起消费者的注意与好奇，满足消费者对新知识的追求。在注意力经济时代，新颖、新潮是吸引眼球的方法。创业者需要敏锐地发现新的趋势和新的卖点实现商业价值。湖南卫视一直是地方卫视中极具创新精神的电视台，《快乐大本营》开创了大陆综艺节目的先河，《玫瑰之约》首创电视速配模式，《超级女声》引发了选秀节目的热潮，《爸爸去哪儿》推动了人们对亲子互动的关注，《声临其境》创立了近年来第一档"纯原创"的季播节目，《妻子的浪漫旅行》让人们发现夫妻之间对话的新方式。不断的创新和突破打造了湖南卫视的金字招牌。

5. 情境性价值

情境性价值指在某些情况下能暂时提供较大的功能性或社会性价值。这种创业机会稍纵即逝，需要更敏锐的目光去捕捉。2008年"非典"肆虐，能够预防的中药材一下子走俏，很多药店认为板蓝根等药材奇货可居，能够趁机发大财，而湖南的老百姓大药房在进货价不断飞涨的时候一直保持平价销售，持续为当地百姓提供药品。"非典"结束后，由于其公益行为受到了政府和市民的赞扬，销售额猛增，老百姓大药房迅速成为湖南省最大的连锁药店。

二、获取创业资源

创业资源包括物质资源、人力资源、技术资源、财务资源和客户资源等。不同类别的资源获取方式差异较大。一般而言，在创业之初当没有所需的创业资源时，我们可以通过社会交换、情感链接和愿景感召三种方法获取。

1. 社会交换

对于物质资源、技术资源和客户资源，可以通过社会交换的方式获取。

（1）社会交换原则

在社会交换中需要注意价值对等原则和客体思维原则。所谓价值对等原则是交换双方提供的资源基于一定客观的评价标准是价值相当的。同时需要注意的是，对一些资源不同人的价值理解不同，需要按照对方的标准进行思考，提供给对方看重的而非自己看重的资源，即客体思维原则。创造性地使用该原则可以获得"人弃我取、人取我予"的效果，在初创期可以用低成本获取创业资源。

举个身边的例子，我的一个朋友去四川出差，无意中发现在很多地方都堆积着大量的泡沫箱子。他就问当地人这是什么，得到的答复是四川人喜欢吃火锅，各类的蘑菇、菌类都是下火锅的必备食材，这些泡沫箱子里面就是种蘑菇的培养基。培养基的主要成分是棉籽壳、锯末、木屑等，当蘑菇收获之后就没有用了，只能当垃圾丢在外面。说者无心听者有意，这位企业家朋友就在想,能不能利用这些看似无用的资源呢?既然这些培养基可以燃烧,是不是能够开发成生态燃料呢?于是他马上组建了一个技术研发团队,通过几个月时间研发出了培养基加工技术,首先把培养基通过压缩的方式去除水分形成块状,然后烘干达到可燃的程度。这个过程不难,关键是如何点燃。通过多方了解,他找到了一位在大学里专门研究助燃剂的教授,邀请他开发了能够助燃这个块状培养基的药剂。最终成功研发出了一条生产线,原材料就是丢在外面甚至拥堵河道的培养基,通过加工生产成可以方便燃烧的块状生态燃料,它的好处是燃烧值高又不污染环境,可以提供给工厂、学校等单位用以替代高污染的燃煤。这种生态燃料的原材料近乎免费获取,甚至还能从中赚取垃圾清运费,产品加工过程简单,所以成品销售价格很低,得到了众多使用单位的喜爱,生意火爆。但随着产量的扩大,蘑菇培养基供应不足,不过没关系,他又联系了几个生产中药的制药厂,从厂家拖回了当废料处理的药渣,经加工后燃烧效果比培养基还好。

(2)社会交换方式

社会交换方式包括市场方式和非市场方式,所谓市场方式就是直接购买。厂房、设备、专利技术等都可以通过购买的方式获取,这种方式简单快捷,可以在短时间内获取所需要的资源,当然前提是创业初始资金要充裕。一般的通用型人力资源也可以在人才市场上招募,通过初步培训即可达到要求。随着共享经济和社会协作系统的发展,现在创立一家企业所需的启动资金比以往要少很多。办公不必自己购买写字楼,通过租用联合办公场地即可满足需求。很多公司的会议室、茶水间等公共设施利用率不高,可以通过共享的方式实现。众创空间(WeWork)、36氪等机构专门为创业公司提供租期、面积、成本和服务都具备灵活性的"柔性办公基地"。在通用型人才方面,财务、法律等事务都可以外包给专业的机构,不必自己专门招聘相关人才;设计、活动策划等阶段性工作也可以委托相应的机构进行。只要自己抓住核心业务,其他的都可以通过市场化的方式外包出去。市场化获取资源的方式非常简洁明了,以任务为导向,以绩效为结果,只要接入社会协作系统,都可以按质按量地完成。

非市场的方式包括同业联盟和异业联盟。一些企业通过连锁加盟或行业协会的方式统一采购原材料、统一配送、统一销售产品,从而降低资源获取成本。美国著名的熊猫快餐(Panda Express)专门销售针对美国人口感的中式快餐,各个连锁加盟店菜品的原料都由加工商预先完成,再由配送公司送到各个分店。菜肴烹调完全是标准化的,所有调料都按配方事先备好,装在固定的桶内,随用随取。熊猫快餐作为全美最大的中餐连锁店,在近40个州开办了800多家分店,雇员达2.1万,营业额超过10亿美元。创业者通过加入连锁集团可以获得"从摇篮到坟墓"的全套服务,以最低成本获取创业所需的资源,统一的标准和操作模式是其中的核心。国内随处可见的兰州拉面、沙县小吃虽然没有统一的资产纽带,但基于同类型的经营模式,其间的同业合作也很多。异业联盟是在同一个产业链上具有合作关系的企业之间进行资源置换。例如,某酒店拿出自己的餐厅、客房或会议室去置换媒体的广告位。如果按照市场价格进行购买二者的成本都很高,通过资源置换的方法两全其美,都可以获得自己需要的资源。

2. 情感链接

创业之初资金不足是普遍面临的问题,因此直接通过市场方式购买相应的资源对于很多创业者来说比较困难。很多白手起家的创业者都是通过情感链接的方式获得了第一笔创业资源。人们常说,没有什么道路可以通往真诚,真诚本身就是道路。在最艰苦的创业阶段,人性中最宝贵的品质可以赢来信任和支持。台湾首富王永庆在创业之初是靠卖米为生,但是他的方法和别人不同,他发现一些老人家买米后不方便拎回家,于是开始送货上门,同时非常细心地帮客户先把陈米单独取出来,擦干净米缸后再把新米放进去。同时认真记录下用量,估计快吃完时再送米过去。他的真诚获得了信誉,也赢得了更多的创业资源。

在行业协会的企业之间,合作的纽带不仅是商业利益更是情感,这方面最具代表性的是温州商会。温州人有做生意的传统,全国各地乃至世界各地都能看到温州商人的影子。温州商会开端于清光绪二十七年(1901)左右,至今已有100余年的历史。总商会相继成立了服装、眼镜、纺织品、家具、合成革等25个直属行业商会,基层商会和团体会员200多个,很多县城都能找到温州商会的办公场所。在异地他乡,即使素昧平生的两个人,凭借温州话就可以建立合作关系，相互帮衬获取创业资源。同乡、同宗、同族等情感纽带将人与人、企业与企业紧紧联系在一起。中国人如此，犹太人亦如此。多年的漂泊生活培养了犹太人坚韧不拔的精神，在商场上同种族之间的情感交融更胜过利益关系。

在获取物质资源方面，社会交换很多时候都发挥着重要的作用，而在获取人力资源方面更重要的是情感。中国古代有"士为知己者死"之说，很多职业经理人或者技术人员会因为认同某位创业者的价值观，或者因长期合作建立了良好的关系而愿意为企业奉献自己的才干。

3. 愿景感召

巴金说过"我们不是为了吃米活着"，物质回报是一方面，更重要的是精神回报，或者说是存在感和意义感。创业者通过愿景感召可以获得投资者、合作伙伴与员工的支持。

当一位投资人准备投资一个项目时，很多时候看的不仅是项目未来的成长性，更是创业者的个人愿景。日本软银的孙正义说，自己最成功的两笔投资一个是杨致远一个是马云。他从杨致远的眼睛里看到了热情，看到了力量。所以雅虎刚刚成立时，他投了1亿美元，帮助他更快地取得成功，在全世界范围内取得成功。2000年的冬天孙正义第一次见到马云时，本来计划谈一个小时，但是马云只谈了6分钟，孙正义就从办公室的一头走到马云身边，决定投资2000万美元给阿里。虽然马云当时一无所有，中国的互联网行业也仅仅是刚刚起步，但是马云双眼冒光，闪烁着梦想和激情。孙正义觉得马云和杨致远一样，一样的"疯狂"，所以就决定投资。孙正义当年在创建软银公司时，与很多青年创业者一样，除了拥有激情和梦想之外，其他一无所有，没有钱、没有经验、没有人脉。但是愿景和激情会引领他克服一个又一个困难，不断奋勇向前。

马云用他的愿景感召了一起创业的"十八罗汉"，以"让天下没有难做的生意"为目标，组建了"阿里铁军"。这个团队不仅走出过阿里巴巴集团的诸多高管（如彭蕾、戴姗、蒋芳、孙彤宇、蔡崇信……），还走出过互联网江湖中的众多显赫人物，国内O2O战场一度成为"铁军内战"：程维（滴滴打车创始人兼CEO）、干嘉伟（前美团网COO）、吕广渝（前大众点评COO）、陈国环

(前赶集网COO)、张强(去哪儿网COO)。马云对他们说:"你们是阿里巴巴的铁军。你们都有创新精神、艰苦精神、勇往直前的精神,你们所到之处都代表了阿里巴巴的精神。我经常说这样一句话:我们不承诺你有钱或者你会当官,但是我们承诺你们会痛苦、失望、沮丧。你们如果把这些东西写进博客,用日记记录下来,那这本书将来值得给所有立志于创业、建立团队,立志于创建自身文化的人看。"马云用愿景赢得了投资人,带好了具有强大战斗力的团队。

在创业时,人们很多时候缺少的不是物质激励而是看不到希望。正如希腊神话故事中潘多拉不小心打开魔盒释放出了祸害、灾难和瘟疫,唯独留给人类的是希望。创业艰辛,要历经九九八十一难,但如果心怀希望就能凝聚力量,团结众人一起克服困难,创造性地筹集到需要的资源来实现梦想。

三、整合创业资源

1. 同质资源集聚

在创业初期可以寻找同类型企业或者行业协会,与之互动共谋发展,产生同质资源的集聚效应,抱团取暖。同类资源的整合可以通过资产纽带、品牌纽带、地域纽带三种方式进行联盟与协作。

(1)资产纽带。这是联系最紧密的方式,近几年出现了多起同行之间相互收购的案例。以携程为例,其成长发展史就是同质资源并购史。1999年,"携程四君子"① 用10页商业计划书获得IDG(美国国际数据集团)50万美元天使投资。2002年,携程收购了主营酒店预订业务的现代运通和机票代理公司北京海岸,将两者的业务和呼叫中心一并纳入麾下,携程网的订房量随之剧增,从每个月几百间增至数万间。2015年5月22日,携程在和艺龙多次市场博弈之后宣布,联手铂涛集团和腾讯收购了艺龙大股东Expedia所持有的艺龙股权,携程出资约4亿美元,持有艺龙37.6%的股权,成为艺龙最大股东,铂涛集团持股约22.3%。自此,"携龙之争"结束,携程控制了酒店领域89%的市场份额。合并艺龙之后,当时携程最大的竞争对手是去哪儿网,二者之

---

① "携程四君子"指梁建章、季琦、沈南鹏和范敏四人。

间也是战火不断。为了避免继续因"价格战"烧钱不止,梁建章邀去哪儿网创始人庄辰超关于携程合并去哪儿一事进行谈判,但在去哪儿获得银湖资本5亿美元融资后谈判中止。梁建章被逼无奈,转而求助拥有去哪儿61.05%控股权的百度。在百度的撮合下,2015年10月26日,携程与百度进行股权置换,拥有去哪儿45%的股份,正式将去哪儿纳入携程系版图。如今,携程参股或控股的企业已超过20家。在产业链延伸方面,投资快捷酒店管家、如家快捷酒店、汉庭快捷酒店等;在横向产业布局方面,投资同程旅行网、途牛网,控股华远国旅、战略控股艺龙网;在相关多元化布局方面,投资众安保险、一嗨租车、易到租车、天海邮轮等。通过资产纽带,携程将同质资源收归旗下,产生了规模效应,成为中国OTA行业无可争议的霸主。

(2)品牌纽带。加盟连锁、特许经营的模式就是基于品牌纽带聚集同质资源,这方面最有名的莫过于麦当劳、肯德基等连锁快餐。咖啡店的品牌连锁有著名的美派星巴克、英派"COSTA"、韩系的"漫咖啡"和本土系的"上岛咖啡""太平洋"等。通过连锁加盟的形式可以在总部的指导下获得品牌信誉、广告支持、人员培训、统一采购、信息共享等优势,快速发展。在互联网咖啡方面,2018年初成立的瑞幸咖啡一下子成为新秀,至今已在北京、上海、广州、西安、青岛等全国22座城市布局门店2000多家,发展成国内第二大连锁咖啡品牌。基于互联网思维,瑞幸咖啡迅速扩张,通过门店+外卖的形式不断发展,采用旗舰店、悠享店、快取店和外卖厨房店四种方式满足不同消费者的需求。

(3)地域纽带。相比资产纽带和品牌纽带,地域纽带更为松散,通常基于自然选择形成。例如,在很多高速公路出入口附近经常有加油站、餐厅、超市、酒店的聚集区,可以满足消费者一次停车获得各类所需服务的效果。城市的功能区划中经常有CBD(中心商务区),在这个区域内写字楼、酒店、银行、大型购物中心云集。在餐饮聚集区,各类美食餐厅鳞次栉比,无论哪种口味总有一款适合你。地域聚集效应可以让同类型资源彼此产生互动性,突出功能特色,既方便消费者选择,又能让商家形成规模效应。

2. 异质资源互惠

异质资源产生的是良好的互补互惠效应。异质资源的合作有创意设计+

生产制造、生产制造＋商贸流通、生产制造＋服务体验、线上订购＋线下消费(O2O)等模式。

从城市之间的协作看，以前香港和深圳之间就是"前店后厂"模式，香港基于强大的商贸优势可以销售各类产品，而一墙之隔的深圳则依托制造优势，为商家源源不断地提供所需产品。如今这种态势已经从深圳开始后移，深圳扮演了当年香港的角色，珠三角的东莞、顺德、中山等地则成了生产厂家集聚地。创业者不仅要考虑自身的资源，更要注意有哪些与自己相配套的资源。珠三角、长三角都有强大的生产能力，给一个设计图就能马上制作出相应的产品，因此很多创业者往往带着创意设计到这些地方寻找合作者。伟创力（Flex International Ltd）是全球著名的电子专业制造服务供应商（Electronic Manufacturing Service，EMS），总部设在新加坡，公司企业遍布四大洲29个国家，业务包括手机电路板设计、通信工程、汽车配件制造和物流等。该公司可以运用自己强大的柔性生产能力为各类企业提供电子器件方面的生产制造支持。如今已经为微软、戴尔、诺基亚、摩托罗拉、西门子、阿尔卡特、思科系统、联想、惠普、爱立信、富士通等企业提供电子产品的加工制造。

以淘宝、京东、亚马逊为代表的电商为创业者们提供销售产品的线上平台，抖音、快手等短视频分发平台也日益成为大家展示自己产品和服务的载体。基于电子商务和自媒体平台，人们可以快速向公众推广自己的特色产品，实现良好的商业价值。

扫扫下方二维码，轻松学习在线开放课程——从创意到创业。

创业思考力：从创意到产品开发

第二节　价值模式之叶

在商业模式之树上，树叶通过光合作用吸收光能，把根吸收的水和矿物质再结合二氧化碳合成富能有机物。当创业者获得了所需的资源之后，最具创造力的就是像光合作用一样将这些商业元素合成为满足客户需求的价值。

案例：　携程旅行网的新价值模式

携程旅行网创立于1999年，经过短短20年已发展成为年营业额达310亿元的庞大互联网企业。从最早的机票和酒店预订业务开始，携程通过不断发展，现在全平台可以提供景区门票、旅游签证、租车、高铁、游轮等60多种与旅游相关的产品和服务。自推进全球化战略以来，携程海外用户比例更是不断提升，目前中国大陆以外的地区用户占比已经高达45%，携程全品牌月活跃用户量超过2亿，海外平台月活跃用户量达到9000万，3亿用户每天产生着50TB以上的海量数据。作为大数据技术应用在旅游行业上的领跑者，携程多年来积累了丰富的行业数据和技术优势，在个性化营销、提高转化率和各种商业决策方面取得了显著的成效。

携程旅行网除了在原有的业务中精耕细作，更是不断地开发新的功能。2018年12月20日携程宣布其App 8.0版本上线，同时推出了旅拍频道。旅拍频道的内容包括图片配文字以及短视频的分享，类似微信朋友圈的内容分享形式。旅拍发布者可以分享旅行的见闻，推荐旅途中喜欢的餐厅、酒店，可以关注感兴趣的其他发布账号，互相评论，以及分享旅拍内容至微信、微博等其他平台。另外，用户点击某条内容的标签，比如酒店名称、地点名称，可以看到该标签下的所有用户分享内容。携程通过旅拍使之与马蜂窝、穷游等擅长的旅游攻略板块划清了界限。携程的这个动作，看似只是推出一个全新的业务模块，企图与抖音、小红书之辈争一下流量，实质上则透露出以携程为代表的OTA行业正在尝试进行"转型"的戏码。相比朋友圈固定的受众，旅拍千万量级的用户群体能更好地满足分享与互动的需求；同时，旅拍庞大的内容体量也能帮助用户更轻易地"发现旅行",找到灵感。旅拍不仅能成为用户旅行种草的第一选择,也能帮助用户记录自己的旅行足迹。为了鼓励用户多多上传图文和视频,旅拍频道还提供了优厚奖励机制,用户每上传一条旅拍就能获得一定的积分奖励,以此鼓励用户在社区里积极互动,寻找到志同道合的旅行伙伴;而被评为精选的旅拍内容最高还可获得每篇100元的现金奖励。"以前大家更多的是因为预订产品来携程,我们认为,因为内容来携程的人,潜力还是非常大的。我们希望在内容方面能吸引更多到携程的增量用户。"携程集团 CMO 孙波在媒体群访时表示。旅拍所使用的话题模式被认为是为用户提供旅行灵感和指导的新模式。

孙波认为,旅拍内容给目的地营销提供了新思路,比如通过发现哪些目的地内容关注度变高,就可以结合热度进行营销,而不是像以前那样,哪里价格便宜就推哪个目的地的营销。旅拍目前已有一批旅游局的官方账号入驻,同时未来也会有酒店、航空公司、景区等账号进行内容输出。在旅拍频道,用户可以通过别人上传的旅拍内容感知到不同的旅行方式,比如和墨西哥人一起狂欢舞蹈,感受亡灵节这场盛大节庆的热情;或是坐在隅田川的夏夜星空下,体会日本花火大会的无尽浪漫。从北极圈的极光酷体验,到网红美食探店记,有人说旅拍是旅行者的大型种草、分享社区,也有人认为它会成为旅游产业上下游企业的营销首选。

一、价值链管理

1985年哈佛大学商学院教授迈克尔·波特(Michael Porter)在分析企业竞争优势的来源时提出了价值链(value chain)的概念,他在《竞争优势》(*Competitive Advantage*)一书中指出:"每一个企业都是在设计、生产、销售、发送和辅助其产品的过程中进行种种活动的集合体。所有这些活动可以用一个价值链来表明。"① 价值链从宏观到微观分为三个层面,从产业层面看,价值从供应商到制造商到经销商最后传递给客户;从企业层面看,从研发、采购、制造、销售、售后,价值完成生产和转化;从业务层面看,原材料经

---

① 迈克尔·波特. 竞争优势[M]. 陈小悦,译. 北京:华夏出版社,1997:36.

过功能转变、组装成型、包装完成到产品的生产过程。创业者可以通过价值链分析明确商业价值的产生、增值、转化以及传递给用户的过程。

1. 产业价值链

在产业价值链中，供应商具有创造和发送用于企业价值链之中外购投入的价值链，即上游价值。许多产品在到达顾客手里之前需要通过销售渠道的价值链，即渠道价值。企业的产品最终会成为其买方价值链的一部分，即顾客价值。这样从上游价值到买方价值形成一个完整的价值系统。创业者要分析自己在整个产业价值链中的地位以及发挥的作用。在工业时代初期，生产商是核心和关键。只要能够按质按量将产品生产出来，消费者都会抢着买单。后来变为渠道为王，生产出来的产品必须通过总经销商、多级批发商才到零售商。之后是终端为王，沃尔玛、家乐福等大型超市开始倒逼生产商控制成本、降低价格，以量取胜。此时，沃尔玛还提出了著名的"女裤理论"，即女裤的进价8美元，售价12美元，每条毛利4美元，一天卖10条，毛利为40美元。如果售价降到10美元，每条毛利2美元，但一天能卖30条，则毛利为60美元。沃尔玛以进货量巨大、帮助供应商进入世界市场、现金结算等三个理由，要求供应商不断降价。通过量大价优的模式，大型连锁超市占尽风头。

然而，进入互联网时代后，网购的兴起使厂家可以直接面对消费者。无论是生产服装、食品的企业还是种植瓜果蔬菜的农民，都可以在网店上销售自己的产品。尤其是生鲜冷链运输日趋成熟，荔枝、草莓、樱桃等易腐烂水果，海鲜、大闸蟹等生鲜活体食材都可以直接销售给终端消费者。"新零售"的兴起让大型超市、家电卖场等实体店的生意不断缩水。在消费升级的背景下，生产者逐渐占据主动，又回到了从前"酒香不怕巷子深"的情境，只要产品的品质足够优良，就一定能够获得消费者的认同。有的农家还专门在田间地头装上摄像头，直播种植采摘过程，让消费者安安心心吃到生态蔬菜。产业价值链的变化导致竞争格局的重新洗牌，很多新业态不断产生。2015年9月27日正式上线的瓜子二手车直卖网号称是"没有中间商赚差价"，直接联系买卖双方，为车主保价卖出，为买家严选好车。

2. 企业价值链

在波特的价值链理论中，他将企业价值活动分为两大类：基本活动和辅助活动。基本活动是涉及产品的物质创造及其销售、转移买方和售后服务的各种活动。辅助活动是支持性活动，通过提供采购投入、技术、人力资源以及各种公司范围的职能支持基本活动。以生产型企业为例，基本活动包括进料后勤、生产作业、发货后勤、市场销售和服务；辅助活动包括采购、研究与开发、人力资源管理和企业基础设施。

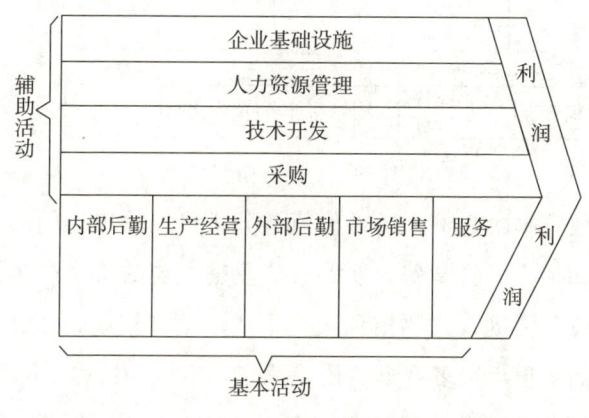

图38　价值链模型一

在以往的商业模式中，所有的价值活动都在企业内部完成。随着社会分工越来越细和企业去中心化发展，很多企业都选择业务归核化，精心打造自己的核心竞争力，而把辅助活动诸如人才招聘、财务管理、法律事务等外包给专业的机构。例如，上海肯耐珂萨公司应用互联网技术为很多企业提供专业的人力资源一体化解决方案，猪八戒网采用众包的方式汇集诸多平面设计师为企业提供广告创意、logo设计等多种设计服务。应用广泛的社会协作系统，打造无边界组织是当前创业者们的价值链整合方式。

3. 业务价值链

波特认为，价值链的每一个基本活动和辅助活动又可以进一步分解成更加具体的活动，例如，市场销售由营销管理、广告、销售队伍管理、销售业务、技术文献、促销等活动所构成。每一个业务活动都有价值的产生、发展和增值。在以往的企业经营管理中往往忽视貌似普通的环节可能产生的商业价值。

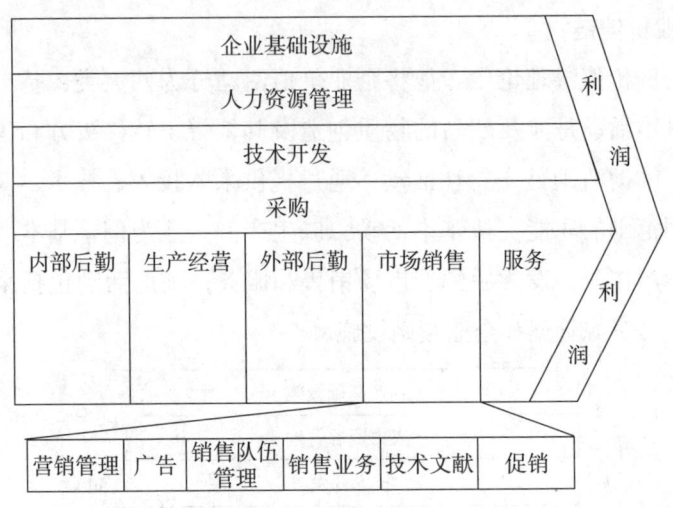

图 39 价值链模型二

以新东方教育集团为例,通过价值链分析可以看出他们的主营业务在于英语培训,因此招生—收学费—上课—结业是主要的价值产生过程,招生只是其中的一个业务活动,只要招到人这个活动就算结束。那么如何招到更多的学生呢?我们知道,很多人学英语是为了考 TOEFL 和 GRE,提高考试分数是一个重要环节,而考前就需要思考:为什么要出国留学?职业生涯规划是什么?考试成绩出来以后就要决定:如何申请国外大学?如何顺利拿到offer?这个原本不产生价值的增值服务,后来成了新东方重要的业务之一。同时也涌现了一批以徐小平、古典等为代表的职业生涯规划和出国留学咨询专家。新东方通过将原本不产生价值的辅助活动变成基本活动,获得了增值收益,当然也因为在体制上没有完善而导致一大批优秀人才的流失。其中,徐小平当了天使投资人,罗永浩出来做了锤子手机,胡敏创办了新航道培训,李笑来玩起了比特币,古典开了职业生涯规划咨询公司,马薇薇跟随马东当了《奇葩说》辩手并创办了米果文化。

同时,现在很多大型集团公司由于业务众多、价值链过长,以致效率低下、成本太高,于是开始采用内部创业的方法,将部分业务由原来的内部员工独立运作,形成自成一套的价值链系统。一方面激发了员工的积极性和创造性,另一方面降低了运营成本,将商业价值最大化。国内的大型集团海尔、华为、菲尼克斯都采用这种方式,国际上著名的谷歌(Google)公司在保证核心互联网业务占据主导地位的前提下,通过独特的 20% 内部创新创业模式,发展了很多在外人看来"稀奇古怪"的项目,例如无人驾驶汽车、气球网络项目、可以监测血糖的隐形眼镜等。谷歌通过激发内部活力完成了自身的再创业,保证了谷歌以更灵活的管理方式去适应市场的新变化。2015 年 8 月谷歌重组改名为 Alphabet,重组之后,原先的谷歌瘦身成为全资子公司,它的一些与核心业务关系不大的业务纷纷拆分成新的子公司,而 Alphabet 将成为一个新的大的控股集团。很多子公司将由自己的 CEO 负责,两位创始人只需从战略层面管理好这一大集团便可,用谷歌联合创始人兼 CEO 拉里·佩奇的话说,重组可以让 Alphabet(或者谷歌)重新获得"创业公司般的活力",革命般颠覆性的创新不断推送着下一个巨大的增长领域,以继续保持与行业挂钩。

二、价值共创机制

传统的价值创造观点认为,价值是由企业创造通过交换传递给大众消费者的,消费者不是价值的创造者,而是价值的使用者或消费者①。工厂负责生产、销售产品,消费者负责购买和使用。正如柯达那句广告语"请您轻轻一按,其余的事情我们来做"。随着社会的发展和市场环境的改变,消费者的角色从消极等待企业推出新品转变为积极参与产品的研发、设计和生产。雷军说小米手机的成功很大程度上依赖于"米粉"们的参与。这种情况下价值不仅仅来源于生产者,而是建立在消费者参与的基础上②,即来源于消费者与企业或其他相关利益者的共同创造,且价值最终是由消费者来决定的③。当代企业的价值创造已经从单一的企业提供变成了生产者-消费者共创。21 世纪初,管理大师普拉哈拉德(Prahalad)提出,企业未来的竞争将依赖于一种新的价值

---

① NORMAN R, RAMIREZ R. From value chain to value constellation: designing interactive strategy[J]. Harvard Business Review, 1993, 71(4): 65-77.
② HARTLEY J. The value chain of meaning and the new economy[J]. International Journal of Cultural Studies, 2004, 7(1): 129-141.
③ SHETH J N, USLAY C. Implications of the revised definition of marketing: from exchange to value creation[J]. Journal of Public Policy & Marketing, 2007, 26(2): 302-307.

创造方法——以个体为中心，由消费者与企业共同创造价值①。通过让顾客参与价值共创，帮助企业提高服务质量、降低成本、提高效率、发现市场机会、发明新产品、改进现有产品、提高品牌知名度、提升品牌价值等。

1. 价值共创的主体

随着价值共创思想的发展，越来越多企业开始认同并践行该理论。在具体的商业实践中有三种模式，即生产者主导、消费者主导和社群主导。

(1)生产者主导。就是在原有的生产过程中加入消费者参与。例如2009年2月，尼桑汽车公司建立了hypercube.ca网站，鼓励大家画出心目中的cube车型。参与者通过个人网站、Twitter、Facebook和博客展示自己的创作才华，由这些网络社区的新新人群协助尼桑挑选出500名选手入围。这些入围选手要面对长达六周的选拔挑战，最终胜出的50位选手将免费获得cube车。消费者是最终使用产品的人，要让他们满意，最好的办法就是使其参与设计。之前提到的小米公司就是让"米粉"们谈谈自己的使用体验，提出改进建议，从而不断完善产品功能。随着个人定制化越来越盛行，很多企业专门建了柔性生产线，可以有针对性地为客户设计其专属产品。这种模式在原有生产方式的基础上改变不多，很多企业都可轻易实现，但能取得不错的效果。

(2)消费者主导。在博客、播客、社交网站等被称之为WEB 2.0的互联网大潮的带动下，以年轻化、知识性、科技化、网络化、自我化、自由化为特征的网民所具有的权利和力量远远超过了一般意义上的消费者，使这个时代成为网民主导的时代，就是"YOU"时代(2006年底，美国《时代》周刊评选出的2006年度风云人物是"YOU")。随后，90后、00后逐渐掌握消费主动权，他们更愿意在个人消费体验中获得掌控力。在DIY(do it yourself)越来越盛行的背景下，生产者能够做的是提供原材料和配件，至于产品做成什么样子消费者说了算。例如，以前我们到蛋糕店直接购买成品，而现在涌现出很多蛋糕工坊，商家提供做蛋糕的原材料，给予培训指导，客户自己动手做，自己参与制作的蛋糕觉得更有价值。以前我们到菜市场买菜，现在很多

---

① PRAHALAD C K, RAMASWAMY V. The future of competition: co-creating unique value with customers[M]. Boston Mass.: Harvard Business School Press, 2004.

人到郊外的"开心农场"自种自收,获取"谁知盘中餐,粒粒皆辛苦"的体验。以前跟团游,现在自助游,基于网上的旅游攻略,很多游客自行制定行程。在资讯发达的今天,人们可以轻松获取以往只有专业人士才懂的信息,达到"我的地盘,我做主"。

(3)社群主导。个人的力量有限,形成社群就可以完成很多不可思议的事情,维基百科就是最典型的例子。2001年1月15日吉米·威尔士与拉里·桑格两人合作,在互联网上推出网络百科全书计划,桑格将其命名为"Wikipedia"(维基百科)。wiki,本来只是一项技术的称谓,这个词语来源于夏威夷语的"wee kee wee kee",发音与wiki相同,意思是"快点快点"。在技术层面,wiki指的是一种超文本系统,它能够允许特定群体里的每一个人浏览、创建、修改文本,并且可以对不同版本系统进行有效控制管理,还能够保留所有的修改记录。该网络百科全书由网友们用自己的语言自行编辑撰写,取之于民用之于民。维基百科以其开放性、包容性和适应性赢得了大家的喜爱。2018年12月,维基百科入围2018年世界品牌500强,排名第90位。如今越来越多的企业希望打造"平台化组织",其背后的商业逻辑就是营造一个社群,让大家在上面自由碰撞,交流信息、研发产品、共同享受所创造的价值。2016年第一届"淘宝造物节"开幕,造物节对应的英文是"Maker Festival",直译应该是"创客节","造物主"这一称呼也算是淘宝对创客们的最高礼遇吧!首届"淘宝造物节"于2016年7月22日至24日在上海世博展览馆开办,以TAO为标志,分别围绕T(Technology科技)、A(Art艺术)、O(Originality原创力)三个主题板块,以极具互动性的参与方式,向全世界的年轻人,展示科技、音乐、潮流时尚、现场综艺、亚文化等内容。社群主导下的价值共创比前两者更有生命力和影响力。

2. 价值共创的过程

生产者-消费者的价值共创从交换产品价值到共同使用价值,完成了产品价值的重新定义,甚至在一定意义上说,在价值共创的过程中我们越来越难区分究竟谁是生产者谁是消费者。在价值共创的过程中,一般有共同设计、共同生产、共享成果三个场景。

(1)共同设计。有形的实物产品和无形服务产品都有设计环节。有的房地产开发商在开发别墅项目时,会邀请客户在设计房屋时就参与进来。在确定了该别墅项目的位置、建筑面积大小之后,设计师会邀请未来的房主介绍自己的生活习惯、使用目的、各功能区的布局,在经过多次沟通共同商议后一起设计房屋。这样保证了最终的房屋使用者满意。同样,随着人工智能技术和柔性生产线的发展,德国于2011年提出了工业4.0,即利用物联信息系统(Cyber Physical System,CPS)将生产中的供应、制造、销售信息数据化和智能化,最后达到快速、有效、个人化的产品供应。其本质就是通过数据流动自动化技术,从规模经济转向范围经济,以同质化、规模化的成本,构建出异质化、定制化的产业。在生产产品的前段就是价值共创的共同设计环节。

(2)共同生产。在服务产品和内容产品方面可以采用共同生产的价值共创模式。在影视连续剧创作方面,中国和美国有较大的差异。中国的模式是编剧写好剧本,导演组织好演员,和拍摄制作团队一起把片子做成后推给观众。这种模式面临较大的风险,假如观众因为某种原因不喜欢,之前所有的投入都白费了。而美剧多采用周播的形式,首先有一个核心的编剧把主线写好,然后拍摄1~2集试播,根据观众们的反馈决定是继续拍摄还是调整角度,或者废弃。据说Netflix公司在制作美剧《纸牌屋》时,应用大数据分析观众们的评论、在网站上打开的时间规律等,依据分析结果指导下一集的拍摄。在一定程度上讲,美剧的制作是编剧、导演、演员等制作团队和观众们一起完成的。同样道理,以前的小说是作者一口气写完,而现在的网络作家往往是先拟一个主要的人物表和情节线,然后写一部分,就在网上发一部分,根据网友们的评价不断修正和调整,最后完成全作。面对当前不确定的环境,与消费者共同生产可以保证最终的品质受到认可。

(3)共享成果。当消费者参与价值的生产过程,自然希望不仅获得自己心仪的产品,而且获得持续的、可按比例量化的经济回报或利润分成。时下很多人参与的众筹模式就是创业者和未来客户的价值共创。某创业者有一个好的创意,但是不知道是否可行,也没有资金来开启自己的计划,可以在众筹平台上介绍自己的想法,获得大众的支持。如果顺利筹得相应的资金,就可以顺利开展该项目。而大众投资者可以获得预期的产品,甚至长期获得产品的收益。号称国漫崛起之作的《西游记之大圣归来》开启了一个全新的电影众筹模式,来自 80 个家庭的投资人众筹了 750 万元,用于这部电影的宣发,电影结束之后片尾滚动着的是投资人孩子的名字,而非他们本人。其初衷是想送给孩子们一个特殊的礼物:那就是投资人不署自己的名字,只署孩子的名字。这样等多年以后孩子们长大,他们会发现,原来自己在很多年以前投资过一部电影,即以此作为孩子成长过程中的一个纪念。这部影片在 2015 年 7 月 10 日上映之后,62 天狂揽近 10 亿票房。投资回报率已经高达 400%,预计可获得本息 3000 万元。

3. 价值共创的方法

价值共创的方法较多,以下从资源聚合、人际协同和平台赋能三方面进行分析。

(1)资源聚合。社会资源的分布和分配是不均衡的,价值共创机制能够将闲置的冗余资源有效发挥作用。共享经济的基础就是通过平台将同质性资源聚合起来实现社会价值。在我们的生活中,很多用品是闲置的,Airbnb 将闲置的房屋拿出来给需要的人住,网约车平台让闲置的车辆与司机发挥作用,在行网把人们头脑中沉淀闲置的知识和经验利用起来帮助有需要的人。有人出钱有人出力有人出思想,大家相得益彰共同创造社会价值。当"我"成为"我们",当个体对资源占有的专属权变成了公共资源的使用权,社会资源才能发挥出最大的价值。

(2)人际协同。当前社会的组织边界越来越模糊,组织之间的相互依赖和协同越来越频繁。企业通过业务外包将本来需要自己承担的工作任务交给其他团队完成,同时也承接基于自己专长的外来业务。大家互为客户、协同生产。正如诗句所说:"你站在桥上看风景,看风景的人在楼上看你,明月装饰了你的窗子,你装饰了别人的梦。"① 在有的旅游景区里,游客也可以成为风景。位于湖南省岳阳市湘阴县的洋沙湖度假区设置了一个全开放式的沉浸式剧场"梦回 1911",在这里游客首先换上自选的角色服装,穿越到 1911 年的场景中完成各类任务。一方面,已经换装的游客聚精会神地玩角色扮演游戏,景区的工作人员会配合他们的表现进行即兴演出;另一方面,其他的游客也

---

① 出自卞之琳的《断章》。

可以在旁边以"路人"的身份观看这些游客和演员共创的实景大戏。不知不觉间，游客既实现了自己的游玩目标，同时也成为景区的"活动布景"。作为消费者的游客和作为生产者的景区共同完成了价值共创过程。

(3)平台赋能。高效实现价值共创需要有一个能够给与参与者赋能的平台。为了提供开放式技术创新支持，海尔专门于2009年10月成立了HOPE (Haier Open Partnership Ecosystem)。该平台最初是海尔基于"世界就是我的研发部"的理念成立的开放式创新团队，经过9年的发展，目前已经成为独立的开放式创新服务平台。HOPE平台是一个创新者聚集的生态社区，一个全球范围的庞大资源网络，也是一个支持产品创新的一站式服务平台。HOPE把技术、知识、创意的供方和需方聚集到一起，提供交互的场景和工具，促成创新产品的诞生。自成立以来，HOPE平台支持海尔各个产品研发团队和超前研发团队创造了众多颠覆性产品，如控氧保鲜冰箱、净水洗衣机、传奇热水器、固态制冷酒柜和小焙烤箱等，受到消费者喜爱，在市场上迅速成为明星畅销产品。HOPE通过平台赋能的方式，为企业解决创新在哪里、如何创新的难题；对创新者和创新机构而言，HOPE可以帮助其创新成果以及知识成果的商业化，同时帮助创新者找到志同道合者，共同创新。

三、价值生态系统

在所有的组织中，生态系统是最有生命力和创造力的。创业企业要想获得更长期持久的发展，最好的办法就是打造或者进入价值生态系统中，与其他企业达成共识、共生、共同进化。

1. 思想共识

构成生态系统的是有机组织群落，与机械化科层组织不同的是，后者往往靠岗位职责、操作流程与指令传达，生态组织之间凝结的力量是共识。知识共识构成了底层逻辑，方法共识产生的是行为规范，态度共识创造出心灵默契。

(1)知识共识。知识共识就是所谓的共同语言体系，在很多行业里都存在只有内部人才懂的专业术语，只有懂得这些术语才算是"自己人"。吴晓波是著名的财经作家，曾经写过《激荡三十年》《大败局》《腾讯传》等多部畅销书，采访过很多知名企业家。由于他长期奔走于政府、企业、媒体之间，对商业领域的事件了然于心，因此形成了以他为核心的知识生态圈。蓝狮子传媒负责图书出版，吴晓波频道主攻自媒体，巴九灵文化创意主打活动策划宣传推广等。基于他的个人影响力，他也与很多文化名人建立了良好的合作关系。

（2）方法共识。国企、外企、民企各有自己的工作方法和行为准则，有一些不言自明的方法与规则。《高效能人士的七个习惯》是史蒂芬·柯维（Stephen R. Covey）的成名作，自1989年第一次出版以来成为很多外企培训新员工的通用教材。其中的"以终为始""要事第一""双赢思维"等变成了很多外企员工的行为习惯，也是跨企业的共同方法论。著名管理咨询公司麦肯锡的《金字塔原理》、彼得圣吉的《第五项修炼》等书也都是很多外企管理者的案头书。统一的思维习惯让大家更容易沟通，建立共识。

（3）态度共识。比知识共识、方法共识更加潜在的是态度共识。生产者和消费者在核心的观点上达成共识，拥有一致的价值观，这是合作的前提和基础。在互联网经济发展初期，流量是关键，只要消费者光顾就有生意；当互联网泡沫破灭，烧钱模式失效，网络平台的获客成本越来越高，仅凭抓眼球的标题或者小小的优惠已经很难赢得客户了。这个时候留下来的都是"真爱"，即真正与企业拥有共识的人。2015年吴晓波一篇《去日本买只马桶盖》成为爆款文，不断被各个网络媒体转载，他的自媒体公众号"吴晓波频道"也是粉丝众多。但是正当发展红火的时候，他在公众号上发表了一篇谈及"屌丝"文化的文章，文章中公开表示："我们认可商业之美，崇尚自我奋斗，乐意奉献共享，拒绝屌丝文化。"该文一出引发了很多网友的反对，吴晓波频道出现了大量掉粉情况。这时候很多人一般都会保持沉默，等事情平息一些再说。然而他不仅没有沉默，反而接着写了一篇《"屌丝"不是反讽而是自甘堕落》的文章，再次论述拒绝屌丝的观点。结果自然是掉粉更加严重，很多持反对意见的人取消了对公众号的关注。尽管预料到了这一结局，吴晓波仍然在风口浪尖的时候抛出了思想炸弹。他认为有共同价值观的人才能一起发展，共同进步。自媒体是作者与受众深度互动的平台，有共识才能共创。

2. 行为共生

在生物界有共生现象，不同物种的生物在一起相互取长补短、合作生存。价值共创过程中，生产者和消费者要达到长期和谐相处，必须有共生机制，在互利互惠中发展进步。在内容创业领域有人专心创作，有人擅长表演，有人运营平台，有人专管推广，有人负责客服……不同的能力、相同的目标，大家在一起共生。

成立于 2012 年 8 月的喜马拉雅致力于在线音频分享平台的建设与运营，拥有 3.5 亿的激活用户、500 万名主播，市场占有率 73%，人均收听的时长 128 分钟，是中国最大的音频分享平台。为了提供更多更好的内容，喜马拉雅和平台上的主播建立了共生模式。优质主播独特的声音特质和感情充沛的精准演绎，是优质内容传播的重要一环。喜马拉雅排名前十的"1 亿小时俱乐部"主播成员，正在"伴听"着千万级规模的粉丝无数个日日夜夜，优质主播不仅是优质有声阅读内容的提供者，而且是吸引用户为有声书买单的砝码，优质主播已经成为有声阅读平台布局的关键。与得到 App 不同，喜马拉雅除了邀请名人大咖在平台上制作内容外，更关注培养和孵化更多的普通人成为优秀的主播。

以"护航主播梦想"为目标推出的喜马拉雅大学项目应运而生。喜马拉雅正在面向全国高校推出"新声计划"，为高校学生成长为实力有声书主播提供全方位资源扶持。参与此次项目的学生，不仅能在轻学堂内免费收听喜马拉雅大学提供的主播赋能课程，还可以通过收听课程、练习、测试等一整套学习路径完成整个学习过程。根据学习完成情况，还有机会进驻原创内容孵化基地，接受原创有声内容全链条的支持与培养。通过平台与主播的合作共生，促使该企业向更高的目标迈进。

3. 共同进化

在价值共创的过程中，需要在帮助别人事业成功的同时成就自我，最终的成果决定合作是否能够持久。李嘉诚曾说，如果正常利益是 10 分，你取 10 分是公平，取 11 分是狡猾，取 9 分是厚道，而只有你愿意取 9 分时别人才愿意长期与你合作。价值共创中的利益分享机制是关键因素。著名社会学家费孝通先生指出，"各美其美，美人之美，美美与共，天下大同"。这道出了价值共创的真谛。腾讯基于自己的互联网技术优势和集团庞大的资金优势，2015年开始在各地创办众创空间，目前，线下空间已布局34个，落地32家，遍布全国28个城市，总面积超过100万平方米。2015年11月8日，腾讯众创空间（北京）在昌平区回龙观盛大开业，空间共5.5万平方米，是目前亚洲单体最大的创新空间。空间独创的"四创综合体服务模式"，以"创办公""创生活""创社交""创服务"为核心，让创业企业聚焦成长，让青年创业者们专注创造。腾讯众创空间具备包括线上、线下5种核心能力——流量加速、开放支持、创业承载、培训教育和辐射带动等，满足创业者对资金、成长、场地、营销和流量的需求。通过线下实体空间、线上创业服务平台、腾讯"双百计划"、青腾大学、腾讯全球合作伙伴大会五大引擎的服务能力，全方位扶持创业者。在孵化创业项目的过程中，腾讯发现合作伙伴，对接创业资源，打造其庞大的商业生态圈。2015年上线的映客直播就是在腾讯的众创空间中孵化出来的知名企业，该公司于2018年7月12日正式在港交所挂牌交易，成为港交所娱乐直播第一股。

扫扫下方二维码，轻松学习在线开放课程——从创意到创业。

创业思考力：从创意到产品开发

第三节　交易模式之花

案例： 滴滴出行

2012年成立的网约车平台滴滴出行(之前叫滴滴打车)如今是政府、公众、媒体和老百姓共同关注的对象。从电话叫车、路边招手打车到互联网约车，人们的出行方式有了巨大的改变。伴随着共享经济的发展，闲置的车辆派上用场，没事的司机有了新的工作——开网约车。从充分利用社会资源满足人们日益增长的需求角度来说，滴滴出行确实发挥了不小的作用。当然，新事物的出现一定是在赞赏和争议中：2014年补贴大战中商家拼红了眼，百姓笑开了花，很多人把车停在家里专门叫网约车出门；2018年两个女孩坐滴滴顺风车时遇害，一时间滴滴成了众矢之的……光环也好唾骂也罢，作为一家公司，生存的基础还是商业模式。滴滴出行的盈利模式究竟怎样呢？我们分析一下。

从主营业务看，滴滴出行的核心还是网约车，一手接乘客的订单，一手呼叫加盟的司机接单，按照每单的抽成获得自己的利润，支撑平台的运营费。据称，滴滴高峰时期每天约2000万订单，保守估计按每单20块算每天就是4亿，平台费大约为25%，即每天有超过1亿的收入。从平台上的客户看，主要是普通乘客、企业大客户和司机三大类人群，通过一键叫车、价格提前预估、安全中心、多元化出行矩阵等方案解决普通乘客打车不方便、价格不透明、安全存隐患、缺少优质服务等核心痛点；针对企业，则是通过用车规范制度解决企业出行报销监管困难，减少员工不合规打车，私用公报的情况；针对司机人群，提供分期服务、大数据订单调配，解决司机、准司机缺钱买车、获客难等痛点。三类群体的需求汇集在滴滴平台上一起解决，由此获利。

为了满足不同类型乘客的需求，滴滴出行还开设了拼车、快车、优享和出租车几个不同的选项，在具体的应用情景中增加了预约、代叫和接送机功能。在盈利模式方面，除了直接收取的平台管理费之外，乘客支付的费用并非直接打给司机，在平台上滞留的时间也为滴滴出行产生了庞大的沉淀资金。这些廉价的流动资金可以让他投资到其他项目中盈利。

除了主营业务之外，滴滴出行还开辟了租车和代驾业务。租车包括自身的小桔租车和自驾租车，前者已经正式登陆深圳、杭州、宁波、长沙、株洲和湘潭等城市。在这些城市上线了汽车分时租赁业务，用户可以免押金在线租车。小桔租车在这些城市设立车辆取还点，投入共享汽车供用户使用。用户均能通过滴滴出行App等入口进入，无须押金即可在线订车，并自由选择取车、还车网点。为了保证用车安全，小桔租车也引入了人脸识别认证以及车联网传感技术，检测用户驾车行为，并建立了信用积分机制来约束用户驾驶行为。小桔车服是滴滴出行旗下的一站式汽车服务平台，旗下涵盖小桔租车、小桔养车、小桔充电、小桔加油。滴滴在代驾业务方面也增长很快，部分原因也和当前交通法规严禁酒后驾车有关。

在公共交通服务方面，滴滴开了公交和共享单车业务；在汽车相关服务方面，有二手车交易和车生活等项目。在滴滴出行App的主页上有15个项目，除此之外，滴滴的积分商城还与携程、亚马逊、网易考拉、亚朵酒店等机构合作推出了优惠券，相互推荐业务。滴滴出行的现有业务可以总结如图40所示。

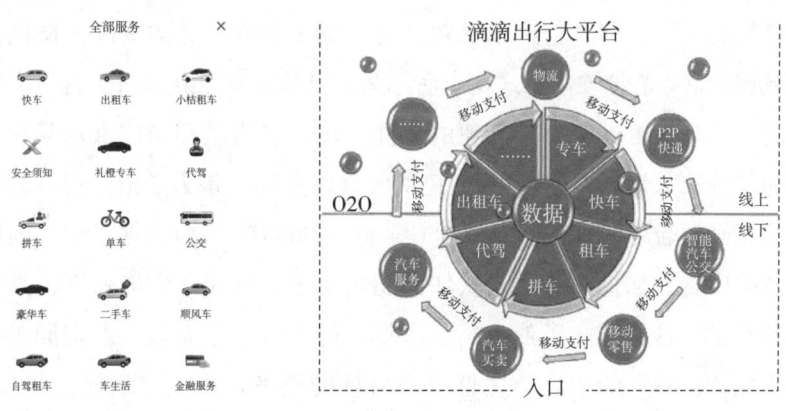

图40 滴滴出行的业务

虽然现在滴滴出行发展势头不错，但是面临着政策风险、安全风险，在网约车司机招募与管理等方面还有很长的路要走。究竟会怎样？我们拭目以待。

一、产品定价策略

产品在推向市场前有个很重要的环节就是确定价格,很多产品的市场欢迎程度来源于价格策略,价格不仅决定了消费者的购买行为,更决定了商家的最终经济收益。通常定价要考虑三方面因素,即生产者、消费者和竞争者。

1. 生产者导向定价

生产者定价的决定因素包括:成本、预期收益、产品组合等方面。

(1)成本。这是价格产生的起点,在早期的商业交易中,成本是最主要的定价依据,一个核心的逻辑是绝不做亏本买卖。传统社会的生产型企业很容易计算成本,原材料费、人工费、设备折旧费、办公费用等,成本加上预期的利润即是销售价格。不过,在互联网背景下这个理念有时候会被改写。例如,360杀毒软件出现以前几乎所有的杀毒软件都是收费的,无论是国外的卡巴斯基还是国内的瑞星和江民,价格都不低。消费者要避免电脑中病毒的危险,就不得不花大价钱购买杀毒软件。这一局面在2008年被周鸿祎打破,奇虎360推出杀毒软件测试版及360安全浏览器,2009年9月发布杀毒软件正式版,并宣布360杀毒软件永远对用户免费,成为免费杀毒的开路先锋。360的免费策略一出,就以势不可挡之势迅速整合了原本分散的市场,抢占杀毒软件市场的头筹,同时也给杀毒软件的市场带来新一轮的洗牌。据该公司公布的数据,360杀毒软件正式发布后不久,日均下载量就超过了百万人次,单日最高下载量接近200万。其他的软件公司都将周鸿祎当成洪水猛兽,甚至称他为"红衣大炮"。当然,貌似免费的软件实际上是为了抢占用户的电脑桌面,当360组合(360安全卫士、360杀毒与360浏览器)占据了用户的电脑之后,各种广告、插件、植入式软件都随之而来,对360公司来说收割利润的时候就到了。这个方式虽然有很多争议,但确实非常有效,事实证明很多人都架不住"免费"的诱惑。这也带来另外的思考,究竟该如何计算成本呢?在互联网思维中,"羊毛出在狗身上,让猪买单"成为新的成本逻辑。

(2)预期收益。在非竞争性市场,尤其是在垄断性市场中,当生产者把握了主动权时,成本不是价格的参考指标,预期收益才是。在20世纪80年代时,电话是奇缺资源,除了办公场所,家庭是很少有固定电话的。那时谁家要想安装一部电话，除了需要支付一笔近乎天价的初装费之外，还要等待很长的时间才能把线路布过去。同样的情况还发生在手机刚开始普及时，月租要收费，呼入呼出均需要收费，到了异地还要缴纳不菲的漫游费。基于垄断性经营，中国电信、中国移动和中国联通赚取了巨额利润。电力、邮政、燃气等机构都把控着垄断性资源，消费者没有议价权，只能默默承担着高额价格。当某房地产项目占据有利的地理位置、享有独特的景致或者占有一定的就读学位，都会按照自己的预期提出一个能够拿到超额利润的价格。

(3)产品组合。很多公司在销售产品时会打出"组合拳"，常见的组合方式有主机＋配件(耗材)组合、系列产品组合、包价组合等。例如，很多打印机厂家以较低的价格销售主机，而以较高的价格销售耗材。当你被实惠的主机价格吸引购买之后就发现不得不承受后期源源不断的耗材成本。或者某产品过了保修期一旦损坏就要承担高昂的维修和配件费用。很多人愿意买日系车而不买德系车的原因就在于前者的配件和维修费要低很多。在很多旅游景区还有单一门票和套票的差别，例如：买一个景点的门票是 50 元，而五个景点的套票只要 180 元；或者景点 50 元、索道 50 元，二者同时买只要 80 元；等等。游客都有占便宜的心态，往往会选择购买套票。当然，也有商家把一系列产品组合变成包价，自助餐是典型的例子。在一道菜 48 元和 298 元随便吃不限种类不限量的情况下，大多数顾客都会选择吃自助餐。产品组合往往会给人非常实惠的感觉，当然商家自然不会吃亏。

2. 消费者导向定价

在买家环境下，消费者会在价格的制定中起关键作用。根据消费者感知的差异会有产品折价、产品溢价的现象。

(1)品牌折价。在新产品、新品牌、新业态刚刚推向市场的时候往往会采用折价促销的方式。例如，很多日化用品在推出新品时往往会先提供一些免费的小样让消费者试用，淘宝网上的"九块九包邮"类产品多属于此。很多酒店和餐厅新开业时，会举办免费"试住""试吃"活动，先让消费者体验，感觉满意后再重复消费。当然，折价还存在于销售过季、反季或断码的情境下。在很多城市都有奥特莱斯(Outlet)销售打折名品。Outlet 首创于美国，至今已有上百年历史，进入商城的一般都是大品牌，其中不乏 Prada、Chanel、

Fendi、Burberry、Gucci 等一线品牌。由于其价格远远低于一般的精品店，往往吸引大量消费者蜂拥而至。各品牌店里的物品折价的原因有很多：一些是所谓的"工厂店"，就是直接从厂家拿货不经过中间的经销商，所以价格便宜，当然这些产品的款式和专卖店的还是有很大不同；还有一些是过季产品，例如之前曾流行的时装；另外一些是从各个品牌专卖店回收的断码产品。这些产品虽然款式和精品店的正品有差距，但是基于大牌商家的品牌影响力，很多人还是觉得超值，甚至不少到欧美的旅游团会专门安排一天的行程去 Outlet "血拼"。

（2）品牌溢价。也有的品牌在推出新品的时候采用溢价销售，这方面最典型的是电子类产品。以 iPhone 手机为例，每一代新品推出前苹果公司都会举办一个盛大的产品发布会，把新一代产品的特点、功能等推介一番，通过媒体的狂轰滥炸，让消费者产生期待感。正式发售时，很多人甚至会连夜在店门口排队等候以最先抢到"首发"产品。苹果公司经常使用"饥饿营销"的方式，故意不提供足够的供货量，产生市场短缺"一机难求"的情况，有人抑制不住急迫的心情会在黑市上加价购买。当然，实现溢价销售的前提是品牌实力。很多奢侈品会定期发布所谓的"限量版"，消费者以买到数量极少的"限量版"为傲，认为这是彰显身份的重要表征。诸如爱马仕这样的大牌，如果要买到一些特殊款式的手袋甚至要"配货"，即同时搭配购买另外一些也许你并不一定需要的物品。无论是折价还是溢价都和原本的产品价格有较大差异，其关键主导因素还是在于消费者感知。

3. 竞争者导向定价

要在激烈的市场竞争中生存和发展，产品定价是核心和关键。为了赢得市场，很多商家会大打价格战，"胜者为王，败者为寇"在这场没有硝烟的战争中体现得淋漓尽致。提到导航软件大家会想到哪家？百度还是高德？有人能想到凯立德吗？张文星于 1997 年 12 月成立凯立德，1999 年进入导航领域，那个时候还没有百度和高德。2006 年凯立德就发布了全国首张全覆盖导航地图，因此被誉为"中国导航霸主""第一 GPS 导航品牌"，曾占车载导航 56% 的份额。然而，当百度和高德开启免费模式的时候，凯立德还沉浸在收费的美梦之中，用户一年要升级 4 次，每次都要到 4S 店花钱，于是很多车主果断地抛弃了它。当然，这个也不完全怪凯立德，毕竟百度财大气粗，而高德有阿里巴巴在后面撑腰，凯立德的支持者只有小米，而那时候的小米还不够强大，自顾不暇。交易模式一招失误满盘皆输，凯立德已经错过了最好的时机，后面所有的努力基本上都是亡羊补牢。

在手机领域小米一直是"价格杀手"，以前的定价模式都是追求性价比最高，不过随着品牌越来越大，现在也开始改变策略。红米如今已经成为独立品牌，还保持高性价比，而主品牌小米开始像华为一样做利润更高的高端机。2019年1月10日，小米在北京发布999元起售的Redmi Note 7手机，这是其独立新品牌Redmi的首款新机。雷军在发布会现场放出狠话"生死看淡、不服就干"，向华为提出挑战。

在竞争中最白热化的当属2014年国内最大的两家网约车公司大战。当时，网约车刚刚推出的时候，人们还不习惯于出门前使用手机软件叫车，而改变用户消费习惯的方式就是免费＋补贴。为了争夺用户的认同，两家网约车公司大打出手，交战双方是2012年8月成立的杭州快智科技有限公司在杭州推出的"快的打车"和2012年9月北京小桔科技推出的"滴滴打车"。这个时候打车软件还是一个新鲜事物，只有杭州和北京两地的少数人在使用。但这种情形随着两个互联网巨头阿里和腾讯的加入而改变。阿里支持杭州本地的企业快的，而滴滴的创始人程维虽然出身阿里系，但是接受了腾讯的投资，当然这个也为后面二者合并埋下了伏笔。2013年6月快的打车开通全国30个城市，并与去哪儿、高德地图、百度地图、支付宝形成战略合作伙伴，为其打车功能提供服务支持；8月，快的打车接入支付宝，成为全国唯一一家可以通过支付宝在线支付全部打车费用的打车App。与此同时，滴滴打车也遍布全国各地。2013年10月，滴滴打车市场占有率第一，达到59.4%，超过了其他所有打车软件占有率之和。快的则声称：在上海、广州两个一线城市的市场份额超过80%，全国市场份额超过50%。为了争夺市场，背后有两大巨头撑腰的网约车公司开始补贴大战。我还记得当时的补贴是乘客、司机一起补，凡是使用这两个打车平台打车，都能从支付宝或微信上获得优惠券和红包奖励，一单从5元起，一路上涨，最高补贴到20元，那时候出门打车还能赚钱回来。表面上看是网约车平台之间的竞争，实际上是阿里和腾讯的

PK。在历时近半年的补贴活动中，滴滴打车补贴规模超 14 亿，快的打车也补贴近 10 亿。在这场狂欢中，网约车模式深入人心，两家企业迅速超越了处于领先地位的国际平台 Uber 和最早的国内平台易到。阿里和腾讯醉翁之意不在酒，他们关注的是支付方式新的应用场景以及客户关注度。

二、产品收益管理

收益管理（revenue management，yield management），又称产出管理、价格弹性管理，或称效益管理、实时定价。主要通过建立实时预测模型和对以市场细分为基础的需求行为进行分析，确定最佳的销售或服务价格。其目的是在合适的时间，把合适的产品以合适的价格、合适的方式，销售给合适的人。收益管理的关键是分析消费者需求信息和行为规律，以不同的价格策略获得产品的最合适收益值。实施收益管理有三种重要原则，即差异性原则、时间性原则、重要性原则。

1. 差异性原则

(1) 产品特性差异。最早实施收益管理的是航空公司，其管理者发现飞机主要销售的是从 A 地到 B 地的飞机上的空间和承重量。因为一架飞机的承载能力有限，运载的人和货物决定了最终收益值，其中人的影响因素是座位大小和座位数量，货物的影响因素是货仓的空间与重量。由此，产生了以下价格差异：

座位依据大小和舒适程度分为头等舱、商务舱/公务舱、经济舱。其中头等舱占据的空间最大，座位最舒适，当然价格也最高，可以给重视身份、具有高支付能力的乘客；商务舱/公务舱空间略小，价格次之；经济舱只是最基本的空间，满足一般乘客安全抵达目的地的需求。当然与价格相匹配和还有餐食、酒水、配套的用品，部分长途飞行的航班还为头等舱或商务舱的乘客提供衣柜、睡衣、拖鞋、洗漱用品包等，让乘客舒舒服服一觉睡到目的地。不同的航班依据乘客数量会安排不同比例的头等舱、商务舱和经济舱数量，短途航班、中小城市之间的航班会较多安排经济舱的数量，有的航班还增设高端经济舱，即比普通经济舱稍微贵一点，但是座椅更宽大一些，位置更靠前一些。不同仓位的托运物品要求也有较大差异，根据中国民航相关规定，

第六章 商业模式之树

国内航线"持成人或儿童票的头等舱旅客为 40 公斤,公务舱旅客为 30 公斤,经济舱旅客为 20 公斤"。托运行李体积不能超过 40 厘米×60 厘米×100 厘米,如果超重或超大的行李需要另外支付费用。

航班时间也会产生价格差异,例如过早、过晚起飞的航班一般由于买的人少,票价比较便宜。最便宜的是所谓的红眼航班(Red-eye flight),即在深夜至凌晨时段运行,并于翌日清晨至早上抵达目的地,飞行时间少于正常睡眠需求(8 小时)的客运航班。红眼航班最早是 1959 年出现在美国,因为乘客下飞机时多睡眼惺忪,像兔子一样红着眼睛,红眼航班因此得名。

(2)消费者需求差异。航空公司发现度假客人因为需要在公共假期出行,往往提前安排行程,出行时间可以早早确定,同时因为自己出费用,对价格敏感度高;而公务客人由于工作时间安排变化较大,可能因为特殊原因而改变,往往在出发前临时订票,因公费报销,对价格敏感度不高。那么最佳的安排就是,越早预订机票越便宜,临时订票经常是全价。一些航空公司为了满足消费者省钱出行的目的,专门开了"廉价航班",取消一切不必要的消费。例如:不提供免费行李托运、不提供免费航空餐食、安排在过早过晚的时段起飞、飞机座位偏小等。用节省的成本降低票价,以达到薄利多销的状态。由于票价便宜,乘客发现飞机票低于火车票时,往往选择飞机出行。当机舱满座时,航空公司的收益就可以最大化。类似的例子还有酒店,很多酒店基于宾客需求的不同,设置单人房、双床房、套房等房型,拟定不同的价格。

2. 时间性原则

酒店、航班等都是有非常强时间属性的消费品,一旦过了时间就会失去价值。例如,一个酒店的房间如果当晚没有人入住就会失去价值,因此有些酒店专门开设"午夜房",即在午夜 12 点钟之后入住的客人,房价可以享受五折甚至更低的折扣优惠。反正空着也是空着,不如低价卖掉就好。为了降低酒店房间空置率,有些酒店按照入住的天数给予相应的折扣,比如单住一晚 500 元,连住两晚 900 元,连住三晚 1200 元,时间越长越划算。

也有根据淡旺季来调整房价或机票价格的,对于商务型酒店来说,平时客人较多,周末客人较少;度假型酒店反之,平时大家都在上班,客人少,节假日大家都出来度假，酒店生意火爆。那么，商务型酒店就在周末做特惠，度假型酒店就在平时搞特价，用价格来平衡客源。海南的季节性特别明显，一到冬天大家都来避寒，尤其是东北人特别多，机票和酒店房价就猛涨。同理，人们往往喜欢在秋冬天泡温泉，所以很多温泉酒店在夏天做促销活动而冬天恢复原价。

这样的思维模式也可以用来指导季节性生活用品的定价策略，在夏天炎炎烈日是空调销售的好时机，在冬天羽绒服就非常受欢迎。因此，著名羽绒服品牌 Moncler 为了在春夏时节销售衣服，专门设计了很多轻薄款时装，满足不同季节人们的需求。

3. 重要性原则

人们对某种产品需求的重要程度会很大程度决定其愿意支付的价格。钻石是人类"最没有用"的物品之一，在早期社会黄金、白银等贵重金属的价值更大。而自从珠宝大王戴·比尔斯在 1951 年使用"钻石恒久远，一颗永流传"的广告语时，这种亮闪闪的小石头就开始象征忠贞不渝的爱情，成了婚礼必备物品，价格也一路上涨。当人们对某种物品赋予特殊的意义时，其对应的价格也会随之发生变化。老人为了健康长寿可能会花大价钱买一堆完全没必要的保健品，女人为了永葆青春会对某品牌化妆品"慷慨解囊"，男人为了彰显成功人士的身份而不惜花重金购买豪车，学生为了通过某重要考试而狠心花大价钱参加辅导班或购买复习资料……价格是人们对产品重要性的投票，是对产品功能信赖程度的晴雨表，发掘、发现、发挥产品的重要性能够产生巨大的产品溢价。有的酒店会因为某明星入住而爆满，因为粉丝们都想和偶像住在同一个酒店；淘宝上经常会出现某电影、某名人同款，其实这个产品未必有多好，只是很多人愿意购买与自己喜欢的艺人同样的产品。

重要性还体现在特定的情景中，有人在情人节的街头向情侣们推销玫瑰，有人在突如其来的暴雨中销售雨伞，有人在节假日拥堵的高速公路上卖方便面，有人在排队等候的人群中兜售小板凳……相同的物品在不同的情景下身价倍增。能否把握好时机，制定合适的价格策略，也是创业成功的关键。

三、产品交易策略

交易模式的关键是达成商家和用户的双重满意，彼此在交易中都获得自己想要的价值。商业的本质就是基于契约精神之上的价值交换和资源分配，任何有价值的商业活动都是建立在契约精神基础上的人类协作行为。交易活动的产生，意味着人类发现了一种可以更高效完成财富流动和资源分配的方式。商业行为的不断进行本质上是帮助人类提高了生产价值和交换价值的效率，同时降低了人和人之间的协作成本。从最传统的以物易物到后来的用货币购物，从信用卡消费到手机移动支付，交易形式的不断发展也是人类文明进步的体现。这里介绍几种互联网背景下产品交易策略。

1. 虚拟交易

随着互联网的发展，人们不仅生活在实体世界里，还徜徉于虚拟世界中，在网上的商业活动经常会用虚拟交易的方式。虚拟交易中我们会用一般货币和虚拟货币相互兑换，或者用虚拟货币购买虚拟物品和服务。知名的虚拟货币除了比特币（BTC）、莱特货币（LTC）之外，还有很多互联网公司推出的内部交易币，例如百度公司的百度币、腾讯公司的 Q 币、Q 点，盛大公司的点券、新浪推出的微币（用于微游戏、新浪读书等）等。这些虚拟货币有的需要用人民币兑换；有的是通过完成一定任务来获得的，比如打卡、做任务、推荐新用户、消费积分等。一般货币与虚拟货币的价值基础不同，前者代表效用，后者代表价值。虚拟货币就是一种带有解释力的货币符号，也可称为信息货币。虚拟货币往往有如下三种功能。

（1）交易符号功能。在网络游戏中经常会用到各类虚拟货币，大家用它来购买道具、升级人物等。由此还产生了一个新的职业：超级玩家。他们用自己的专业技法在游戏中获取各类物品装备，然后卖给没有时间或者能力不足的玩家，将虚拟货币和一般货币进行兑换，获得收益。以前的游戏就是买一张光盘回家安装到电脑上随便玩，不会产生新的费用。而现在很多游戏往往是免费下载安装，在玩的过程中根据自己的需要充值虚拟货币。虽说不一定都要充值，但人民币玩家和非人民币玩家的待遇是非常不同的，当你扮演的角色总是被击杀时你真的会忍住不花钱买装备吗？或者某一个关卡总是打不过去，你舍得就这样放弃吗？有些游戏免费只是一个诱饵，当用户咬住钓钩以后就无法挣脱了。

(2) 消费积分功能。无论是航空公司、酒店，还是超市、理发店，很多都使用会员卡积分功能，当顾客积到一定分值时可以兑换礼品。2018年连铁路总局的12306也开始了"铁路畅行"常旅客会员，首次达到10000积分后可以兑换火车票。会员卡和消费积分能够增加用户黏性，提高使用积极性。

(3) 购买服务功能。随着直播的兴起，很多观众给喜欢的主播送"游艇""别墅""飞机"等作为打赏，而主播则以唱歌、喊麦、讲段子等方式回馈。有的主播靠粉丝打赏收入不菲，网红的影响力产生了巨大的经济效益。据统计，2018年粉丝规模在10万人以上的网络红人的数量持续增长，较上一年增长51%。其中粉丝规模超过100万的网红的增长率达到了23%。而网红数量增长的一大原因是粉丝数量的增长，截至2018年4月，中国网红粉丝总人数保持了之前不断增长的势头，达到5.88亿人，同比增长25%。在网红人数与粉丝规模持续双增长的加持下，网红经济市场规模以及变现能力也随之增强；网红人数和粉丝规模的双增长亦为其产业链的发展及完善提供了强大的动力。伴随着网红数量的大幅增加，其涉及的领域也在不断扩大，从早期的娱乐内容创作以及美妆，到接下来的知识科普、信息分享，再到现在的美食、财经等亟待挖掘的新兴垂直领域，都在不断发展成为孕育新生代网红的土壤。虚拟交易成为支撑网红经济的重要因素。

2. 共享经济

共享经济最早由美国德克萨斯州立大学社会学教授马科斯·费尔逊（Marcus Felson）和伊利诺伊大学社会学教授琼·斯潘思（Joel. Spaeth）于1978年发表的论文 Community Structure and Collaborative Consumption: A Routine Activity Approach 中提出。他们认为共享经济包括一个由第三方创建的、以信息技术为基础的市场平台，这个第三方可以是商业机构、组织或者政府。个体借助这些平台，交换闲置物品，分享自己的知识、经验，或者向企业、某个创新项目筹集资金。共享经济使得供给方与需求方通过共享经济平台进行交易。当前，共享经济发展迅猛，在住宿餐饮、交通旅游、教育培训、生活服务等方面都广泛涉及。Airbnb共享了闲置房屋，ofo和摩拜共享了单车,滴滴共享了汽车和司机,共享充电宝,共享雨伞,共享导游,共享宠物寄养乃至商场里面的共享化妆间……各类共享方式的出现体现出了人们无穷的想象力,产生了很多新的创业机会。

从共享的内容上看,已从共享物品发展到共享空间和共享劳务。共享的基础是闲置资源,当然也包括个人的闲置时间与智力资源。在行是果壳网在2015年3月13日推出智力共享平台。通过"在行",可以约见不同领域的行家,与他们进行一对一见面约谈。以前,我们遇到什么事情不懂时经常会找一些"内行"人士咨询,但是并非每个人都认识这些专家。通过互联网平台,一方面可以让需要帮助的人找到最合适的"专家",同时也可以发挥个人的"闲置"专业优势,产生社会价值和经济价值。

3. 外包众包

在社会协作系统日益发达的今天,当本企业无法独立完成某些特殊的任务时,可以采用外包和众包的模式进行解决。这一方面有利于让企业聚焦于自己的核心业务,依托关键生产要素构建核心竞争力;另一方面又可以节约成本,降低不必要的社会资源浪费。

(1)专业外包(outsourcing)。外包是指企业动态地配置自身和其他企业的功能和服务,并利用企业外部的资源为企业内部的生产和经营服务。企业可将组织的非核心业务委托给外部的专业公司,以降低营运成本,提高品质,集中人力资源,提高客户满意度。很多知名企业都采用轻资产的方式,把核心技术研发、产品创意设计作为自己的主业,而把批量化生产交给专业的公司。例如:苹果公司的电子产品基本都交给富士康生产;耐克公司专注于产品设计和品牌运营,而把生产鞋子、服装、箱包等流程交给外部厂商。近年来,会计师事务所、律师事务所、猎头公司、劳务公司都纷纷接手企业的相应部门业务,通过提供专业化的服务解决问题,帮助企业专注聚焦自己的核心领域。

(2)项目众包(crowdsourcing)。众包指的是一个公司或机构把过去由员工执行的工作任务,以自由自愿的形式外包给非特定的(而且通常是大型的)大众志愿者的做法。早期的众包源于软件开发,当一个公司需要大量的技术开发任务而自己无法完成时,可以依靠开源的个体来协作生产。现在的众包应用在很多方面，包括平面设计、人才猎头、发明创造、问题解答等。成立于 2006 年的猪八戒网现已发展成为中国领先的人才共享平台和众包平台。目前平台注册用户达 1900 万，其中雇主发包方涵盖的中小微企业超过 700 万家，人才提供方服务商 1300 万家，为大企业和中小微企业提供知识产权服务、品牌设计、开发建站、营销推广、游戏制作以及个人生活服务等，为海量的雇主提供互联网＋行业解决方案。猪八戒网开创式地为人才与雇主搭建起双边市场，通过线上线下资源整合与大数据服务，实现人才与雇主精准无缝对接。猪八戒网不仅为人才匹配全球商机，还帮助他们突破时空限制，实现"我在猪八戒，服务全世界"。同时，猪八戒网通过整合平台专业人才资源，打造了八戒企业管家，用真人管家帮助企业解决发展难题，提高工作效率，降低用人成本。

无论是外包还是众包都打破了原有的企业边界，将生产者、消费者、专业服务提供者等多方资源进行协同，基于社会最专业的资源为客户解决问题，创造性地提供商业价值。

扫扫下方二维码，轻松学习在线开放课程——从创意到创业。

后 记

用青春点燃希望

自 2014 年 9 月夏季达沃斯论坛上李克强总理提出"大众创业,万众创新"之后,逐渐形成了全国性的创新创业热潮。2018 年 12 月 20 日,"双创"当选为 2018 年度经济类十大流行语。创新创业的价值无论是对国家、对企业还是对个人都是毋庸置疑的。当然,对创新创业也有诸多的误解,最多的就是对创业内涵的理解有误和对创业高失败率的沮丧。前者我在本书中已经谈过,这里不再赘述,此处只想说一下对创业结果的评价。很多人用盈利率或存活率来判断创业结果的成败,说某人拿了家里多少钱去创业结果亏得血本无归,因此创业就是一个坑,我们都不要去创业。那么,该不该创业,如何创业呢?我们从三个方面进行分析。

第一,用成败论英雄是常规的思维模式,但存在问题。人一生下来迟早都是要死的,从结果上看这是最失败的结果了,那么这是否就意味着我们不要好好地活呢?德国哲学家马丁·海德格尔在其存在论名著《存在与时间》中提出"向死而生"的概念。正因为生命只有一次,我们才应该更好地活着,活出精彩,活出价值,活出意义。即使迟早都要来的那一天降临,也不会因为荒废光阴而后悔。企业和人一样,也是有生命周期的,无论现在多么辉煌,未来都是会走向消亡的。企业的创始人会死,企业会死,但是与人不同的是,企业会换一种方式存在,也许未必叫当初的名字,但是其开创的商业模式、企业文化会长期存在。这又何尝不是一种成功呢?创业者最宝贵的并非最终赚了多少钱,而是塑造了怎样的创业精神。发扬创业者的开拓精神，弘扬创业者积极乐观的心态，宣扬创业者踏实认真的做事风格，这是本书的第一个目的。

第二，创业的高失败率很多时候是因为没有掌握科学的方法。虽然我们没有办法改变天气，但是可以通过天气预报来做好准备。学习创业方法论不能保证一定能够创业成功，至少可以预防失败，并小心可能的陷阱。吴晓波2014年出版的《这些年，马云犯过的错误》一书，深度剖析了马云创业中曾经出现的问题。即使是马云这样大家公认的创业成功者也犯过很多大错误。创业就是为后人趟开一条从未走过的路，披荆斩棘，逢山开道，遇水搭桥，不断总结经验教训，让后人能够走得更远更顺利。罗曼·罗兰曾说过："世界上只有一种真正的英雄主义，就是认清了生活的真相，还仍然热爱它。"古往今来，人类的文明进程不就是这样由一个个失败堆叠而成的吗？基于当前新时期我们面临的问题，通过系统分析多个创业案例总结出一些经验，供大家参考，这是本书的第二个目的。

第三，创业是创造生命意义的一种途径。巴金先生曾说过："我们不是为了吃米活着。"人活一世是对价值感、意义感的追寻与塑造。有人说，生意生意，就是生命的意义。一位士兵最值得骄傲的不仅仅是胸前数不清的军功章，更是身上的累累伤疤。在没有硝烟的商战中，西装同样可以斑斓成迷彩服。当我们经历过各种人生的酸甜苦辣，才能有资格一脸淡然地说我很"佛系"。创业不是人生必经的项目，而是能够让人出彩的加分项目。安心本职工作的人值得尊重，不按部就班喜欢搞点创新玩点新花样的人也值得钦佩。打工者拥有专心致志的工匠精神，创业者具备开拓创新的态度品格。创业不一定就是去注册一家公司做生意，在企业内部的裂变式创业，在组织需要的时候开拓一个新局面，跳出舒适圈研发一个新项目……这些都是创业。介绍创新的新思路、新模式、新方法，这是本书的第三个目的。

总之，创业不是洪水猛兽，也不是田园牧歌，不是电影、小说里的超级英雄故事，不是霸道总裁的个性张扬。创业之路上有春天播种时的希望、夏天茁壮成长蓬勃发展的兴奋、秋天收获成果颗粒归仓的喜悦、冬天围炉夜话畅谈经验的淡然。一路走来，你哭过笑过痛过乐过，你会摸爬滚打狼狈不堪，也会收获鲜花掌声光芒照人。其实这就是生活，创业不一定让你很有钱，但是可以让你很有料；创业不一定让你很开心，但是可以让你获得真心。创业

后 记

不一定在今天，也不一定在明天、后天，而是在你做好准备要挑战自我、突破自我的那一天。

在本书篇尾衷心感谢在本书撰写过程中给我提供帮助的领导、老师、朋友和学生们。感谢中南大学商学院王昶教授、周文辉教授，博士后期间是您的指导让我走上了创新创业研究和教学之路，您的思想指引和方法指导对我来说是至关重要的。感谢共青团湖南省委副书记钟娜同志，您对青年创业者的关心和支持，您在工作中十二万分投入的精神一直鼓励着我前进。感谢湖南师范大学副校长黎大志教授，教务处创新创业教育办公室安宁主任，您为学校的创新创业教育搭建了平台，配置了资源，有您的支持才有"从创意到创业"这门课程，才有本书的写作出版。感谢湖南师范大学继续教育学院院长马卫平教授，您对事业发自内心的热爱、对组织无私奉献的精神特别值得我学习。感谢湖南师范大学旅游学院王兆峰院长、鲁良书记和许春晓副院长，学院领导的指导和帮助为我提供良好的研究与写作环境。感谢我的同事刘颖洁副教授、蔡卫民副教授，您的思维火花给了我很多灵感，您的建议让我思考更为全面。感谢我的硕士研究生朱志伟、史双全，您在校期间自主创业，创立了社会公益组织圣吉心智模式研究中心和应景文化创意有限公司，您的创业经历触发了我很多的思考，您的创业过程也在检验我的学术研究思想。感谢硕士研究生邓森文、徐佳、胡珊和史彩玲，您收集的资料数据对我很有帮助。

感谢湖南教育出版社的责任编辑汪文达、甘哲，没有您的辛勤工作就不可能完成本书的顺利出版。

最后，特别感谢我的太太郭莉。十年间您和我一路走来，见证我的辛勤与汗水，目睹我的成长与发展，陪伴我写书稿熬到深夜，在思维阻塞时激发灵感，在疲惫倦怠时给予动力。您是本书的第一个读者，其中很多的观点和案例都来自于你的启发。无论是苹果还是漫威，无论是乐高还是宜家，无论是小红书还是爱彼迎……没有生活的实际体验就无法产生思维的创新突破。谨以此书献给您！

孟奕爽
2019 年 4 月于长沙

图书在版编目（CIP）数据

创业思考力：从创意到产品开发/孟奕爽著. —长沙：湖南教育出版社，2019.7
ISBN 978-7-5539-6808-7

Ⅰ.①创… Ⅱ.①孟… Ⅲ.①创业—基本知识 Ⅳ.①F241.4

中国版本图书馆 CIP 数据核字（2019）第 069111 号

创业思考力：从创意到产品开发
CHUANGYE SIKAOLI：CONG CHUANGYI DAO CHANPIN KAIFA

孟奕爽 著

责任编辑：	甘 哲
出版发行：	湖南教育出版社（长沙市韶山北路 443 号）
网　　址：	www.bakclass.com
微 信 号：	贝壳导学
电子邮箱：	hnjycbs@sina.com
客服电话：	0731-85486979
经　　销：	湖南省新华书店
印　　刷：	湖南锦泰数字印刷有限公司
开　　本：	710 mm×1000 mm　16 开
印　　张：	15
字　　数：	230 000
版　　次：	2019 年 7 月第 1 版
印　　次：	2019 年 7 月第 1 次印刷
书　　号：	ISBN 978-7-5539-6808-7
定　　价：	45.00 元

本书若有印刷、装订错误，可向承印厂调换